# THE CURE – DUNKELBUNTE JAHRE

# THE CURE

## DUNKELBUNTE JAHRE

Ian Gittins

Aus dem Englischen übersetzt
von Kirsten Borchardt

hannibal
www.hannibal-verlag.de

Deutsche Erstausgabe 2021
Update und Erweiterung 2025



Hannibal Verlag, ein Imprint
der KOCH International GmbH,
A-6604 Höfen
www.hannibal-verlag.de
info@hannibal-verlag.de

ISBN 978-3-85445-900-2

Titel der englischen Ausgabe
2025: The Cure – A Pefect Dream
Text © 2025 Ian Gittins
Design und Layout © 2025
Gemini Gift Books Ltd
Gemini Books Group,
Woodbridge und London,
Marine House, Tide Mill Way,
Woodbridge, Suffolk IP12 1AP
Großbritannien
ISBN 978-1-78675-203-1

Grafischer Satz in deutscher
Sprache: Thomas Auer
Übersetzung: Kirsten Borchardt
Deutsches Lektorat/Korrektorat:
Dr. Matthias Auer



Printed in China
Huaide Industrial Village,
Fuyong Street, Bao'on District,
Shenzhen City, Guangdong
Province, 518103 China

**Seite 1:** Robert Smith und The Cure als Headliner beim Festival auf der Isle Of Wight, 10. September 2011
**Seite 2:** Robert Smith, 1992
**Rechts:** „Wenn heute Donnerstag ist, dann sind wir wohl in Rio." The Cure in Brasilien, März 1987
**Seite 6:** Robert Smith, der Goldjunge

# INHALT

# EINLEITUNG

„Wow! Robert Smith ist der Größte aller Zeiten!", rief Stan 1998 in *South Park* aus, nachdem die Zeichentrickversion des Cure-Sängers sich in eine riesige Motte verwandelt und ein böses Barbra-Streisand-Monster ins All geschleudert hatte. „Unser Retter!", schwärmte Jesus, der neben ihm auf- und absprang.

Zwei Aussagen, denen in den letzten vierzig Jahren wohl ein paar hunderttausend Menschen beigepflichtet hätten. Robert Smith – einer der unwahrscheinlichsten Weltstars aller Zeiten.

The Cure waren von jeher eine außergewöhnliche Band. Nach ihrer Gründung 1976 in der südenglischen Vorstadt-Provinz wurden sie schnell Teil der experimentellen New-Wave-Bewegung, die nach Punk in Großbritannien an Einfluss gewann, und die eigenbrötlerischen Individualisten zeigten sich stets ebenso beeinflusst von Literatur wie von Musik und fühlten sich Albert Camus ebenso verpflichtet wie den Buzzcocks.

Aus ihrer Außenseiterrolle heraus schienen sie zeitweise selbst kaum glauben zu können, dass es sie gab: Es war wohl kein Zufall, dass ihr erstes Album *Three Imaginary Boys* hieß.

Vier Jahrzehnte lang schufen sie raue, brüchige Sinfonien, deren Texte oft einen träumerischen, philosophischen Gegenpol markierten. In musikalischer Hinsicht waren sie stets ehrgeizige, mutige Träumer, wobei es zu Anfang nicht unbedingt so aussah, als ob sie je mehr als eine Kultband sein würden.

In diesen frühen Tagen spezialisierte sich die Band auf düstere Soundscapes, gepaart mit einer textlichen Sperrigkeit, die introvertierte Teenager auf der ganzen Welt ansprach. Dank ihrer Markenzeichen, der dunklen Melancholie ihrer Songs und Smiths finsterem Image mit dem Pandabär-Make-up, betrachtet man sie allgemein als typische Vertreter der gern belächelten Gothic-Szene.

Eigentlich wären The Cure die typische Insider-Band gewesen. Aber dann geschah das Seltsame. Sie hatten kleinere Hits mit kryptischen Anti-Pop-Songs wie dem hypnotischen „A Forest", und ihr viertes Album, das existenzialistisch-unheilschwangere *Pornography* von 1982, erreichte in Großbritannien die Top 10 der Albumcharts. Plötzlich entdeckte sie eine ganze Generation heranwachsender Außenseiter, die in Scharen Smiths auffällige Frisur und den verwackelten knallroten Lippenstiftmund für den eigenen Look übernahmen.

Und dann geschah wieder etwas Seltsames.

The Cure, die nichts mehr hassten, als in eine Schublade gesteckt zu werden, legten 1983 ihr Düster-Image ab, um darunter ganz unerwartet eine spinnenwebfunkelnde Leichtigkeit zu enthüllen. Zu einer Zeit, da die Band aufgrund von Alkohol- und Drogeneskapaden eigentlich nur noch auf dem Papier existierte, erdachte Robert Smith einen Schwung schimmernder Pop-Perlen, die The Cure völlig neue Welten erschlossen.

Mit Singles wie „The Love Cats", „In Between Days" und „Close To Me" etablierten sich die scheinbar grimmigen Gesellen als Popkünstler. Durch die Zusammenarbeit mit dem Videoregisseur Tim Pope wurden ihre leichtfüßigen Klanggebilde mit der halluzinierenden Bebilderung zudem Dauerbrenner auf MTV. Mit dem schwungvoll-überschäumenden *The Head On The Door* eroberten The Cure 1985 sogar die USA.

Und zwar dauerhaft: Während sie die unverstandenen Teenager des größten Musikmarkts der Welt mit dem dunklen Charme von Alben wie *Disintegration* verführten, faszinierten sie die Hörer der Mainstream-Radiosender mit schrägen Popwundern wie „Why Can't I Be You", „Just Like Heaven" und „Friday I'm In Love".

OBEN – Noch sind sie gute Freunde: Robert Smith und Lol Tolhurst 1983
GEGENÜBERLIEGENDE SEITE – Robert Smith im Londoner Charlotte Street Hotel, 2004

Anfang der Neunziger hatte Robert Smiths melodieverliebte Außenseitertruppe in den USA den Sprung von den großen Hallen in die Stadien geschafft, in denen sonst die Rolling Stones, Bruce Springsteen oder Bon Jovi spielten, und ihr 1992 erschienenes Album *Wish* stieg in den USA auf Platz 2, in Großbritannien gleich auf Platz 1 der Albumcharts ein.

Für eine erklärtermaßen sperrige, unkonventionelle Postpunk-Band mit Lust auf Experimente mehr als ein kleines Wunder.

Die Geschichte von The Cure ist tatsächlich ein kleines Rock-Märchen, wenn auch ihre Karriere nicht ohne Dellen verlaufen ist. Heftige Auseinandersetzungen innerhalb der Band, zahlreiche Besetzungswechsel, Alkoholismus, Drogenprobleme und zahllose lange, dunkle Nächte, von denen viele schließlich in üppige, düster-melancholische Sinfonien mündeten, sorgten für eine Pop-Odyssee mit vielen Hindernissen.

Schlagzeilen machte beispielsweise der Prozess, den Gründungsmitglied Lol Tolhurst 1994 gegen die Band anstrengte, nachdem Smith ihn 1989 gefeuert hatte.

Später dann gelangten The Cure, erwachsen geworden, in ruhigeres Fahrwasser. Den schwindenden Verkaufszahlen des Download-Zeitalters begegneten sie, indem sie erneut zur Kultband wurden, es ruhig angehen ließen und immer mal wieder, wenn sie Lust hatten, weltweit vor den noch immer treu ergebenen Fans in Stadien, großen Hallen und auf Festivals spielten, ohne jemandem Rechenschaft schuldig zu sein.

Der exzentrische Verlauf ihrer späten Karrierejahre hat ihnen die Verspieltheit und das Image des Rätselhaften erhalten, die stets ein unverzichtbarer Bestandteil ihres Appeals gewesen sind.

Sie sind einen weiten Weg gegangen – von ungelenken, jungen Wave-Punks aus dem Schlafstädtchen Crawley bis zu echten Rocklegenden, die auf fast dreißig Millionen verkaufte Tonträger zurückblicken können. Die Karriere von The Cure ist der Triumph unangepasster Phantasie, eine wahrhaft unwahrscheinliche Pop-Odyssee. Sie folgten ihren eigenen bizarren Regeln, und die führten sie bis ganz an die Spitze – viele *Dunkelbunte Jahre* lang.

Ian Gittins

# „DIE GANZE WELT IST GEGEN MICH"

VORIGE SEITE – Posen am Strand: The Cure
UNTEN – Image? Was für'n Image? Stil spielt für die frühen Cure noch keine Rolle.

Eine beliebte Theorie in der Musik- und in der Kulturkritik besagt, dass Künstler von ihrer Umgebung geprägt werden. Es ist eine faszinierende Vorstellung: Was könnte junge Kreative stärker antreiben als das Aufbegehren gegen die Frustrationen und Beschränkungen ihres Alltags?

In der Musik scheint das tatsächlich oft zuzutreffen. Als Auslöser für Punk wird allgemein der aufwallende Zorn der unterprivilegierten britischen Jugend der 1970er Jahre betrachtet, während der Sound der sterbenden Schwerindustrie von Birmingham und Detroit als Inspiration für die Härte von Black Sabbath beziehungsweise den Stooges gilt.

Ist es daher möglich, dass Musik auch ein Leben in bourgeoisem Komfort und behaglicher vorstädtischer Langeweile widerspiegeln kann? Oder ein vages, nebulöses Gefühl von Unzufriedenheit, das verborgen in einem scheinbar privilegierten Dasein schlummert?

Seit mehr als vierzig Jahren haben The Cure einen Sound perfektioniert, der lupenreine Beklemmung und hymnische Melancholie miteinander verbindet. Dabei entstammten die Bandmitglieder typischen britischen Mittelklassefamilien mit gesicherter Existenz – ganz besonders der Gründer und Sänger der Band, Robert Smith.

Smith kam am 21. April 1959 als Robert James Smith im nordenglischen Küstenstädtchen Blackpool zur Welt, das sich zwar gern als britisches Las Vegas betrachtet, aber schon seit langem einen eher etwas ranzigen Charme versprüht. Seine Eltern, Alex und Rita, hatten bereits zwei wesentlich ältere Kinder, Richard und Margaret, und auf Robert folgte wenig später Töchterchen Janet.

Robert war drei Jahre alt, als Alex eine Stelle als leitender Angestellter bei Upjohn Pharmaceuticals bekam und die Familie nach Südengland zog, nach Horley in der Grafschaft Surrey. Robert selbst hat behauptet, seitdem nie wieder nach Blackpool zurückgekehrt zu sein, weil seine Erinnerungen als kleiner Junge am Strand einfach zu kostbar seien, als dass er sie sich von der Realität kaputtkorrigieren lassen wolle.

Die Smiths lebten drei Jahre in Horley, bevor sie wieder umzogen, diesmal ins nahe gelegene Crawley, wo Robert seine restliche Kindheit und Jugend verbachte. Es ist die Stadt, mit der man ihn auf ewig in Verbindung bringen wird, die Wiege von The Cure … und das trotz Crawleys Gewöhnlichkeit und Banalität.

Oder vielleicht auch genau deswegen.

Crawley wurde nach dem Zweiten Weltkrieg auf dem Reißbrett geplant, ohne besondere Sehenswürdigkeiten oder architektonische Besonderheiten. Damals wie heute diente es

im wohlhabenden Londoner Speckgürtel vor allem als Schlafstadt für Pendler – der Inbegriff gesichtsloser Langeweile.

Smiths familiäres Umfeld war vielleicht nicht direkt künstlerisch angehaucht, aber doch sehr liberal eingestellt. Zwar waren Alex und Rita streng katholisch, aber aufgeschlossen genug, dass sie beispielsweise Richard, ihren rebellischen Ältesten, zu Hause Haschisch rauchen ließen und ihre Kinder insgesamt dazu ermutigten, zu lesen und Musik zu hören – sowohl Klassik als auch Pop.

So gern Robert in Interviews später auch alle möglichen phantastischen Geschichten erfand, hat er seine Kindheit nie anders als liebevoll und behütet beschrieben. Damit unterschied er sich gründlich von dem kleinen Jungen, den er an seinem ersten Schultag im September 1964 kennenlernte.

Laurence Andrew Tolhurst, genannt Lol, geboren am 3. Februar 1959, stammte aus eher dysfunktionalen Verhältnissen. Er hatte fünf weitere Geschwister und berichtete zwar, viel Unterstützung und Ermutigung von seiner Mutter erfahren zu haben, aber mit seinem Vater sah es anders aus.

William Tolhurst hatte sich schon als Jugendlicher zur Royal Navy gemeldet und wurde mit 18 als Pionier auf einem britischen Kanonenboot auf dem Yangtse stationiert. Dort wurde er Zeuge des Massakers von Nanking, bei dem japanische Soldaten im Zweiten Japanisch-Chinesischen Krieg 1937–38 Hunderttausende chinesische Soldaten und Zivilisten niedermetzelten.

„Er sah, wie abgetrennte Köpfe und andere Körperteile den Fluss hinuntertrieben", berichtete Tolhurst in seiner 2016 erschienenen Autobiografie *Cured: The Tale Of Two Imaginary Boys*. „Offenbar kehrte er als völlig anderer Mensch aus dem Krieg zurück. Um die entsetzlichen Erinnerungen zu vergessen, griff er auf die typisch englische Lösung solcher Probleme zurück: Er fing an zu trinken."

Die Alkoholsucht William Tolhursts lag wie ein Schatten über der Kindheit Lols und seiner Geschwister. Lol hatte das Gefühl, ständig auf der Hut sein zu müssen. „Mein Vater und ich hatten nichts gemeinsam", erklärte er in *Cured*. „Er kannte mich überhaupt nicht, und ich wollte nicht in seiner Nähe sein. … Es war, als ob ich gar keinen Vater hatte."

Robert Smith und Lol Tolhurst begegneten sich im September 1964, nachdem ihre Mütter sie in denselben Bus zur St. Francis Of Assisi Infant School gesetzt hatten. Ihre Freundschaft vertiefte sich

„Mit ein bisschen Geschick konntest du deine Lehrer davon überzeugen, dass du etwas Besonderes warst. Ich habe drei Jahre lang praktisch gar nichts gemacht ... und zwar ganz bewusst."

ROBERT SMITH

GEGENÜBERLIEGENDE SEITE – Von links nach rechts: Lol Tolhurst, Michael Dempsey, Robert Smith
UNTEN – Jimi Hendrix beim Festival auf der Isle Of Wight, 1970
OHNE ABBILDUNG – Der 11-jährige Robert Smith, eingesperrt in einem Zelt

aber erst, als beide anschließend die Notre Dame Middle School in Pound Hill, Crawley, besuchten.

Die Notre-Dame-Schule war für ihre Zeit ein progressives Institut. Die Schüler sprachen ihre Lehrer mit Vornamen an, es gab offene Klassenräume, und anstelle von Frontalunterricht wurden die Kinder angehalten, eigenverantwortlich an Projekten zu arbeiten. Das Konzept der Schule war darauf ausgelegt, eigenes Denken und Kreativität zu fördern. Bezeichnenderweise reagierte Robert Smith darauf ganz anders.

„Mit ein bisschen Geschick konntest du deine Lehrer davon überzeugen, dass du etwas Besonderes warst", sagte er Steve Sutherland, dem Autor der autorisierten, 1988 erschienenen Cure-Biografie *Ten Imaginary Years*. „Ich habe drei Jahre lang praktisch gar nichts gemacht ... und zwar ganz bewusst."

Smiths Bedürfnis, nicht bei allem mitzumachen, egal, ob es Konventionen, die Gesellschaft oder einfach nur seine Hausaufgaben betraf, sollte sich später als typische Charaktereigenschaft erweisen. Aber während er für die Schule keinerlei Begeisterung aufbringen konnte, entwickelte er bald eine andere Leidenschaft: Musik.

Die Beatles und die Rolling Stones kannte er bereits von der Plattensammlung seiner Schwester Margaret, und er selbst entdeckte bald Jimi Hendrix. Vermutlich erschien es dem Elfjährigen, als fielen Ostern und Weihnachten auf einen Tag, als ihn sein großer Bruder Richard, damals 24, zum Isle Of Wight Festival mitnahm, bei dem Hendrix als Headliner gebucht war.

Der Ausflug verlief jedoch enttäuschend: Nachdem Richard beim Festival ein Mädchen kennengelernt hatte, sperrte er seinen kleinen Bruder im Zelt ein und befahl ihm, dort zu bleiben, bis er wiederkomme. Robert sollte keine zweite Gelegenheit mehr erhalten, sein Idol live zu sehen – Hendrix starb knapp drei Wochen später an einer Überdosis.

Doch wie viele andere spätere Rockstars erlebte Robert Smith sein wahres musikalisches Erweckungserlebnis am 6. Juli 1972, als David Bowie in der britischen Musiksendung *Top Of The Pops* „Starman" präsentierte.

Großbritannien war in den Siebzigern grau, trist und konformistisch, und auf die Gegend, in der Smith und Tolhurst aufwuchsen, traf das ganz besonders zu. „Glamour" fand anderswo statt. „Androgynität" war, wenn überhaupt, eine Herausforderung in

# PLAYLIST

**Eric Clapton**
„Bernard Jenkins", 1966

**John Mayall & The Bluesbreakers**
*Blues Breakers* (auch bekannt als *The Beano Album*), 1966

**Jimi Hendrix**
„All Along the Watchtower", 1967

**The Beatles**
„Dear Prudence", 1968

**The Doors**
„Hello, I Love You", 1968

**Van Morrison**
„Madame George", 1968

**Nick Drake**
„Fruit Tree", 1969

**John Lennon**
„Love", 1970

**Captain Beefheart**
„Doctor Dark", 1970

**David Bowie**
„Life on Mars from Hunky Dory", 1971

**T. Rex**
„Jeepster", 1971

**The Sweet**
„Wig-Wam Bam", 1972

**Sensational Alex Harvey Band**
„Hammer Song", 1972

**Rory Gallagher**
„Hands Off from Blueprint", 1973

**Thin Lizzy**
„Little Girl in Bloom", 1973

**The Rolling Stones**
„100 Years Ago", 1973

**Roxy Music**
„For Your Pleasure", 1973

Rechtschreibtests. Bisexualität war offiziell noch überhaupt nicht erfunden.

Als also ein lasziver Bowie im psychedelischen Einteiler und mit blauer Gitarre in die Kamera blinzelte und Gitarrist Mick Ronson in eine anzügliche Umarmung zog, war Smith wie vom Donner gerührt. Es sei, wie er dem *Guardian* später sagte, ein echtes Erweckungserlebnis gewesen: „Ich hatte wirklich das Gefühl, dass Bowie seine Platten nur für mich aufgenommen hatte."

Dieser Auftritt war der lebende knallbunte Beweis für das, was sein pubertierendes Ich gerade zu vermuten begann: dass es mehr im Leben geben musste als einen eintönigen Job und die grauen Mauern Crawleys. Das hier war … anders. *Andersartig*. *The Rise And Fall Of Ziggy Stardust And The Spiders From Mars* wurde die erste Platte, die Smith sich selbst je kaufte.

Zwar liebte er auch Bowies erfolgreiche Glamrock-Kollegen – T. Rex, Roxy Music und The Sweet –, kultivierte aber schon in jungen Jahren einen recht eklektischen Geschmack, der von den ungewöhnlicheren Ausreißern in der Plattensammlung seines Beatnik-Bruders beeinflusst war, von Alex Harvey, Nick Drake oder Captain Beefheart. All das weckte in ihm den Wunsch, selbst Musik zu machen.

Zu den vielen Vorzügen der Notre Dame Middle School zählte der löbliche Ansatz, die Schüler in ihrer Kreativität zu fördern. Daher war es ihnen erlaubt, einmal in der Woche in der Mittagspause die Instrumente des Musikraums frei zu benutzen. Smith fand einen willigen Mitstreiter.

Michael Dempsey, geboren am 29. November 1958 im damaligen Rhodesien (heute Zimbabwe), war als Dreijähriger mit seiner Familie nach England gekommen und zählte inzwischen zu Smiths engsten Schulfreunden. Ihn hatte Bowie bei *Top Of The Pops* genauso faszi-

GEGENÜBERLIEGENDE SEITE – Er öffnete Robert Smith die Augen: David Bowie, 1972.
OBEN LINKS – Die Sensational Alex Harvey Band, die Smith als Teenager besonders begeisterte
OBEN RECHTS – Glamrocker par excellence: T. Rex, 1972
RECHTS – Immer schräg und unkonventionell: Captain Beefheart

niert. „Es war cool, auf das zu stehen, was deine Eltern am meisten schockierte", erklärte er Jeff Apter in dessen Cure-Biografie *Never Enough* von 2005. Dempsey und Smith verzogen sich immer öfter in den Musikraum.

Tolhurst leistete ihnen schon bald Gesellschaft. Er und Smith hatten sich enger miteinander angefreundet, nachdem sie kurz zuvor festgestellt hatten, dass sie beide dem britischen Jimi Hendrix Fan Club angehörten. Als Smith und Dempsey ihn zu ihren Sessions im Musikraum einluden, behauptete Tolhurst, er könne Schlagzeug spielen, obwohl er davon keine Ahnung hatte: „Ich rannte sofort in die Bücherei und guckte mir Buddy Richs Buch über die Snare-Drum-Grundlagen an", bekannte er in *Cured*.

Smiths eigene musikalische Erfahrung beschränkte sich auf ein paar Klavierstunden, bei denen er zu seinem Ärger nicht das gleiche Talent bewiesen hatte wie seine kleine Schwester Janet. Bowie inspirierte ihn dann, es lieber mit der Gitarre zu versuchen. Zu Weihnachten 1972 wünschte er sich von seinen Eltern also eine „Top 20"-Gitarre von Woolworth. Bruder Richard, der inzwischen aufgrund seiner scheinbar unerschöpflichen Musikkenntnisse den Spitznamen „The Guru" trug, brachte ihm die ersten Akkorde bei.

Lol Tolhurst bemühte sich währenddessen ebenfalls um sein Equipment. Als sein Bruder Roger im Herbst nach Australien auswanderte und Lol fragte, was er ihm zum Abschied schenken solle, bat der angehende Drummer um ein paar Trommelstöcke und ein Übungsbuch.

Rogers Abreise war noch in anderer, weniger positiver Hinsicht für Lols Leben bedeutsam. Er machte bei Rogers Abschiedsparty den DJ und bekam zum ersten Mal Alkohol angeboten – ein Glas Rotwein. Der damals 13-Jährige fand schnell Gefallen daran.

„Es war ein subtiles und gleichzeitig klares Gefühl, geheimnisvoll und böse zugleich", erinnerte er sich in seiner Autobiografie 44 Jahre später. „Schlecht, aber auch irgendwie gut. Es fühlte sich verdammt toll an!"

Als Rogers Party endete, war Lol in eine Baugrube an der Straße gefallen, hatte ins Klo gekotzt, war kopfüber eine Treppe hinuntergestürzt und hatte sich seinen ersten Kater verdient. Aber immerhin besaß er jetzt ein paar Trommelstöcke.

Einmal in der Woche übten Smith und Dempsey nun Akkorde auf zwei Schulgitarren, während Tolhurst zögernd auf dem abgenutzten Schlagzeug herumtrommelte. Aber der Musikraum war keine Dauerlösung – auch, weil für die drei ein Schulwechsel anstand.

Verglichen mit der liberalen Notre Dame war die St. Wilfrid's Comprehensive School eine eher traditionelle, reaktionäre Gesamtschule, die an so grässlich bourgeoisen Konzepten wie Stundenplänen, Disziplin und Schuluniformen festhielt. Smith bezeichnete sie später als „faschistisch"; vermutlich setzte sie lediglich strengere Grenzen, als er es gewohnt war.

Aber er arrangierte sich damit. Der Teenager Smith ergänzte seinen schon ausgeprägten sanften Zynismus und Ennui um den typisch

LINKS – Ende der Siebziger: Punk kommt nach Crawley.
UNTEN – Dekorativ vor Dekoration, 1978

„Als Teenager liebt man die Opferrolle doch geradezu. Die ganze Welt ist gegen mich, keiner versteht mich."

ROBERT SMITH

pubertären Überlegenheitskomplex und schaffte es, sich mit so wenig Einsatz wie möglich durch den Stundenplan zu mogeln. Immerhin sollte die Schule jedoch die Bühne für seinen ersten Liveauftritt bieten.

Die erste „Band", die Smith, Dempsey und Tolhurst gründeten, nannten sie aus nicht näher bezeichneten Gründen The Obelisk. Zusammen mit zwei anderen Schülern, Alan Hill und Marc Ceccagno (dem einzigen schwarzen Schüler am St. Wilfrid's), spielten sie bei der morgendlichen Schulversammlung im April 1973 einen Song.

Später beschrieb Smith dieses Erlebnis als „schrecklich", Tolhurst sprach von einem „Albtraum". Um welchen Song es sich damals handelte, wollen beide inzwischen vergessen haben. The Obelisk trat wieder in den Hintergrund – das normale Teenager-Dasein nahm die drei voll und ganz in Anspruch.

Sie entdeckten Mädchen. In einer örtlichen Disco lernte Tolhurst Sarah kennen, mit der er ein paar Wochen später seine Unschuld verlor – in einem kleinen, verlassenen Bunker aus dem Zweiten Weltkrieg, einer sogenannten „Pillbox", die später für den Titel des Songs „Pillbox Tales" sorgte.

Smiths erste romantische Begegnung erwies sich als Lebensentscheidung. Schon auf der Notre Dame war er mit Mary Poole befreundet gewesen, und jetzt kamen sie sich auf einer Kostümparty näher, auf der Smith, wenn man der Cure-Legende trauen kann, als Chirurg erschien und sich ordentlich mit Ketchup bekleckert hatte, um angemessen blutbespritzt auszusehen. Smith und Poole wurden ein Paar, heirateten später und sind heute – nach über 45 Jahren – noch zusammen. Smith ist vermutlich der einzige Rockstar, der seiner ersten großen Liebe treu geblieben ist – das hätte es bei Mötley Crüe nicht gegeben.

Die Pubertät ist allgemein eine besonders einschneidende Zeit im Leben, geprägt von altkluger Arroganz und lähmenden Selbstzweifeln, erfüllt von sich ständig verändernden Gedanken, Leidenschaften und Instinkten. Und auch, wenn es in Smiths Beziehung zu seiner Familie keine großen Verwerfungen gab, hat er doch offen zugegeben, dass er mit 14 oder 15 glaubte, klüger zu sein als seine Lehrer. Wo mochte er da seine Mitschüler einordnen? Offensichtlich entfernte er sich allmählich immer weiter von ihnen.

Smith, Tolhurst und Dempsey betranken sich heimlich mit dem selbstgebrauten Bier von Smiths Vater, hingen bei den Disco-Abenden der Methodistenkirche von Horley ab und schlichen sich gelegentlich, dem Jugendschutz zum Trotz, in die Pubs. Und sie versuchten zunehmend, sich durch ihre Kleidung von der Allgemeinheit abzugrenzen. Zum Ausgehen bevorzugte Smith einen langen Pelzmantel, ergänzt um ein wallendes Halstuch. Tolhurst einwickelte eine Vorliebe für weiße Schlaghosen. Dempsey wurde der stolze Besitzer eines italienischen 50-Kubik-Kleinkraftrads, um das Trio durch die Stadt zu karren.

Einig waren sie sich vor allem darin, dass sie niemals einen „ordentlichen Beruf" ergreifen oder nur für die Arbeit leben wollten. „Vor allem Robert war entschieden gegen alles, was nach einem langweiligen Leben aussah", erinnerte sich Tolhurst in *Cured*.

Dass dieses Gefühl, etwas Besonderes zu sein, herrlich und schmerzhaft anders als alle anderen, zu den Standardempfindungen der Teenagerzeit gehört, entdeckt man meist erst als Erwachsener. „Als Teenager liebt man die Opferrolle doch geradezu", stellte Smith Jahrzehnte später fest. „Die ganze Welt ist gegen mich, keiner versteht mich." Wobei es wohl nur den wenigsten gelingt, aus den typisch quälenden pubertären Ängsten eine Superstar-Karriere zu formen …

Smiths trotzige Widerborstigkeit führte dazu, dass er am St. Wilfrid's kurzzeitig als „unerwünschter Einfluss" vom Unterricht suspendiert wurde. Dennoch gelang es ihm, sich lange genug aus seiner Lethargie befreien, um bei der Abschlussprüfung der Mittelstufe in neun Fächern seine sogenannten O-Levels zu bestehen.

Da er keine Ahnung hatte, was er mit seinem Leben anfangen wollte, aber regelmäßige Arbeit nicht in Frage kam, blieb er ebenso wie Dempsey bis zum höheren Abschluss weiter auf der Schule. Tolhurst hingegen begann mit 16 bei der Firma Hellerman Deutsch eine Laborantenausbildung, zu der auch Kurse am Crawley College gehörten.

Währenddessen spielten sie weiter zusammen mit Ceccagno als The Obelisk. Tolhurst hatte sich sogar ein vierteiliges Schlagzeug „mit potthässlicher braungoldener Lackierung" zugelegt, und die vier probten im Gemeindesaal der örtlichen St. Edward's Church; einen Trommler-Konkurrenten namens Graham schlug Tolhurst schnell aus dem Feld.

Sein schlichter Schlagzeugstil war allerdings nichts für den jazzbegeisterten Ceccagno, der die Band verließ, um eine eigene Gruppe namens Amulet zu gründen, die mehr in Richtung Progressive Rock ging.

Smiths Eltern hatten ihr Haus um einen Anbau ergänzt, der eigentlich als zusätzliches Wohnzimmer gedacht war, aber es störte sie nicht, dass ihr Sohn, Tolhurst und Dempsey ihn dreimal die Woche als Proberaum in Beschlag nahmen. Die Musikszene von 1975 bot The Obelisk allerdings nicht gerade viel Inspiration.

Abgesehen von Bowie waren Glamrock-Helden wie T. Rex, Roxy Music oder Sweet allmählich auf dem absteigenden Ast. In den Top 40 dominierte Disco – ganz nett, aber für keinen der drei von besonderer Bedeutung – oder kitschiger, abgedroschener Dudel-Pop. Die britische Musikszene wirkte leblos und langweilig. Aber das sollte sich bald ändern.

Robert Smith zufolge war der Augenblick, da er 1976 auf einer Party zum ersten Mal „Anarchy In The UK" hörte, ein ähnlich einschneidendes Erlebnis wie Bowies „Starman"-Auftritt.

GEGENÜBERLIEGENDE SEITE – Wam Bam Glam! The Sweet, 1972
RECHTS – Roxy Music in den Siebzigern – ebenfalls eine von Smiths frühen Lieblingsbands

„Ich dachte nur: Das ist es! Man musste sich entscheiden – entweder war man out, oder man hieß die neue Bewegung willkommen."

ROBERT SMITH

## PLAYLIST

**The Sex Pistols**
„Anarchy in the UK", 1976

**The Stranglers**
„Hanging Around", 1977

**Elvis Costello**
„Less Than Zero", 1977

**The Clash**
„Remote Control", 1977

**The Buzzcocks**
„Fiction Romance", 1978

**XTC**
„Statue of Liberty", 1978

**Throbbing Gristle**
„United/Zyklon B Zombie", 1978

**Cabaret Voltaire**
„Here She Comes Now", 1978

**Siouxsie and The Banshees**
„Hong Kong Garden", 1978

**Wire**
„Outdoor Miner", 1978

„Ich dachte nur: Das ist es!", erinnerte er sich Jahre später. „Man musste sich entscheiden – entweder war man out, oder man hieß die neue Bewegung willkommen."

Lol Tolhurst hat behauptet, er und Smith seien „die absolut ersten Punks in Crawley" gewesen, aber das erscheint etwas übertrieben. Jedenfalls tauschten sie die Schlaghosen und Pelzmäntel nicht gegen Sicherheitsnadeln und Bondage-Klamotten, und musikalische Sozialkritik und Protest waren noch nie ihr Ding gewesen – ganz im Gegensatz zur unabhängigen Grundeinstellung und der Maßgabe, dass *jeder* Musik machen könne.

„Wir hatten gedacht, dass man richtig, richtig gut sein musste [um in einer Band zu sein], und das schien uns unerreichbar", gab Tolhurst später zu. „Aber dann ging es mit Punk los, und uns wurde klar: Hey, das können wir auch."

Smith, Tolhurst und Dempsey sahen sich einen Gig der Stranglers im Londoner Vorort Croydon und später auch in Crawley an. Aber Smiths liebste Punks waren die Buzzcocks; er bewunderte den straffen Minimalismus, die kantige Musikalität und die schrägen, verächtlichen Texte – drei Elemente, die er für seine eigene Band zu kapern versuchte.

OBEN – Die Sex Pistols waren ein persönliches Erweckungserlebnis für Smith.
GEGENÜBERLIEGENDE SEITE – Smith und Tolhurst gingen regelmäßig zu Punk-Gigs.

ANARCHY
IN THE U.K.
PUNK
special
100 CLUB
100 OXFORD ST.
Monday SEPTEMBER 20
SEX PISTOLS
CLASH
SUB WAY SECT
SUZIE AND THE BANSHEES
AND FROM FRANCE
STINKY TOYS
OPEN 7 PM LATE BAR
ADMISSION £1.50
(£1.00 NUS ETC.)
7PM LATE BAR
Sex Pistols

Punk bewirkte jedenfalls einige Veränderungen im Stil der Jungs aus Crawley. Zuvor hatte Smiths Haar mindestens bis zum Kragen seiner Schuluniformhemden gereicht, jetzt war es plötzlich stachlig kurz. Angeblich hatte er es sich abgeschnitten, nachdem er spätabends in John Peels Sendung auf BBC Radio 1 „White Riot" von The Clash gehört hatte.

Auch der Bandname wurde überdacht. Vielleicht klang ihnen The Obelisk zu sehr nach dem inzwischen furchtbar uncoolen Progressive Rock und nicht nach dem neu angepeilten musikalischen Brutalismus; jedenfalls benannten sie sich in Malice um.

Mit neuer punkiger Ausrichtung übte die Band weiter im Gemeindesaal der Kirche und im Anbau bei den Smiths, während Großbritannien unter der Hitzewelle des Sommers 1976 schwitzte. Und sie holten sich Verstärkung.

Paul Stephen Thompson, geboren am 8. November 1957 in Wimbledon, hatte mit seiner Familie für kurze Zeit in Australien gelebt, war aber 1964 nach Crawley gezogen. Zwar hatte er andere Schulen besucht, geriet aber in den Dunstkreis der Band, als Tolhurst eine Weile mit seiner Schwester Carol zusammen war.

Thompson, der seinen Namen „Porl" schrieb, hatte sich in Crawley bei verschiedenen lokalen Bands einen Namen als brillanter, wenn auch manchmal etwas verstiegener Gitarrist gemacht. Tolhurst lud ihn zu einer Probe mit Malice ein, und Thompson fand die Musik spannend genug, um bei ihnen einzusteigen. Zu ihrem Programm gehörten neben Coverversionen von Jimi Hendrix, Thin Lizzy oder der Sensational Alex Harvey Band auch nach und nach eigene, von Smith verfasste Songs. Das war Neuland, aber er zeigte sich mit den Ergebnissen zufrieden: „Ich fand schon bald unsere eigenen Songs besser als den Kram, den wir so hörten."

Nachdem sie ein gutes Jahr mit Proben verbracht hatten, wagten Malice ihr Livedebüt. Der allererste Gig war eher untypisch: Sie spielten einen ziemlich leisen Set mit Akustikgitarren und Bongos bei einer Firmenweihnachtsfeier von Smiths Vater in Worth Abbey, einer nahe gelegenen Benediktinerabtei.

Das „richtige" Malice-Debüt, das Lol Tolhurst als „den ersten Gig als die Band, aus der The Cure wurden" beschreibt, fand zwei Tage später, am 20. Dezember 1976, in der St. Wilfrid's Comprehensive School statt.

Da keiner in der Band scharf auf den Posten des Sängers war, wurde kurz vor dem Auftritt noch ein Neuzugang rekrutiert. Martin Creasy war ein Journalist, der für das Lokalblatt, den *Crawley Observer*, schrieb und der seine neuen Kollegen überraschte, als er

GEGENÜBERLIEGENDE SEITE – Die Buzzcocks wurden dank ihrer schrägen Verächtlichkeit zu Smiths Lieblings-Punkband.
OBEN – Waren The Clash verantwortlich für Smiths Frisur?
RECHTS – Kult-Radiomoderator John Peel war Smiths Wegweiser für den Sound des Punk.

in einem Dreiteiler und einem Manchester-United-Schal ans Mikro trat und damit einen deutlichen Gegensatz zu Tolhurst bildete, der einen schwarzen nietenbesetzten Glamrock-Einteiler trug.

Zwar beschrieb Smith den Sound als „kreischende Feedback-Attacke“, aber offenbar trafen Malice nicht auf einhellige Begeisterung, und ein großer Teil des Publikums stimmte mit den Füßen ab.

Martin Creasys erster Auftritt mit der Band war auch sein letzter. Er war von dem Auftritt ebenso wenig beeindruckt wie die Zuschauer und verließ die Bühne am Schluss mit einem Spruch, der Eingang in die Cure-Legende gefunden hat: „Das ist Scheiße!“ Über Weihnachten leckte die Band ihre Wunden.

Da man sich offenbar als Malice nicht gerade mit Ruhm bekleckert hatte und Smith den Bandnamen angeblich ohnehin nie mochte, entschied man sich für einen kompletten Neustart. Und da Smith gerade William Burroughs gelesen hatte und von dessen „Cut-up“-Technik in der Literatur sehr angetan war, beschloss er, sie für die Band zu nutzen.

Zusammen mit Tolhurst, Dempsey und Thompson schrieb er Textbruchstücke auf Papierschnipsel, mischte sie und schob sie zu einem Haufen zusammen, um dann aufs Geratewohl einen zu ziehen, der dann den neuen Bandnamen enthalten sollte.

Smith zog einen Zettel aus dem Haufen. In Tolhursts Handschrift stand „Easy Cure“ darauf – ein Element aus einem Song, an dem der Drummer gerade arbeitete. Damit stand der Name fest.

The Easy Cure hatten eine Handvoll eigener Songs, jede Menge Coverversionen, einen Proberaum … und nach Creasys schnellem Abgang keinen Sänger mehr. Nach einem noch kürzeren Versuch mit einem Kumpel, der nur als Gary X bekannt war, engagierten sie einen Bekannten aus der Gegend, einen Bowie-Fan, der Peter O'Toole hieß wie der bekannte Schauspieler. Er stand am Mikrofon, als The Easy Cure den Gemeindesaal von St. Edward's mieteten, um dort Smiths achtzehnten Geburtstag zu feiern. Ein paar Wochen später schien sich der erste richtige Schritt nach vorn anzubahnen.

Dachten sie jedenfalls.

Im *Melody Maker*, einer damals wöchentlich erscheinenden Musikzeitung, deren Kleinanzeigenteil ein riesiges Schwarzes Brett für

## „Das ist Scheiße!“

MARTIN CREASY

Auftrittsmöglichkeiten, Instrumente oder Mitmusiker bot, entdeckte Smith im April 1977 einen interessanten Aufruf. Zwei leicht bekleidete Frauen räkelten sich suggestiv auf einem Motorrad. „WOLLT IHR PLATTEN AUFNEHMEN UND STARS WERDEN?“, stand darunter. „WORAUF WARTET IHR NOCH?“

Der dazugehörige, etwas nüchternere Text verriet, dass „Hansa, das führende Poplabel aus Deutschland, das bereits Boney M. und Donna Summer bekannt gemacht hat“, in Großbritannien auf Talentsuche sei. „Erfahrene Gruppen im Alter von 15–30“ wurden gebeten, ihre Demotapes und Fotos zu schicken.

Die Tatsache, dass Ariola/Hansa auf Disco Acts mit Chartappeal fokussiert waren, hätte The Easy Cure vielleicht schon vermuten lassen können, dass sie bei dem Label kaum auf Seelenverwandte treffen würden. Andererseits, was hatten sie zu verlieren? Im Anbau der Smiths wurde ein Demo eingespielt und für ein erstes Bandfoto posiert, dann ging das Päckchen an Hansa.

Als Nächstes bemühten sie sich um ein paar weitere Konzerte. Falls es in Crawley so etwas wie einen Szeneclub gab, dann war das ein Pub namens The Rocket, und The Easy Cure gelang es, sich dort einen Auftritt zu sichern, als Marc Cerragnos Band Amulet kurzfristig absagte. Im darauffolgenden Jahr spielten sie dort regelmäßig.

Kurz nach dem ersten Auftritt im Rocket, im Mai 1977, traf ein Telegramm von Hansa bei Smith ein. Das Label mochte ihr Tape (und das Foto) und bat die Band zu einem Vorspieltermin in Willesden im Londoner Nordwesten.

Hier trafen The Easy Cure Hansas A&R-Manager, einen Amerikaner namens Steve Rowland, und präsentierten drei Songs. Sie waren ein wenig irritiert, dass sie dabei nicht nur aufgenommen, sondern auch gefilmt wurden, aber wenige Tage später erhielten sie

> Bei allen, die zum Vorsingen kamen, dachte ich, da wäre ich auch nicht schlechter. Deswegen beschloss ich, selbst zu singen.
>
> ROBERT SMITH

ein Angebot für einen Fünfjahresvertrag inklusive eines Vorschusses von 1000 Pfund.

Zwar war die Band von Anfang an misstrauisch, was Hansa anging, aber andere Angebote gab es nicht, und 1000 Pfund für neue Instrumente kamen gerade recht. Also unterschrieben sie, spielten noch ein paar Gigs im Rocket und warteten, was nun passieren würde.

Zunächst einmal nichts Gutes. Obwohl er sich recht gut in die Band eingefügt hatte, erklärte Peter O'Toole, er wolle nach Israel ziehen und in einem Kibbuz leben. The Easy Cure testeten ein paar neue Sänger, bis Robert Smith eine zukunftsweisende Entscheidung traf.

„Bei allen, die zum Vorsingen kamen, dachte ich, da wäre ich auch nicht schlechter", sagte er später. „Deswegen beschloss ich, selbst zu singen."

Es war keine leichte Entscheidung. Bei seinem ersten Gig als Sänger war Smith „wie gelähmt vor Angst". Nachdem er sich etwas zu viel Mut angetrunken hatte, stolperte er auf die Bühne und sang zum ersten Song einen falschen Text. Allerdings schien das niemandem aufzufallen, geschweige denn zu stören.

Er war also The Easy Cures neuer Sänger, als die Band für die erste Aufnahmesession nach London fuhr. Sie spielten dem Label fünf neue Songs vor, darunter auch „Pillbox Tales" über Tolhursts verlorene Unschuld; aufnehmen sollten sie dann aber Coverversionen von Beatles- und Bowie-Songs sowie die Gute-Laune-Nummer „The Great Airplane Strike" von Paul Revere And The Raiders aus dem Jahr 1966.

Hansa hatte in Großbritannien zeitgleich die frischgefönten Möchtegern-Chartpopper Child unter Vertrag genommen und plante für The Easy Cure denselben Weg. Die hübschen, naiven Gesichter auf dem Foto hatten die Plattenbosse nämlich weit mehr überzeugt als der Mix aus Punk und schrägem New Wave auf der Cassette.

Für Robert Smith kam das nicht in Frage: Er beschloss, Hansa den schrägsten New-Wave-Song zu geben, den er bis dahin geschrieben hatte.

Im Englischunterricht am St. Wilfrid's hatte ihn Albert Camus' 1942 erschienener Roman *Der Fremde* begeistert. Das existenzialistische Meisterwerk erzählt die Geschichte des empathielosen Meursault, der während eines Streits am Strand einen Araber erschießt und den Mord weder bereut noch dessen Folgen für sein eigenes Leben beklagt.

The Easy Cure hatten diese morbide Charakterstudie mit einem kargen, dürren Strauß schneller Rhythmen unterlegt, über die Smith in leicht nasalem, quengeligem Ton einen unheilvollen Text skandierte: „*I'm alive / I'm dead / I'm a stranger / Killing an Arab.*"

Dazu bekam Hansa „10:15 Saturday Night", eine reduzierte, düstere Meditation über einen Abend allein zu Hause, begleitet nur vom Tropfen eines Wasserhahns. Dieses pointierte Destillat schönster Teenager-Tristesse hatte mit dem radiotauglichen Weichspülpop à la Child nichts, aber auch gar nichts gemein.

Am 29. März 1978 rief Steve Rowland die Band zu sich, um ihnen Hansas Meinung zu verkünden. Und die war einhellig: „Nicht einmal Leuten im Knast würden diese Songs gefallen!"

Eine Einigung war nicht in Sicht, und so kamen The Easy Cure und Hansa klugerweise überein, nicht noch mehr Geld zu verschwenden, sondern den Vertrag aufzulösen. Smith gelang es dabei, das Label zu überreden, ihnen die Rechte an ihren Songs zu lassen. (Hansa hatte später mehr Erfolg mit der Band Japan, die unter den gleichen Umständen zum Label kam und dort drei Alben einspielte.)

Einstweilen wieder ohne Plattenvertrag, konzentrierten sich The Easy Cure auf weitere Gigs im Rocket und im Laker's, einem Club im nahegelegenen Redhill. Gelegentlich trat man gemeinsam mit einer punkigen Truppe namens Lockjaw auf, und Smith freundete sich mit deren Bassisten an, einem gewissen Simon Gallup.

Gallup, am 1. Juni 1960 geboren, war in jungen Jahren mit seiner Familie nach Horley gezogen und arbeitete in einer Kunststofffabrik. Lockjaws Punkeinflüsse erklärten sich dadurch, dass Gallups älte-

„Nicht einmal Leuten im Knast würden diese Songs gefallen!“

STEVE ROWLAND

**RECHTS** – Ganz entspannt: nicht mehr Easy, nur noch Cure
**GEGENÜBERLIEGENDE SEITE** – So präsentierten sich The Easy Cure auf ihrem ersten Demo, 1977.

rer Bruder Ric in einem Plattenladen jobbte (in dem Smith zufällig Stammkunde war) und ihm stets die neusten Singles vorspielte.

Das Line-up von The Easy Cure änderte sich bald wieder. Smith hatte zunehmend das Gefühl, dass viele Zuschauer nur wegen Lokalmatador Porl Thompson zu den Gigs kamen, dessen ausuferndes Spiel ohnehin nicht zu der kargen, minimalistischen Ästhetik passte, die Smith inzwischen vorschwebte. Ihn einfach rauszuschmeißen wäre allerdings knifflig gewesen, da Thompson inzwischen mit Smiths Schwester Janet zusammen war (die er später auch heiratete). Allerdings war Thompson mit der neuen musikalischen Ausrichtung auch nicht glücklich, und daher trennte man sich im Mai ohne viel Dramatik.

Smith setzte noch an anderer Stelle die Axt an: Den per Zufall bestimmten Namen Easy Cure hatte er nie richtig gemocht, und daher verkürzte er ihn kurzerhand – auf The Cure.

Inzwischen hatte er die Schule verlassen und sich arbeitslos gemeldet, und nach dem geplatzten Hansa-Deal verbrachten er, Tolhurst und Dempsey die Zeit damit, in Crawley abzuhängen und über ihr hartes Los zu jammern. Aus Mitleid erklärte sich Ric Gallup bereit, ihnen 50 Pfund für ein professionelles Demo zuzustecken.

The Cure gingen damit in die nahe gelegenen Chestnut Studios und spielten vier Titel ein: „Killing An Arab" und „10:15 Saturday Night" sowie zwei neue Tracks, „Fire In Cairo" und „Boys Don't Cry". Robert Smith schickte die Cassette an so gut wie jeden Plattenfirmenmanager. Ein paar schrieben ablehnend zurück. Die meisten reagierten gar nicht. Nur einer zeigte Interesse.

Er hieß Chris Parry.

# VORWÄRTS MIT FICTION

Neuseeland ist nicht gerade als Brutstätte des Rock'n'Roll bekannt. Nur selten – mit der tapferen Ausnahme von Crowded House – konnten sich Künstler aus der Kiwi-Szene wirklich international etablieren. John Christopher „Chris" Parry hatte sein Bestes versucht, sich diesem Trend entgegenzustellen. 1964, mit fünfzehn, trommelte er bereits in einer Band namens Sine Waves und schnupperte kurz Höhenluft, als seine Truppe, inzwischen als Fourmyula aktiv, einen Bandwettbewerb gewann, dessen erster Preis in einem viermonatigen Aufenthalt in Großbritannien bestand.

The Fourmyula gaben dort einige Konzerte und nahmen sogar eine Single in den Abbey Road Studios auf, erregten aber kaum großes Aufsehen. Nach ihrer Rückkehr hatten sie zu Hause mehr Erfolg und konnten eine Reihe von Top-20-Hits verbuchen, im Dezember 1969 sogar eine Nummer 1 mit „Nature", das dreißig Jahre später zu Neuseelands bestem Popsong aller Zeiten gekürt wurde.

Parry war jedoch zu ehrgeizig, als dass ihn eine Karriere in der südpazifischen Provinz langfristig befriedigt hätte. Nachdem sich The Fourmyula 1971 auflösten, zog er nach London, fand einen Job bei Phonogram Records und wechselte 1974 als A&R-Manager zu Polydor.

Da er selbst Musiker war, zählte er zu den aufmerksameren Talentscouts, konnte aber seine Chefs nicht immer von seinen Entdeckungen überzeugen. Aufgrund der Zögerlichkeit und der mangelnden Risikobereitschaft der oberen Etagen waren ihm die Sex Pistols und The Clash durch die Finger geschlüpft, aber immerhin hatte er

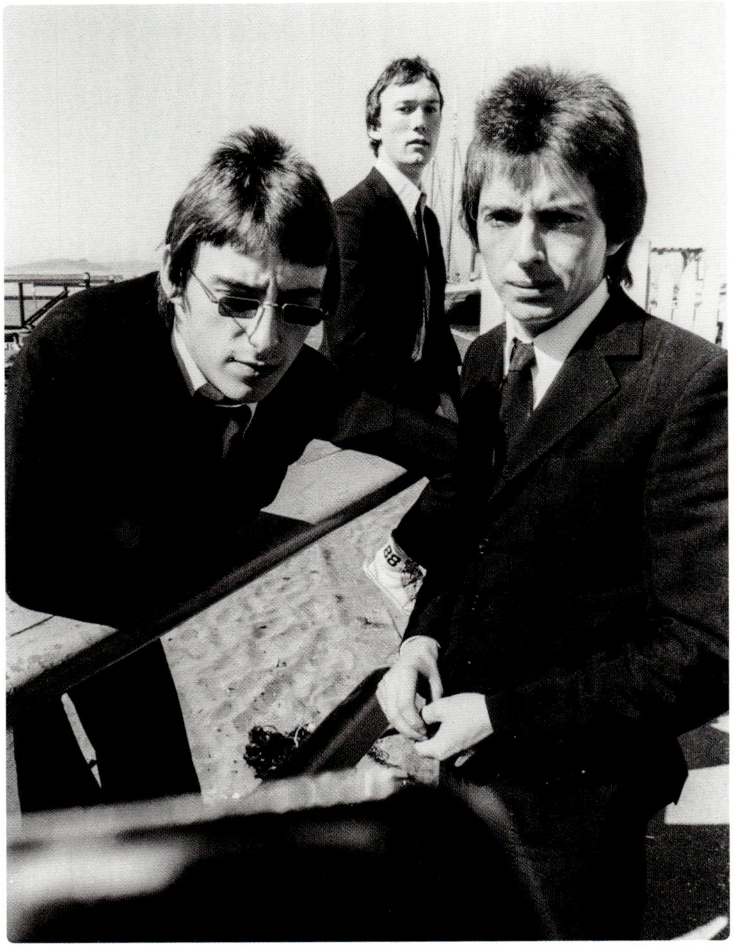

VORHERIGE SEITE – The Cure, 1979
LINKS – Zwar konnte Chris Parry nicht die Sex Pistols unter Vertrag nehmen …
OBEN – … aber immerhin The Jam …
GEGENÜBERLIEGENDE SEITE – … und Siouxsie And The Banshees.

„Ich fand es aufregend, dass es sich um ein Trio handelte und dass noch niemand etwas mit dieser kleinen Cassette aus der Provinz hatte anfangen wollen. Sie war stimmungsvoll und atmosphärisch, und mir gefiel das."

CHRIS PARRY

in Julien Temples Film *The Great Rock'n'Roll Swindle* einen Plattenfirmenmanager spielen dürfen.

1977 nahm er The Jam unter Vertrag, ein Jahr später Siouxsie And The Banshees, aber er haderte noch immer mit der Firmenpolitik und der Bedenkenträgerei bei Polydor, als er im Mai 1978 ein Demotape aus Crawley auf seinen Schreibtisch bekam.

Parry gefiel der kratzige, düster-beziehungsreiche Sound sofort, vor allem „10:15 Saturday Night" und das wehmütige „Boys Don't Cry".

„Ich fand es aufregend, dass es sich um ein Trio handelte und dass noch niemand etwas mit dieser kleinen Cassette aus der Provinz hatte anfangen wollen", sagte er Steve Sutherland in *Ten Imaginary Years*. „Sie war stimmungsvoll und atmosphärisch, und mir gefiel das."

Parry beantwortete Smiths Anschreiben, die beiden telefonierten, und schließlich fuhren The Cure nach London, um sich im Polydor-Büro mit ihrem Bewunderer zu treffen. Nachdem man sich kurz bekannt gemacht hatte, schlug Parry vor, für einen Drink in einen nahe gelegenen Pub zu gehen. Er brauchte keine große Überredungskunst.

Im Laufe eines langen alkoholgeschwängerten Nachmittags begann sich Parry richtig für The Cure zu erwärmen, vor allem für ihren Humor und für Smiths intelligente, zurückhaltende Art. Die drei Jungs aus Crawley fanden Parry ebenfalls nett, obwohl sie sich später einig waren, dass er ein bisschen wie der libysche Diktator Gaddafi aussehe.

Parry schlug vor, dass die Band einen Gig in London spiele, damit er sie sich live ansehen konnte, aber Smith war vielmehr dafür, dass der Plattenfirmenmanager sie vor heimischem Publikum erlebte. Tatsächlich kam Parry zwei Wochen später nach Redhill zu einem Konzert im Laker's.

Die regelmäßigen Auftritte im Rocket hatten aus The Cure inzwischen eine versierte Liveband geformt, und Parry war beeindruckt. Nach dem Gig lud er sie zu ein paar Bier im Pub ein und machte ihnen ein Angebot. Allerdings ein anderes, als sie erwartet hatten.

Parry erklärte, dass er aufgrund der eingeschränkten Handlungsmöglichkeiten keine Lust mehr auf den A&R-Job bei Polydor habe und sich selbstständig machen wolle. Sein Label sollte Night Nurse heißen und zwar unabhängig, aber an Polydor angegliedert sein, so dass er die Marketing- und Vertriebsstrukturen des großen Unternehmens nutzen konnte.

Zwar waren The Cure zunächst überrascht, doch je länger Parry ihnen bei einem Bier nach dem anderen von der großen gemeinsamen Zukunft vorschwärmte, desto mehr erwärmten sie sich für die Idee. Schließlich hatte Smith nur noch einen Kritikpunkt: den scheußlichen Labelnamen.

Nach einem kurzen Brainstorming war Parry bereit, auf 18 Age/Fiction umzusatteln, wovon am Ende nur das letzte Wort übrigblieb. The Cure unterschrieben einen Vertrag über sechs Monate – wie auch ein paar Tage später eine andere talentierte New-Wave-Band, die Associates.

Anschließend arrangierte Parry eine billige Nacht-Session in den Morgan Studios, in denen The Cure auch bei der Hansa-Pleite schon gearbeitet hatten. Neben den Songs der Demo-Cassette nahmen sie noch ein paar neue auf, darunter auch „Three Imaginary Boys". Zudem organisierte Parry einige Auftritte außerhalb des bisherigen Einzugsbereichs der Band.

Der Fiction-Boss buchte The Cure als Vorgruppe für die gerade von der britischen Musikpresse sehr gefeierten, minimalistisch-experimentellen Postpunks Wire, die bereits zwei Alben abgeliefert hatten und gerade von ihrer ersten US-Tournee zurückkehrten.

Der Support Gig am 5. Oktober in Canterbury an der University of Kent offenbarte deutlich, wie viel Erfahrung Wire The Cure voraushatten. Smith war von Wire beeindruckt, aber ihre musikalische Virtuosität, ihre Präsentation und ihre Professionalität schüchterten ihn ein. Wie er später sagte, habe er seine eigene Band mit anderen Augen gesehen, nachdem er Wire erlebt

> „Ich fand, sie waren eine phantastische Band – sie hatten so viel Power."
>
> ROBERT SMITH

**OBEN** – Wire zeigten The Cure, was alles möglich war.
**GEGENÜBERLIEGENDE SEITE** – Smith auf der Bühne in Derby, Dezember 1979

hatte: „Ich fand, sie waren eine phantastische Band – sie hatten so viel Power."

In Canterbury hatten The Cure im Vergleich zu Wire wie kleine, unerfahrene Jungs ausgesehen: eine ernüchternde Erfahrung. Aber es lief immerhin noch besser als am folgenden Tag am City Of London Polytechnic – dort spielten The Cure gar nicht erst.

Ihnen war ein typisches Indie-Band-Problem in die Quere gekommen: Auf dem Weg zum Gig war ihnen ihr Kleinbus liegengeblieben. Als sie ankamen, standen die Headliner schon längst auf der Bühne, und The Cure mussten es sich gefallen lassen, dass Parry sie Amateure schalt.

Aber die drei nutzten diese Panne geschickt zu ihrem Vorteil: Sie machten Parry klar, dass sich so etwas vermeiden ließe, wenn sie ein festes Gehalt bekämen und Tolhurst und Dempsey ihre Jobs aufgeben könnten, um abends pünktlich bei Gigs zu erscheinen. Parry sah das ein und zahlte ihnen ab sofort 25 Pfund pro Woche.

UNTEN – Live bei einem Auftritt in Birmingham, 1979
GEGENÜBERLIEGENDE SEITE – Generation X im Roxy Club, London: Billy Idol gibt alles.

Derart ins Profi-Lager aufgestiegen, nahmen The Cure in den Morgan Studios die Tracks für ihr Debütalbum auf. Sie nutzten dabei die Nachtstunden, in denen das Studio frei war, das Parry für seine Schützlinge von The Jam gebucht hatte, die gerade *All Mod Cons* einspielten.

Parry übernahm die Produktion beider Platten, wobei ihn bei The Cure ein Neuling namens Mike Hedges an den Reglern unterstützte – heute bekannt für seine Arbeit mit U2, Dido und den Manic Street Preachers.

Ein weiterer Vorteil des Arrangements mit The Jam war die Tatsache, dass The Cure sich heimlich die wesentlich besseren und teureren Instrumente der schon etablierten Kollegen ausleihen konnten. Tolhurst gab später zu, Rick Bucklers Schlagzeugmikro kaputtgemacht zu haben, das er dann schuldbewusst mit Kaugummi flickte.

Dennoch kam es bei der Studioarbeit auch zu unterschwelligen Spannungen. Robert Smith mochte noch feucht hinter den Ohren sein, aber er wusste zumindest, was er nicht wollte: zum Beispiel, dass Chris Parry die Sessions dominierte. Parry hatte als erfahrener Musiker, Produzent und Manager der Band eine klare Vorstellung davon, wie The Cure klingen sollten – und das stimmte nicht immer mit dem überein, was dem eigensinnigen Sänger vorschwebte.

„Die Band hatte eigentlich gar keine Ahnung", sagte Mike Hedges in Apters *Never Enough*. „Für alle außer Chris was das Ganze völlig neu. Robert wusste zwar, was er wollte, aber nicht, wie er das ausdrücken sollte."

Parry störte sich vor allem daran, dass Smith unbedingt seine Anfängergitarre von Woolworth und seinen uralten billigen Verstärker benutzen wollte. Letzteres erledigte sich allerdings von selbst, da das Gerät während der Sessions auseinanderfiel.

Bei diesen Diskussionen zeigte sich das unterschiedliche Naturell Parrys und Smiths. Parry reagierte mit Wutausbrüchen, Smith mit düsterem Schmollen. Nachdem es mit Hansa derart schiefgelaufen war, fragte sich der Sänger jetzt, ob ihr neuer Manager wirklich auf ihrer Wellenlänge liege.

Andererseits engagierte Parry sich wirklich enorm für die Band, und bei den meisten Auseinandersetzungen konnte Hedges schlichten. Ein echtes Zerwürfnis hätten sie sich ohnehin nicht leisten können – Smith, Tolhurst und Dempsey übernachteten während der Aufnahmen bei Parry, der in der Nähe wohnte, und mussten sich dabei zwei Betten teilen.

Zeitgleich organisierte ihr Manager ihnen weitere Auftritte, unter anderem als Support für die ruppigen Punk-Urgesteine UK Subs. Sein Plan, The Cure insgesamt bekannter zu machen, ging auf: Bei einem Gig im Londoner Moonlight Club wurden sie von einem A&R-Manager angesprochen, der sie für United Artists abwerben wollte.

Besonders lohnend erwies sich für The Cure eine Tour mit Generation X und ihrem blondgefärbten Sänger Billy Idol, die ihren Punkwurzeln zum Trotz durchaus Charterfolge verbuchen konnten. Idol trat allabendlich in einem roten Leder-Overall auf, der dank der typischen Punk-Gepflogenheiten am Ende des Gigs von der Spucke der Zuschauer durchweicht war. Glücklicherweise bekamen The Cure davon weniger ab: „Wir waren insgeheim wohl alle froh, dass das Publikum uns einer Spuckattacke nicht für würdig befand", bekannte Tolhurst in *Cured*.

Da The Cure nicht bereitgewesen waren, für die Benutzung der Nobel-PA von Generation X zu bezahlen, waren sie leider gezwungen, bei den Gigs ihre eigene sehr schlichte Verstärkeranlage zu benutzen – was sie aber nicht daran hinderte, einen höchst einflussreichen Zuhörer zu begeistern. John Walters, der für BBC Radio 1 die legendäre Radiosendung des Kultmoderators John Peel produzierte, erlebte sie bei ihrem Auftritt im Croydon Greyhound und lud sie daraufhin ein, vier Songs für eine Peel Session aufzunehmen: der Ritterschlag für alle aufstrebenden britischen Indie-Rocker.

„Die Band hatte eigentlich gar keine Ahnung … Robert wusste zwar, was er wollte, aber nicht, wie er das ausdrücken sollte."

MIKE HEDGES

Die Peel-Session EP, 1978

„Wir kamen allmählich ziemlich gut an, und das machte sie nervös."

ROBERT SMITH

Die Generation-X-Tour schien ein Riesenerfolg zu werden … bis zum Gig in Bristol.

Nach dem Set der Headliner im Locarno stürmte ein ziemlich betrunkener Lol Tolhurst backstage aufs Klo – leider ein Örtchen, auf dem Billy Idol gerade einer Bewunderin näherkam, die er gerade kennengelernt hatte. Der Versuch, sich unauffällig wieder zu verziehen, ging daneben, und nicht nur das. „Als ich dorthin guckte, wo ich das Urinal vermutete, stellte ich fest, dass ich gerade an Billys Bein pinkelte", berichtete Lol in *Cured*. „Ich hatte ein Idol angepisst!"

Tolhurst lallte zwar noch eine Entschuldigung, fürchtete aber trotzdem, dass der Vorfall Folgen haben würde. Am nächsten Tag stand aber erst einmal die Aufnahme der Peel-Session an.

In den berühmten BBC-Studios in Maida Vale spielten The Cure „10:15 Saturday Night", „Fire In Cairo", „Boys Don't Cry" und „Killing An Arab" ein. Es war ein echter Meilenstein – und Smith, der John Peels Sendung seit Jahren begeistert verfolgte, wusste ganz genau, wie wichtig es für eine aufstrebende Band sein konnte, wenn der legendäre Radiomoderator sie unterstützte.

Von daher waren The Cure bester Laune, als sie für den nächsten Gig in Dunstable wieder zur Generation-X-Tour stießen. Kaum an der Halle angekommen, erklärte ihnen der Tourmanager allerdings knapp, dass es dank Tolhursts „blödem Scherz" auf dem Klo in Bristol ihr letzter Support Gig sein würde.

Insgeheim fragten sich The Cure allerdings, ob der Rauswurf nicht vielmehr damit zu tun hatte, dass sie Generation X zunehmend gefährlich wurden. „Wir kamen allmählich ziemlich gut an, und das machte sie nervös", behauptete Smith Jahre später.

Tolhurst kommentierte die ganze Geschichte auf seine typisch lakonische Weise: „Wenn du musst, dann musst du eben."

Davon abgesehen hatten The Cure jetzt so viel um die Ohren, dass kaum Zeit blieb, sich über das unrühmliche Ende der Tournee zu ärgern. So hatte die Peel-Session einen ersten Bericht in der britischen Musikpresse zur Folge gehabt. Smith zeigte sich gegenüber dem *New Musical Express* als ruhiger, selbstbewusster Gesprächspartner und verriet dem Journalisten Adrian Thrills, dass The Cure seiner bescheidenen Meinung nach „so viel besser" als die meisten ihrer Konkurrenten seien. Als Thrills anmerkte, dass „Killing An Arab" „auf den ersten Blick unverantwortlich rassistisch" klinge, erklärte ihm der Sänger: „Es geht nicht darum, Araber zu töten … die Hauptfigur in dem Buch [*Der Fremde*] tötet einen Araber, aber es könnte genauso gut ein Skandinavier oder Engländer sein."

Das musste er in den darauffolgenden Wochen noch einige Male wiederholen, nachdem „Killing An Arab" als Debütsingle von The Cure erschien. Allerdings nicht auf Fiction. Um die Single vor Weihnachten auf dem Markt zu haben und The Cure zusätzliche Independent-Credibility zu verleihen, ging Chris Parry einen anderen Weg.

Er nahm Kontakt zu Pete und Mari Stennett auf, dem Ehepaar, das in Walthamstow im Londoner Osten unter dem Namen Small Wonder einen Plattenladen und ein ausgesprochen angesagtes Label betrieb, das sich auf Singles aufstrebender Postpunk- und Wave-Bands wie beispielsweise Punishment Of Luxury und den Leyton Buzzards spezialisiert hatte.

Parry schlug vor, von „Killing An Arab“ 5000 Stück zu pressen und damit zu testen, wie der Song ankomme. Falls es gut lief, wollte Fiction dann nachlegen. Pete Stennett war damit einverstanden.

*Chris wollte die Credibility, die damit einherging, dass die erste Platte auf einem kleinen Indie-Label erschien. Ich wollte „10:15 Saturday Night“ als A-Seite, weil mir der Song so gefiel, aber Chris bestand auf „Killing An Arab“.*

*Die Band lernte ich kennen, als wir in Chris' Rolls-Royce zu Polydor fuhren, um den Deal zu unterschreiben. Sie wirkten ziemlich distanziert, aber wahrscheinlich waren sie nur schüchtern. Oder es lag daran, dass sie nette Mittelklasse-Jungs waren und ich ein echter East Ender. Außerdem war ich 27! Wahrscheinlich kam ich ihnen uralt vor.*

*Der Songtext bereitete mir keine Kopfschmerzen, weil ich wusste, dass es um Albert Camus ging. Ja, anschließend sind wohl ein paar Rassisten bei ihren Gigs aufgetaucht, aber was will man machen – es gibt nun mal eine Menge Arschlöcher auf der Welt!*

*Die Single war nach ungefähr zwei Wochen ausverkauft, zur Hälfte über Mailorder, zur Hälfte über den Laden. Keine andere Small-Wonder-Single ging je so schnell weg. Ob sie mir noch immer gefällt? Na klar! Roberts Stimme ist vielleicht ein bisschen weinerlich, aber das kann vielleicht auch nur mein persönlicher Eindruck sein.*

Tatsächlich brachte der Song The Cure ungewollt Fans aus dem rechten Lager ein, die den Titel wörtlich nahmen und bei den Gigs erschienen, um Ärger zu machen. Später nahm die Band den Song eine Weile aus dem Programm und empfand ihn als Belastung – obwohl Smith es nie bedauert hat, „Killing An Arab“ aufgenommen zu haben.

„Der Titel hat uns bei weitem mehr genützt als geschadet“, sagte er. „Wir haben sehr viel Aufmerksamkeit damit erregt, obwohl er kein Hit war.“

Im Januar 1979 kehrten The Cure ins Studio zurück, um das Album, das später *Three Imaginary Boys* heißen sollte, fertigzustellen, wobei es weitere Diskussionen um die Richtung gab. Da Smith aber Parry nicht erklären konnte, was er wirklich wollte, gab der erfahrene Manager und Produzent letztlich doch meist den Ton an. Smith sprach später oft von den Auseinandersetzungen rund um die Aufnahmen, obwohl sich Tolhurst und Dempsey an einen größtenteils reibungsfreien Prozess erinnern. Vielleicht fanden viele der Streitigkeiten auch nur im Kopf des Sängers statt.

„Wenn du musst, dann musst du eben.“

LOL TOLHURST

Und auch, wenn ihm sein Manager im Studio auf die Nerven ging, konnte er nicht leugnen, dass Parry ansonsten viel für sie erreichte. Im neuen Jahr gab es in Großbritannien zahlreiche Presseberichte über die Band, darunter auch eine Coverstory im wöchentlichen Musikmagazin *Sounds*.

Jetzt kamen die Dinge richtig in Schwung.

Im März, während Parry und Hedges das Album fertig abmischten, spielten The Cure an vier aufeinanderfolgenden Sonntagen im legendären Londoner Marquee Club und befanden sich damit in bester Gesellschaft: ähnliche Engagements hatten dort auch Jimi Hendrix, The Who, die Rolling Stones oder Led Zeppelin absolviert.

Dank guter Mundpropaganda waren die vier Marquee-Shows allesamt ausverkauft. Als Vorgruppe spielten am ersten Abend Joy Division, deren Sänger Ian Curtis ein Jahr später Selbstmord beging und an deren Auftritt sich Smith, wie er später sagte, überhaupt nicht mehr erinnere.

## BUCHTIPP

**Killing An Arab**
Der Song war inspiriert von Albert Camus' Roman *Der Fremde*. Das Buch zählt zu den Hauptwerken des Existenzialismus, und der Titel entstammt einer Passage, in der die Hauptfigur über die Leere in seinem Leben nachdenkt, nachdem er aus Gründen, die er selbst nicht erklären kann, einen Mann am Strand ermordet hat.

# Das erste Album war wie eine Compilation. Es hatte mit dem, was wir machten, nicht viel zu tun, selbst damals nicht.

ROBERT SMITH

Die Reibereien zwischen Smith und Parry gingen im Vorfeld der Veröffentlichung von *Three Imaginary Boys* weiter, als der Manager seinen Schützlingen als Coverentwurf ein Foto präsentierte, das eine Lampe, einen Kühlschrank und einen Staubsauger zeigte.

Parry hatte die Band schon länger dafür kritisiert, dass sie kein wiedererkennbares, klares Image besitze, und diese Anonymität hatte er mit dem Cover umgesetzt. Er gab später zu: „Mein Problem mit The Cure war, dass sie eine Band mit starker Musik, aber ohne Image waren, und daher dachte ich: Dann verzichten wir bewusst darauf."

Smith war von den drei Haushaltsgeräten entsetzt. Auch, wenn er selbst vielleicht keine genaue Vorstellung vom Cover gehabt hatte – *so* hatte es jedenfalls nicht aussehen sollen. Aber die Hüllen waren bereits gedruckt und ausgeliefert. Sie standen vor vollendeten Tatsachen.

Parrys Design war mit dem clever durchdachten Coverfoto und angesichts der Tatsache, dass es statt einer Liste mit Songtiteln nur Symbole gab, typisch für den abgefahrenen, schrägen Geist des Postpunk. Und als *Three Imaginary Boys* am 8. Mai erschien, war klar, dass auch die Musik dazu passte.

The Cure hatten von sich aus bereits eine minimalistische Ästhetik verfolgt, aber Parrys Produktion, die zumindest Smith hart kritisierte, betonte das zusätzlich. Alles auf *Three Imaginary Boys* wirkte reduziert, abgespeckt, skelettiert: Manche Songs erschienen wie das bloße Gerippe eines Titels.

Bei „Accuracy" beschrieb Smiths Gitarre klagende Kreise um Dempseys und Tolhursts karges Rhythmusgerüst. „Grinding Halt" war eine Aneinanderreihung fehlender Dinge, mit denen Smith den

LINKS – Robert Smith, Michael Dempsey und Lol Tolhurst, 1979: Das Warten auf das erste Album macht nervös.

# THREE IMAGINARY BOYS

> „Mein Problem mit The Cure war, dass sie eine Band mit starker Musik, aber ohne Image waren, und daher dachte ich: Dann verzichten wir bewusst darauf."

CHRIS PARRY

**TRACKLIST**

**SEITE 1**

10:15 Saturday Night
Accuracy
Grinding Halt
Another Day
Object
Subway Song

**SEITE 2**

Foxy Lady
Meathook
So What
Fire in Cairo
It's Not You
Three Imaginary Boys
Untitled (Hidden Track;
The Weedy Burton)

**Veröffentlichungsdatum** 8. Mai 1979

**Aufnahmeort** Morgan Studios, London, England

**Produzent** Chris Parry, Toningenieur Mike Hedges

**Line-up**
Robert Smith: Gitarre und Leadgesang (außer bei „Foxy Lady"), Mundharmonika („Subway Song")
Michael Dempsey: Bass, Begleit- und Leadgesang („Foxy Lady")
Lol Tolhurst: Schlagzeug

**Weitere Mitwirkende**
Porl Thompson: Leadgitarre, Begleitgesang

**Covergestaltung**
Bill Smith: Design und Fotografie
David Dragon: Cover-Illustrationen
Martyn Goddard: Cover-Fotografie
Connie Jude: Cover-Illustrationen

**Label** Fiction FIX 1, 2442 163

**Höchste Chartposition bei Erstveröffentlichung**
UK 44, FRA 140, NZ 37

**Bemerkungen**
Text und Musik aller Songs von The Cure (Robert Smith, Michael Dempsey und Lol Tolhurst), außer „Foxy Lady" (Jimi Hendrix). Die Platte endete mit einem nicht aufgeführten Instrumentaltrack, der inoffiziell als „The Weedy Burton" bezeichnet wurde. Das wurde erst bei der Wiederveröffentlichung der Deluxe Edition 2004 geändert.

THE CURE
HOOVER

Zusammenbruch der Gesellschaft skizzierte: „No light, no people, no speak, no people."

Der Titelsong war typisch für die Ausrichtung der frühen Cure – eine wabernde, charmant-schräge Übung in ungerichteter Beklemmung, die zu fragen schien: Gab es die Bandmitglieder überhaupt? Passierte irgendetwas davon wirklich? Hier zeigte sich die schelmische Distanziertheit der Jungs aus Crawley in schönster Ausprägung.

Über die Jahre ist Robert Smith mit *Three Imaginary Boys* oft hart ins Gericht gegangen und hat darauf beharrt, die Platte hätte völlig anders geklungen, wenn er sich hätte durchsetzen können. Nur wenige Monate nach der Veröffentlichung erklärte er einem Journalisten: „Das erste Album war wie eine Compilation. Es hatte mit dem, was wir machten, nicht viel zu tun, selbst damals nicht."

Aber trotz seines harten Urteils war die Platte keine Katastrophe. Sie war lediglich ein Produkt ihrer Zeit und ein wenig gewöhnlich: Das Problem war, dass The Cure nach Smiths Vorstellung so klingen sollten, als seien sie anders als jede andere Band.

Die Kritiken waren größtenteils positiv, außer im *NME*, in dem Paul Morley der Band eine verweichlichte, affektierte Inkonsequenz vorwarf. „Sie versuchen, uns etwas zu erzählen", schrieb er. „Sie behaupten, dass es sie gar nicht gebe. Sie behaupten, dass alles leer sei. Sie machen sich lächerlich." Das Publikum allerdings fand *Three Imaginary Boys* gar nicht übel – in England erreichte das Album immerhin Platz 44 der LP-Charts.

Es war keine bahnbrechende Leistung, aber für eine Gruppe naiver Jungs, die, knapp dem Teeniealter entwachsen, noch immer bei ihren Eltern wohnten, war sie ganz in Ordnung. Als der berüchtigte Rockjournalist Nick Kent diese wenig aufregenden Lebensumstände im Interview ansprach, sah Smith darin kein Problem: „Es ist dort so gemütlich."

The Cure versuchten weiterhin, sich stärker als Liveband zu etablieren. Parry schickte sie erneut auf Tour – 1979 gaben sie über hundert Konzerte, darunter war auch ihr erster internationaler Auftritt bei einem Festival in den Niederlanden.

Phil Sutcliffe, der über ihren Gig im Capitol Theatre von Aberdeen im September berichtete, bewies wenig Weitblick, als er über „Boys Don't Cry" schrieb, es sei „in einem ziemlich trübsinnigen Popbereich angesiedelt, … den sie wegen mir nicht weiter erkunden müssen".

Eine seltsame Bemerkung, wenn man bedenkt, dass dieses leichtfüßige Popjuwel The Cures damals bei weitem launigster und lebensbejahendster Song war. Aber vielleicht hatte Sutcliffe doch recht, denn als der Titel als Single veröffentlicht wurde, ging er sang- und klanglos unter.

Zu Hause in Crawley hatte Smith sich währenddessen mit Simon Gallup angefreundet, der Lockjaw verlassen und eine Band namens The Magspies gegründet hatte. Die beiden trafen sich immer öfter auf ein paar Bier und zum Reden. Rein aus Spaß hatte Smith zusammen mit Simons Bruder Ric ein Hobby-Plattenlabel gegründet, Dance Fools Dance. Dort erschien in (sehr) limitierter Auflage „I'm A Cult Hero", eine Single mit dem örtlichen Briefträger, einem rundlichen Herrn namens Frank Bell, bei der auch Smith, Tolhurst, Simon Gallup, Porl Thompson und Smiths Schwestern musikalisch mitmischten. Das Projekt war zwar nur eine Spaßaktion, aber es zeigte die enge

Verbindung zwischen Smith und Gallup, die auch bald bei The Cure eine Rolle spielen sollte.

Während der Stern von The Cure allmählich aufging, war auch eine andere Gruppe aus Chris Parrys Portfolio auf dem Weg nach oben. Der dunkle, sperrige Rocksound von The Cure und Siouxsie And The Banshees ging vage in eine ähnliche Richtung, allerdings konnten die Banshees bereits einige Hits vorweisen und ein Debütalbum, das es bis in die britischen Top 10 geschafft hatte.

Bei einem Londoner Gig von Throbbing Gristle Anfang August machte Parry Smith mit dem Banshees-Bassisten Steve Severin bekannt, und die beiden verstanden sich auf Anhieb. Wenige Wochen später spielten The Cure im Vorprogramm der Banshees, die gerade ihr Album *Join Hands* promoteten.

Bei den Banshees lag jedoch einiges im Argen. Siouxsie Sioux und Severin hatten Streit mit Gitarrist John Mckay und Schlagzeuger Kenny Morris, der am 6. September in Aberdeen eskalierte. Als bei einer Autogrammstunde in einem Plattenladen nicht genug LPs verfügbar waren, stürmten McKay und Morris erst zurück ins Hotel und dann zurück nach London. Als Zeichen dafür, wie ernst es ihnen war, ließen sie ihre Tourpässe auf den unbenutzten Kissen zurück.

The Cure spielten ganz normal ihr Support-Programm im Capitol Theatre und hatten von all dem keine Ahnung, bis der Tourmanager der Banshees sie bat, nach ihrer Show noch auf der Bühne zu bleiben. Kurz darauf traten Siouxsie und Severin zu ihnen.

Siouxsie erklärte dem Publikum entschuldigend, dass sie leider nicht spielen könnten, bevor sie hinsichtlich der abtrünnigen McKay

GEGENÜBERLIEGENDE SEITE – Die Cover von „Boys Don't Cry" und „Jumping Someone Else's Train"
LINKS – Der Anfang einer wunderbaren Freundschaft: The Cure im Vorprogramm der Banshees, August 1979
UNTEN – Aushelfen bei Freunden: Robert Smith springt bei den Banshees ein, Oktober 1979.

und Morris etwas weniger versöhnlich bemerkte: „Wenn ihr die je zu Gesicht bekommt, dürft ihr denen meinetwegen gern richtig die Fresse polieren." Anschließend gaben sie und Severin zusammen mit The Cure eine wilde, improvisierte Version der Banshees-Nummer „The Lord's Prayer" zum Besten.

Die Banshees-Tour war für The Cure der bisher größte Schritt nach vorn gewesen, und jetzt drohte das Aus – daher boten Smith und Tolhurst spontan an, für den Rest der Tour einzuspringen. Zunächst lehnten Siouxsie und Severin ab, sagten die nächsten paar Termine ab und sahen sich nach neuen Mitstreitern um, hatten dabei allerdings nur leidlich Erfolg. Zwar konnten sie den Ex-Drummer der Slits gewinnen, Budgie, aber ein Gitarrist war nicht in Sicht, so dass sie auf Smiths Angebot zurückkamen.

Nur zwei Wochen nach dem Krach in Aberdeen waren die Banshees und The Cure wieder *on the road*, und Smith übernahm als Gitarrist eine Doppelschicht. Die zusätzliche Anstrengung machte ihm nichts aus, allerdings entschied er sich, ab sofort im luxuriösen Tourbus der Banshees mitzufahren und nicht im ramponierten Van seiner eigenen Band.

Das verstärkte die Spannungen, die mittlerweile im Cure-Lager bestanden. Zwar war Smith mit Tolhurst dick befreundet, hatte aber eine eher kühle Beziehung zu Michael Dempsey, der außerdem nicht so viel Spaß am Tourleben mit viel Alkohol und Partys hatte wie seine Bandkollegen.

Nach der Banshees-Tour spielte Smith Tolhurst und Dempsey im Haus seiner Eltern eine Cassette mit Ideen für das nächste Cure-Album vor. Tolhurst war begeistert: „Ich war fasziniert von der kargen Schönheit dieser Songs", schrieb er in *Cured*. Dempsey war es nicht.

Seine lauwarme Reaktion auf das neue Material gab Smith den Rest. Er wollte den Bassisten loswerden – und wusste auch schon, mit wem er ihn ersetzen konnte.

Während Tolhurst den undankbaren Job bekam, Dempsey die schlechte Nachricht zu überbringen, fragte Smith Simon Gallup, ob er bei The Cure mitmachen wolle. Gallup war das zunächst unangenehm, da Dempsey ein guter Bekannter war, aber er hatte das Gefühl, dass The Cure kurz vor dem Durchbruch standen – das Angebot war einfach zu verlockend.

Offenbar fühlte Smith sich ein wenig schuldig, ein Bandmitglied rausgeworfen zu haben, das schon zu Zeiten von The Obelisk dabei gewesen war, jedenfalls rief er Dempsey später an und bot ihm an, den Namen The Cure mitzunehmen; er würde sich für seine Band etwas Neues suchen. Allerdings stieg Dempsey anschließend gleich bei einer Gruppe ein, von der er früher schon gesagt hatte, sie seien für ihn „besser als The Cure": bei den Labelkollegen The Associates, die mit Sänger Billy Mackenzie funkelnden, träumerischen Pop ablieferten.

Aber Robert Smith war mit dem Bandumbau noch nicht fertig. Neben Gallup fragte er noch einen von dessen Magspies-Kollegen an, den Keyboarder Matthieu Hartley – ob aus musikalischen oder politischen Motiven, blieb unklar. Glaubte Smith, dass die neuen Songs, die er fürs zweite Album schrieb, mehr Tiefe und Struktur gebrauchen konnten, oder wollte er lediglich Gallups Saufkumpel mit ins Boot holen, um alle glücklich zu machen?

Das jedenfalls vermutete Tolhurst. „Es war damit zu rechnen, dass Simon Stress bekommen würde, wenn er seine alte Band wegen uns verließ, und wir dachten, wenn er seinen Kumpel mitnähme, würde es für ihn ein bisschen leichter werden", schrieb er in *Cured*.

The Cure brauchten nun ein paar Gigs, um sich nicht nur an ihren neuen Bassisten, sondern auch an die Erweiterung auf ein Quartett zu gewöhnen. Chris Parry organisierte also zum Jahresende die *Future Passions*-Tour mit den drei Fiction-Bands The Cure, The Associates und The Passions.

Das neue Line-up wuchs schnell zusammen und präsentierte bei diesen Gigs bereits viel neues Material. Die drei Bands teilten sich einen Tourbus und hatten unterwegs viel Spaß, auch wenn es etwas Konfliktpotential barg, dass der geschasste Dempsey jetzt als Associate dabei war.

Die *Future Passions*-Tour schloss mit einem Gig im Crawley College, und The Cure beendeten das Jahr 1979 mit einer Handvoll Konzerte auf dem Kontinent. Dann war es an der Zeit, das zweite Album anzugehen – und Robert Smith war fest entschlossen, die Fehler vom ersten nicht zu wiederholen.

OBEN – Die Pop-Träumer The Associates standen ebenfalls bei Fiction unter Vertrag.

GEGENÜBERLIEGENDE SEITE – Aus drei mach vier: Matthieu Hartley, Lol Tolhurst, Simon Gallup, Robert Smith.

„HIN- UND HERGERISSEN ZWISCHEN AUFGEREGTHEIT UND LANGEWEILE"

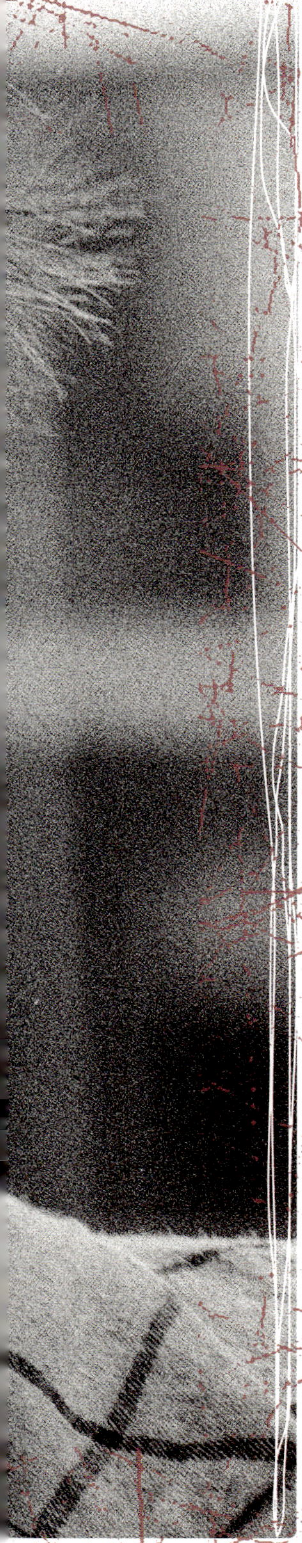

„Ich peilte eine Kombination all dessen an, was ich an den vier Stücken mochte, obwohl sie so unterschiedlich waren."

ROBERT SMITH

VORIGE SEITE – Die verlegensten Selbstdarsteller der Welt: The Cure, 1980
LINKS – Robert Smith hatte eine klare künstlerische Vision für *Seventeen Seconds.*

Als echter Kontrollfreak hatte Robert Smith schwer darunter gelitten, dass Chris Parry – wenn auch aus edelsten Motiven – die Produktion des ersten Cure-Albums so stark dominiert hatte. Und daher bekam ihr Manager, als es an die Aufnahmen des Zweitlings ging, faktisch Studioverbot.

Bei *Seventeen Seconds* hatte Smith eine wesentlich klarere und detailliertere Vorstellung, wie die Platte klingen sollte und wie dieser Sound zu erzielen war. Er beschloss, die Produktion selbst zu übernehmen, unterstützt vom bewährten Toningenieur Mike Hedges.

Mitte Januar 1980 gingen The Cure wieder in die Morgan Studios. Smith hörte nach eigenen Angaben zu dieser Zeit wieder und immer wieder eine einzige selbst aufgenommene Cassette.

Sie enthielt lediglich vier Musikstücke: Van Morrisons „Madame George" vom Album *Astral Weeks*, Nick Drakes „Fruit Tree" von *Five Leaves Left*, das Adagio aus Aram Chatschaturjans Gayaneh-Ballett Suite Nr. 1, das er auf dem Soundtrack von *2001: Odyssee im Weltraum* entdeckt hatte, und Jimi Hendrix' Cover von Bob Dylans „All Along The Watchtower".

Diese abgenudelte C60-Cassette, berichtete er später, habe ihm als eine Art Blaupause für *Seventeen Seconds* gedient: „Ich peilte eine Kombination all dessen an, was ich an den vier Stücken mochte, obwohl sie so unterschiedlich waren."

Diese schwierige Mission wurde dadurch kompliziert, dass wenig Geld zur Verfügung stand: Aufgrund der schwachen Verkaufszahlen von *Three Imaginary Boys* konnten The Cure nicht gerade auf ein großes Budget zurückgreifen. *Seventeen Seconds* entstand tatsächlich in nicht einmal zwei Wochen.

Möglicherweise lag darin aber auch ein Segen. Dass Zeit und Mittel derart knapp waren, verlieh den Aufnahmen eine packende Intensität, und das Album übertraf seinen Vorgänger deutlich an Integrität und Zielgerichtetheit.

Robert Smith hat *Seventeen Seconds* oft als das erste „richtige" Cure-Album bezeichnet, und tatsächlich zeigte sich hier erstmals ihr typischer Sound: eine düstere, allumfassende existenzielle Beklemmung, aus deren Tiefen Smith jammerte, als wollte er die unerträgliche Belanglosigkeit des Daseins einfangen.

Ein Freudenfest war *Seventeen Seconds* jedenfalls nicht. Nach dem gesetzten, klavierdominierten „A Reflection" (bei dem sich vielleicht am ehesten der Chatschaturjan-Einfluss zeigte?) enthüllte das klagende „Play For Today" Zeilen, die schon in dieser frühen Phase als wegweisend für Smiths Texte gelten konnten: „It's what I feel that matters / Tell me I'm wrong, I don't really care."

The Cure schienen entschlossen, nicht etwa die ganze Bandbreite menschlicher Empfindungen darstellen zu wollen, sondern lediglich die schwärzesten, düstersten Irrgärten der Verzweiflung. In „Secrets" murmelte Smith lediglich vor sich hin, begleitet von

# SEVENTEEN SECONDS

„Smith porträtiert mit seltener Intensität ein metaphysisches Gefühl von Isolation und Einsamkeit.“

PHIL SUTCLIFFE, *SOUNDS*

**SEITE 1**
A Reflection
Play For Today
Secrets
In Your House
Three

**SEITE 2**
The Final Sound
A Forest
M
At Night
Seventeen Seconds

**Veröffentlichungsdatum** 22. April 1980

**Aufnahmeort** Morgan Studios, London, England

**Produzent**
Produziert und abgemischt von Mike Hedges & Robert Smith
Zusätzliche Produktion von Chris Parry

**Line-up**
Robert Smith: Gitarre und Gesang
Matthieu Hartley: Keyboards
Lol Tolhurst: Schlagzeug
Simon Gallup: Bass

**Covergestaltung** Bill Smith & The Cure

**Label** Fiction FIX 004, 2383 574

**Höchste Chartposition bei Erstveröffentlichung**
UK 20, AUS 39, FRA 80, NLD 15, NZ 9

**Bemerkungen**
Alle Texte schrieb Robert Smith, die Musik stammte von The Cure. Im Jahr 2000 kam *Seventeen Seconds* auf der Liste der 100 besten britischen Alben des britischen Magazins Q auf Platz 65.

THE CURE
SEVENTEEN SECONDS

## BUCHTIPP

**Seventeen Seconds**
Der Song „At Night“ war inspiriert von Franz Kafkas Kurzgeschichte *Nachts*, aus der Smith die Zeile „Someone has to be there“ („Einer muss da sein“) entlehnte.
„M“ – und besonders die Zeile „hello image“ – beruhte auf *Der glückliche Tod* von Albert Camus.

einer gedämpften Gitarrenfigur, die es kaum schaffte, bis zum Ende des Songs durchzuhalten.

„In Your House“ war eine weitere triste Schicksalslitanei in Beerdigungstempo, die sich um eine klagende Bassfigur und Tolhursts schlichtes, rudimentäres Schlagzeugspiel wand. „Three“ war eigentlich gar kein Song, eher ein kalter Hauch aus verlorener, gebrochener Instrumentierung und aufsteigender Dunkelheit, „The Final Sound“ ein atonales, wortloses Requiem.

Aber die unzweifelhaft prägende Aussage von *Seventeen Seconds* war „A Forest“, ein fast sechs Minuten langes, sich drohend steigerndes Werk, dessen Mitte eine karge, klaustrophobische, aber ansteckend geschmeidige Gitarrenfigur bildete. Von allem, was ihm vorausgegangen war, unterschied es sich vor allem dadurch, dass es mit einer einprägsamen, phantastischen Melodie aufwartete.

Der Song war ebenso karg wie bildreich und erwachte spätestens mit Smiths wehmütig-übermütigem Schrei „Into the trees!“ zum Leben. Wie er dem britischen Stil-Magazin *The Face* erklärte, handelte er davon, sich in einem dichten, unheimlichen Waldstück verlaufen zu haben.

„Das kann einem in einer Stadt nicht wirklich passieren, oder?“, überlegte er. „Da gibt es immer irgendein Hinweisschild, oder man kann einen Polizisten fragen.“

Insgesamt zeigte sich *Seventeen Seconds* erfüllt von einer wild konzentrierten Entschlossenheit und pflügte erbarmungslos düster dahin, bis es mit dem Titelsong endete, der sich erwartbar grimmig mit der menschlichen Existenz auseinandersetzte: „Seventeen seconds / A measure of life.“ Als der letzte Ton verklang, wusste man nicht, ob man applaudieren oder sich bedanken sollte.

Es war eine Platte, die sich hartnäckig um Tiefgründigkeit bemühte. Ihre kompromisslose, bekennend von den Ängsten Heranwachsender geprägte Weltsicht war zwar teilweise schwer erträglich, aber es war ein bestechendes Dokument, eine perfekt umgesetzte

„Stets hin- und hergerissen zwischen Aufgeregtheit und Langeweile.“

PAUL MORLEY, *NME*

„Okay, wer ist jetzt aufgeregt und wer gelangweilt?“
The Cure zurzeit der Veröffentlichung von *Seventeen Seconds*.

„In meinen Texten geht es meistens um mich."

ROBERT SMITH

düstere Vision und ein Quantensprung entfernt von dem zergliederten, unrunden Erstling.

Als das Album am 22. April erschien, wurde es von der britischen Rockpresse vorsichtig gelobt, allerdings mit dem Hinweis, dass es streckenweise schrecklich undurchdringlich scheine. Phil Sutcliffe von *Sounds*, der die Band schon lange unterstützte, bemerkte ganz richtig, dass Smith es offenbar genieße, in lähmender Melancholie zu baden. „Die Stimmung der Platte entspricht einer beklemmenden Wüstenei im Niemandsland", schrieb er. „Smith porträtiert mit seltener Intensität ein metaphysisches Gefühl von Isolation und Einsamkeit."

Nick Kent vom *NME*, der den Pop-Noir-Frischlingen weiterhin zwar interessiert, aber kritisch gegenüberstand, stellte fest, dass Neuzugang Matthieu Hartleys Keyboards „jetzt viele der strukturellen Aufgaben leisten, die früher von Smiths Gitarre übernommen wurden". Und er vermutete zu Recht, dass „Smiths jammernder Gesang" auf ein geteiltes Echo stoßen werde. Für Kent gab es zwei mögliche Reaktionen auf die düsteren Stimmungsbilder der Band: „Entweder lässt man sich in die hier erschaffenen Klanglandschaften hineinziehen, oder aber man wartet auf einen plötzlichen Ruck, eine Erkenntnis." Selbst das offensichtliche Meisterwerk des Albums, „A Forest", beurteilte er zurückhaltend: „Es liegt einfach nur rum und zuckt hin und wieder." Insgesamt fand er die Eintönigkeit der Platte „deprimierend rückschrittlich", aber er erkannte auch deutliches Potenzial: „Ich bin gespannt auf das nächste Werk der Band."

Es war der scharfsichtige Paul Morley vom *NME*, wie Smith ein Kind von Punk und New Wave, der die wahre Natur des Albums am besten durchschaute. Nachdem er *Three Imaginary Boys* noch heftig kritisiert hatte, entdeckte er in ihrem Nachfolger dunkle Schönheit.

„*Seventeen Seconds* ist ein Album aus romantischer Melancholie, Beklemmung und letztlich auch Entsetzen", stellte er fest. Nachdem er The Cure auf Tour besucht und bis spät in die Nacht bei reichlich Rotwein mit Smith geredet hatte, wollte Morley sogar ein Konzeptalbum darin erkennen.

„Es ist eine Songsammlung, die immer wieder denselben Vorfall beleuchtet, der sich in einer Liebe ereignet hat, die zur Falle geworden ist", spekulierte er. „Smith betrachtet ihn aus verschiedenen Blickwinkeln: aufgebracht in ‚A Play For Today', düster in ‚In Your House' und beinahe ohne Lebensfunken in ‚Seventeen Seconds'."

Ob das stimmte? Bei seinen Thesen konnte Morley sich kaum auf sein Interview mit Smith stützen, dem er vorwarf, dabei die ganze Zeit absichtlich vage geblieben zu sein. Der Sänger nahm die Rüge als Kompliment. Dennoch traf Morley den Nagel auf den Kopf, als er sich mit seinem forensischen Gespür Smith selbst zuwandte, diesem linkischen jungen Mann, der innerlich ein störrischer Heranwachsender geblieben war, und zu ergründen versuchte, was den eigensinnigen Cure-Frontmann antrieb.

„Manchmal hat es den Anschein, als sei es Robert Smith peinlich, am Leben zu sein", überlegte er. „Das Ausmaß und die Bedürfnisse seines Egos verunsichern ihn, seinem Werk steht er unschlüssig gegenüber, und er schämt sich der vulgären Art und Weise, wie es meist angepriesen wird." Er beschrieb Smith äußerst treffend als „stets hin- und hergerissen zwischen Aufregung und Langeweile" und erkannte glasklar, dass der Sänger in seinem künstlerischen Ausdruck hauptsächlich um sich selbst kreise: „Wenn Smith auf einer Bühne steht und mit Freunden spielt, dann tut er das für sich, und das Publikum ist dabei nur am Rande willkommen."

Smith schien dieser Einschätzung durchaus zuzustimmen. „In meinen Texten geht es meistens um mich, nicht darum, wie ich über die Weltlage denke", erklärte er. „[Auf *Seventeen Seconds*] geht es um echte Gefühle; ob die Leute das so wahrnehmen wollen, ist ihre Sache. Jetzt, wo die Platte fertig ist, ist mir das ziemlich egal."

Und dennoch: Auch, wenn Robert Smiths Werke grundsätzlich selbstzentriert waren, konnten sich andere trotzdem damit identifizieren und sich dafür begeistern. „A Forest" wurde zum ersten Cure-Hit in Großbritannien und erreichte Platz 31, während *Seventeen Seconds* sogar bis auf Platz 20 der Albumcharts kam.

Als das geschah, waren The Cure gerade in Amerika.

Für diesen wichtigen Karriereschritt hatte Chris Parry *Three Imaginary Boys* dort unter dem Titel *Boys Don't Cry* mit leicht veränderter Tracklist neu aufgelegt. Die US-Fassung enthielt acht der ursprünglichen Songs sowie einige der ersten Singles, unter anderem den Titelsong.

Allerdings war dieser Appetithappen noch nicht erschienen, als The Cure ihre Mini-Tour am 10. April 1980 an der amerikanischen Ostküste begannen. Der *Melody Maker* schrieb in der Kritik über den Gig in dem obskuren Club Emerald City in Cherry Hill, New Jersey, die Band sei „ein Haufen gewöhnlicher Prolls", und kam zu dem befremdlichen Schluss, dass „Robert Smith zwar als ‚Mr.-Bescheiden-

GEGENÜBERLIEGENDE SEITE – Das Cover von *Boys Don't Cry*
UNTEN – Postpunks unter sich: Debbie Harry trifft Tolhurst und Smith.

„Keiner von uns ist die große Rampensau … Ich bin nicht locker auf der Bühne, ich spreche nicht gern in ein Mikrofon."

ROBERT SMITH

und-Zurückhaltend' bekannt ist, hier aber wie ein ziemlich harter Kerl wirkt".

Anschließend gaben The Cure drei Gigs im New Yorker Postpunk-Club Hurrah. Die Tickets verkauften sich schleppend – bisher war keine ihrer Platten in den USA erschienen, und daher waren sie höchstens extrem anglophilen New Yorker Hipstern ein Begriff. Leuten wie Debbie Harry und Chris Stein von Blondie und dem New-York-Dolls-Sänger David Johansen, die prompt auch beim ersten Auftritt erschienen.

Obwohl sie in den Staaten noch völlig unbekannt waren, bemühte sich die Band kaum um die wenigen Leute, die zu ihren Gigs kamen. Smith hatte bereits Paul Morley gegenüber eingeräumt: „Wenn ich auf die Bühne gehe, bin ich total egoistisch. Wir springen nicht rum … das ist nicht unsere Art, wieso sollten wir das also tun?"

Dem amerikanischen Magazin *Trouser Press* sagte er: „Keiner von uns ist die große Rampensau, außer vielleicht Simon, unser Bassist. Ich bin nicht locker auf der Bühne, ich spreche nicht gern in ein Mikrofon. Und mich reizt es auch nicht, beim Gitarrespielen irgendwelche Windmühlenbewegungen zu machen, dann würde ich nämlich danebenhauen. So was habe ich nie vor dem Spiegel geübt."

*Trouser Press* berichtete vom ersten Gig im Hurrah, dass die Band gut angekommen sei, obwohl jemand aus dem Publikum dauernd dazwischengebrüllt habe, was für den verblüfften Smith offenbar klang wie „Piss auf die Portobello Road – oder so was". Das Magazin kam zu dem etwas bizarren Schluss, dass diese britischen Neulinge „Dance Music für Autisten" machten. Die Band nutzte den kurzen Ausflug, um allem demonstrativen Zynismus zum Trotz mit staunenden Augen durch New York zu bummeln.

So abgehoben existenzialistisch sich The Cure auch gern gaben, führte ihr exzessiver Alkoholkonsum auf dieser ersten US-Tournee doch zu einigen typischen Rock'n'Roll-Eskapaden. Smith gab zudem

GEGENÜBERLIEGENDE SEITE – Nein, das ist keine Gegenüberstellung auf einer Polizeiwache: The Cure in New York, April 1980.
OBEN – Mit Blondie backstage im Hurrah, 16. April 1980

zu, dass er dort das erste Mal Kokain probiert habe – und von der Droge schwer begeistert gewesen sei.

Das letzte US-Konzert fand im Allston Underground in Boston am 20. April 1980 statt, einen Tag vor Smiths 21. Geburtstag, und die Band erschien eineinhalb Stunden zu spät auf der Bühne. Smith war immer noch stoned und betrunken, als er anschließend in den frühen Morgenstunden beschloss, auf der Motorhaube des Leihwagens der Band durch Boston zu cruisen. Und als sie eine Reifenpanne hatten, kam er auf die blöde Idee, den Reifen selbst wechseln zu wollen, wobei er sich den Daumen quetschte.

Das war vor allem deswegen ungünstig, weil die Band nach ihrer Rückkehr nach England erfuhr, dass ihnen ein ganz besonderes Ereignis bevorstand: der erste Auftritt in der Musiksendung *Top Of The Pops*, der Ritterschlag für alle aufstrebenden britischen Bands.

Die legendäre BBC-Show wurde seit 1964 wöchentlich mit besten Einschaltquoten ausgestrahlt. Kein Musiker – abgesehen von The Clash, die die Sendung „aufgesetzt“ fanden – hätte sich als kommerziell erfolgreich betrachtet, bevor er nicht bei *TOTP* aufgetreten war.

> „Wir wirkten sehr düster und desinteressiert, denn das waren wir auch.“
>
> ROBERT SMITH

**LINKS** – „Düster und desinteressiert" – The Cure backstage bei *Top Of The Pops*
**RECHTS** – Robert Smith in der holländischen Fernsehshow *Veronica's Countdown*, 17. Januar 1980

„Manchmal habe ich das Gefühl, in der Paradies-vorstellung anderer Leute zu leben."

ROBERT SMITH

The Cure waren zweifellos die Ersten, die ihr Debüt dort mit einem Gitarristen absolvierten, der einen so überdimensionalen Verband um den Daumen trug, als ob er einen Slapstick-Unfall gehabt hatte. Was ja auch ein bisschen so gewesen war.

Lol Tolhurst fand es jedenfalls lustig: „Im Fernsehen sah man nichts außer Roberts dick eingewickeltem Daumen, der hinter dem Gitarrenhals rauf und runter glitt. Es war zum Totlachen."

Smith selbst teilte die kritische Haltung der Clash gegenüber der erzwungen fröhlichen Glitzerwelt von *Top Of The Pops*. „Wir wirkten sehr düster und desinteressiert", erklärte er, „denn das waren wir auch."

Diese Einstellung war ihnen zweifellos anzusehen. Normalerweise sorgte ein Auftritt in der Sendung in der Folgewoche für steigende Verkaufszahlen. Smith, der gern übertrieb, hat später immer behauptet, „A Forest" sei anschließend in den Charts gefallen. Das stimmte zwar nicht, aber dank ihrer niedergedrückten, distanzierten Haltung stieg der Titel auch nur um vier Plätze.

Nun, da *Seventeen Seconds* sich anschickte, zumindest im Vergleich zur vorherigen Platte ein kommerzieller Erfolg zu werden, war die nächste Tour geplant, um das Album zu promoten. Diesmal sollten sie ihre persönliche Spielart von Düsternis in ein paar zuvor noch nicht bespielte Ecken des Globus tragen.

Es war reine Ironie, dass Smith die Band gegründet hatte, um der Tretmühle einer regulären Beschäftigung zu entgehen: Jetzt machte er zeitweise den Eindruck, als ob längere Tourneen eine ähnliche Zumutung darstellten. Aber er fand eben immer etwas, womit er unzufrieden sein konnte. Nun war es das Leben auf Tournee.

Als Paul Morley im Gespräch mit ihm geäußert hatte, dass die meisten Leute dafür töten würden, ein Rockstar zu sein, war die Reaktion typisch Smith: „Manchmal habe ich das Gefühl, in der Paradiesvorstellung anderer Leute zu leben." Allerdings musste er zugeben, dass er es zumindest genossen habe, dass sein Seelenverwandter, Simon Gallup, beim jüngsten Ausflug mit dabei gewesen sei.

Nach einigen Auftritten in Großbritannien brach die Band zu ihrer bisher größten Europatournee auf, bei der es einige spaßige Zwischenfälle gab. Tolhurst, der vor den Gigs immer mehr trank, schaffte es inzwischen nur noch selten, das Programm ohne Pinkelpause durchzustehen, und schlich sich während des Intros zu „Grinding Halt" regelmäßig hinter die Bühne, um in einen Eimer zu urinieren. Nach dem Konzert in Rotterdam wurden die vier früh morgens in einem Küstenstädtchen mit dem schönen Namen Monster von der Polizei beim Nacktbaden aufgegriffen. Ein Tag in Gewahrsam ließ sich nur dadurch vermeiden, dass Smith und Tolhurst zügig die Kaution – oder das Bestechungsgeld – für die Ordnungshüter locker machten.

Chris Parry ließ seine heimischen Connections spielen und buchte eine Reihe von Gigs in Australien und Neuseeland, wo sich *Seventeen Seconds* gut verkaufte. Bei diesen Shows geriet der Cure-Bus prompt wieder ins Schlingern.

Matthieu Hartley fand seine erste längere Rocktournee ziemlich nervtötend. Aus Langeweile und Heimweh fiel er immer öfter über den phlegmatischen, oft betrunkenen Tolhurst her, der mit seiner stoischen Natur nach und nach zum Sündenbock der Band wurde.

„Der gute, alte Lol – wir verprügeln ihn, wir verarschen ihn, aber er versteht das", sagte der Keyboarder in einem Interview. „Irgendwo müssen wir unsere Spannungen ja rauslassen, und da wird er eben zur Zielscheibe." Bedeutsamer war allerdings der Graben, der sich zwischen Hartley und Smith auftat.

Die zunehmend düstere Musikrichtung der Band ließ Hartley kalt, und das ließ er jeden wissen. Wie zu erwarten, kam das bei seinem Sänger nicht gut an, und als die Tour Australien erreichte, sprachen beide nicht mehr miteinander. Das war kaum überraschend; Smith hatte öfter schon zugegeben, auf Tour nicht gerade leutselig zu sein. „Tourneen führen dazu, dass ich innerlich zumache", sagte er dem *NME*. „Ich werde hart und ziehe mich zurück, und Menschen meide ich dann."

Der Riss ließ sich nicht mehr kitten. Nachdem die Band im August 1980 wieder in England war, rief Hartley bei Smith an und erklärte seinen Ausstieg. The Cure waren wieder zum Trio geschrumpft.

Nach einem anstrengenden halben Jahr auf Tournee wäre eine wohlverdiente Pause vernünftig gewesen, in der man sich eine Weile aus dem Weg ging. Stattdessen marschierten The Cure sofort wieder in die Morgan Studios, um ein neues Album aufzunehmen. So lief es für die meisten Bands in den Siebzigern und frühen Achtzigern: Einmal im Jahr erschien eine neue Platte, dann folgte eine Tour. Dennoch hat Tolhurst auch das Label der Band für diesen stressigen Zeitplan verantwortlich gemacht.

„Wir hatten einen Optionsvertrag, und das hieß, dass Fiction einmal im Jahr die Option ziehen konnte, eine neue Platte mit uns zu machen und zu promoten", erklärte er in *Cured*. „In gewisser Weise war es ein unfaires Arrangement, da es uns an einer recht kurzen Leine hielt und wir immer nur von einem Album zum nächsten planen konnten."

Nachdem sie in den letzten Monaten hart gearbeitet und noch härter gefeiert hatten, waren The Cure im September 1980 weder mental noch körperlich für neue Aufnahmen fit, und das merkte man. Bei einer ersten Drei-Tage-Session kamen nur zwei neue Songs heraus – sehr lustlose Versionen von „All Cats Are Grey" und „Primary".

Glücklicherweise gab es eine Fluchtmöglichkeit aus dem Studio: weitere Gigs in Großbritannien und auf dem Kontinent. Für die England-Tour ließen sich The Cure Demos schicken und wählten als Support für jeden Gig eine andere junge lokale Band aus. Die Tour endete mit einer wilden, alkoholgeschwängerten Weihnachtsshow in London, wieder einmal mit Siouxsie And The Banshees und The Associates.

Aber als 1981 anbrach, kamen The Cure um die Aufnahmen für ihr drittes Studioalbum nicht mehr herum. Und das in düsterster Stimmung.

Smiths Großmutter, der er sehr nahestand, war schwerkrank, und Tolhursts Mutter Daphne hatte Krebs im Endstadium. Nach quälenden, aber erfolglosen Versuchen mit Chemo- und Strahlentherapie wurde sie nun palliativ betreut. Sie hatte nur noch wenige Wochen zu leben.

Während Tolhurst angesichts des drohenden Verlusts in trostlose Grübelei versank, streunte Smith auf einer nebulösen, instinktiven Suche nach einem höheren Sinn des Lebens durch die Kirchen in der Umgebung. Viel half das nicht.

„Ich dachte oft über den Tod nach, und ich sah mir die Leute in den Kirchen an und wusste, dass sie in erster Linie dort waren, weil sie das ewige Leben wollten", überlegte er Jahre später. „Mir wurde klar, dass ich keinerlei Glauben besaß, und das machte mir Angst."

LINKS – Robert Smith auf der Bühne, 1981: „Tourneen führen dazu, dass ich innerlich zumache."

## BÜCHERTIPP

**Other Voices**
Inspiriert von *Andere Stimmen, andere Räume* von Truman Capote

**The Drowning Man / All Cats Are Grey**
Inspiriert von Mervyn Peakes Romanzyklus *Gormenghast*

Zu dieser Zeit, als The Cure bereits zwei Alben abgeliefert, in Großbritannien Kultstatus erreicht und in Europa und den USA erste Erfolge gefeiert hatten, war Robert Smith erst 21. Er war immer noch allergisch gegen das, was er als das Korsett des Erwachsenendaseins betrachtete, und weigerte sich, diesen Entwicklungsschritt zu vollziehen.

Zu den charakteristischsten Eigenheiten der Philosophie männlicher Heranwachsender zählt eine persönliche Ausnahmestellung: der Eindruck, dass niemand sonst die Welt so intensiv, schmerzerfüllt und aufmerksam wahrnimmt wie man selbst. Diese Überzeugung lieferte die Gefühlspalette für das später *Faith* getaufte neue Album.

Wie man von einer Platte erwarten mochte, die sich den langen, dunklen Nächten der Seele widmete, war der Entstehungsprozess ausgesprochen dornig. Während *Seventeen Seconds* in zwei kurzen Wochen entstanden war, schleppten sich die Aufnahmen von *Faith* dahin.

The Cure kehrten im Januar in die Morgan Studios zurück, begleitet von Mike Hedges, erlebten aber die gleiche Kreativblockade wie im September. Im Februar probierten sie vier weitere Studios aus und landeten schließlich in der legendären Abbey Road.

Während der Aufnahmen schien Smith oft gleichzeitig mit Produzent Hedges und seinen Bandkollegen in Streit zu liegen. Er wollte ein Album von größtem Tiefgang erschaffen und hatte offenbar den Eindruck, dass die anderen entweder nicht begreifen konnten, welch enorme Aufgabe er sich aufgebürdet hatte, oder ihn aktiv sabotierten.

Dabei war nicht gerade hilfreich, dass The Cure zusätzlich zu den großen Mengen Alkohol, die sie schon immer konsumiert hatten, jetzt

auch noch eine Vorliebe für Kokain entwickelt hatten, aus der eine richtige Sucht zu werden drohte, wie Smith 2000 gegenüber dem britischen *Uncut* zugab:

*Während der Aufnahmen zu* Faith *nahm ich eine Menge Kokain. Es war eine sehr schwierige, angespannte Atmosphäre. Alles, was wir machten, war verkehrt. Ich hockte dauernd verbittert und mit geröteten Augen da, und* Faith *wurde einfach nicht so, wie ich wollte. Ich erinnere mich, wie ich die letzten Gesangsspuren in der Abbey Road aufnahm und mich einfach nur unendlich leer fühlte.*

Tolhurst erinnerte sich später, dass die abschließenden Sessions in der Abbey Road einen dringend notwendigen Energieschub bekamen, als Associates-Sänger Billy Mackenzie vorbeischaute, dessen demonstrative Lebensfreude auf der Platte allerdings keine Spuren hinterließ.

Angefangen mit dem finsteren Pochen der Bassgitarre, das den ersten Track eröffnete, und in jeder der folgenden 37 Minuten war *Faith* ein Seufzer existenziellen Elends, ein Meisterwerk trübsinniger Nabelschau. Bei seiner Suche nach Antworten auf das große Ganze wusste Smith zwar nicht genau, wie seine Botschaft aussah, aber er wusste, dass er sie auf keinen Fall zugänglich gestalten wollte.

Auf den reduzierten, getragenen Nihilismus von „The Holy Hour" folgte mit „Primary" zumindest ein lebhafter, nervöser Rhythmus, auch wenn Smiths Stimme extrem nasal und genervt klang. Sein schriller, verstimmter Ton versprühte eine nebulöse, ungerichtete Unzufriedenheit – womit? Egal, was eben da war.

Smith, den Literatur stets ebenso inspirierte wie Musik, entlehnte den Songtitel „Other Voices" dem Roman *Andere Stimmen, andere Räume*, den Truman Capote mit 23 Jahren über das Erwachsenwerden verfasst hatte. „All Cats Are Grey" und „The Drowning Man" wiederum bedienten sich bei den *Gormenghast*-Romanen von Mervyn Peake, dessen düstere Phantastik Smith sehr schätzte.

Der Selbstmord des Joy-Division-Sängers Ian Curtis im Jahr zuvor hatte Smith überaus bewegt – und tatsächlich hätte das elegische „The Funeral Party" auch sehr schön auf das posthum veröffentlichte Joy-Division-Album *Closer* gepasst. Der Titel handelte vom Tod von Smiths Großeltern.

Nach all dieser unentwegten Düsternis hatte „Doubt" zumindest wieder etwas Puls und eine Leidenschaft, die über die allumfassende Verzweiflung hinausging, aber dieses kurze Aufflackern von Energie währte nur kurz. Der Titeltrack strafte seinen Namen Lügen, so wie

„Es war eine sehr schwierige, angespannte Atmosphäre. Ich hockte dauernd verbittert und mit geröteten Augen da."

ROBERT SMITH

LINKS – Weigern sich, erwachsen zu werden: The Cure, Juli 1981
RECHTS – Allein gegen alle, seine Band und die ganze Welt

die ganze Platte: Es gab keine Hoffnung, keinen Glauben in diesem schleppenden, gehemmten Elend.

„There's nothing left but faith", intonierte Smith mit hohler Stimme, als der Song, der letzte auf dem Album, im Nichts verhallte. Ihm selbst schien es an dieser Überzeugung zu mangeln.

Chris Parry, der wie die meisten Plattenbosse vor allem kommerzielle Popsongs schätzte, war von *Faith* nicht besonders begeistert, und als das Album am 14. April 1981 erschien, teilten viele britische Musikkritiker seine Vorbehalte.

Mike Nicholls vom *Record Mirror* bezeichnete *Faith* als „hohl, seicht, aufgeblasen, bedeutungslos, selbstfixiert und ohne echtes Herz oder Seele". Der auch als Cartoonist bekannte, punk-affine *NME*-Kritiker Ray Lowry tat es als „das moderne Gesicht des Pink-Floydismus" ab – und das war nicht als Kompliment gemeint.

Im Gegensatz dazu beurteilte Adam Sweeting vom *Melody Maker* einzelne Nuancen durchaus positiv. Er lobte die „ausgeklügelt realisierte Atmosphäre und Produktion" und erkannte die perverse Anziehungskraft des Albums: „Man mag es vielleicht nicht lieben, aber man wird süchtig danach werden."

Wie es sich für den Schöpfer eines Werks gehörte, das sich um Unzufriedenheit und Missvergnügen drehte, war Smith selbst von *Faith* enttäuscht, wie er dem US-Magazin *Trouser Press* offenbarte:

*Wir haben uns nicht genug Zeit gelassen, die Songs im Studio richtig zu entwickeln. Andererseits wäre es auch übertrieben gewesen, länger daran zu feilen. Das Album davor hat zwanzig Tage gebraucht, dieses ein bisschen länger, aber selbst das war zu viel. Wir hatten uns selbst Grenzen gesetzt, wie viel Zeit und Geld wir ausgeben wollten. Es hat so lange gedauert, weil wir wegen „wichtigeren Leuten" dauernd aus irgendwelchen Studios rausgeworfen wurden, und nach so einer Unterbrechung fanden wir nicht wieder zu der Atmosphäre, die wir eigentlich anstrebten. Außerdem hätte es etwas in sich geschlossener sein können.*

Ein größtenteils melodiefreies Album, das sich mit modernem Nihilismus und Ziellosigkeit beschäftigte und das selbst der eigene Sänger als Enttäuschung betrachtete – das konnte doch wohl nur eine kommerzielle Katastrophe werden?

Hätte man annehmen sollen, aber so kam es nicht. Das Album stieg in Großbritannien auf Platz 20 ein und erreichte schließlich Platz 14 – und in Neuseeland kam es sogar bis an die Spitze der Charts.

Für melancholische Wave-Rocker wie The Cure, die den Mechanismen der Musikindustrie misstrauisch gegenüberstanden, war das eine reife Leistung. Ihr nächster Kreativ-Streich stellte ihren Eigensinn dann noch stärker unter Beweis.

Da sie auf die anstehende Tournee keine Band von ähnlichem Kaliber mitnehmen wollten, aber auch mit dem Experiment unzufrieden gewesen waren, jungen lokalen Bands eine Bühne zu bieten, kam Smith auf eine ganz andere Idee: Statt einer Support-Band würde es einen Film geben.

Nachdem er sich zunächst an den Filmhochschulen umgesehen hatte, fand er den bandeigenen David Lynch im eigenen Umfeld, in Crawley. Er fragte Simon Gallups Bruder Ric, und der musste nicht groß überredet werden: In seiner Garage drehte er einen grobkörnigen abstrakten Animationsfilm von 27 Minuten Länge, unter anderem mit Puppen, die er in verschiedenen Positionen arrangiert hatte, und verlieh dem so entstandenen Amateur-Arthouse-Streifen den Titel *Carnage Visors*.

Dabei lief nicht alles rund: Als Gallup die ursprüngliche Version von der Entwicklerfirma zurückbekam, stellte er fest, dass er die Belichtung falsch eingestellt hatte und der Film so dunkel war, dass sich kaum etwas erkennen ließ. Er drehte daraufhin eine zweite, hellere Fassung, und The Cure nahmen einen getragenen, unheilvollen Instrumental-Soundtrack dazu auf.

Einen Filmkritiker hätte *Carnage Visors* wohl nicht in Verzückung versetzt, aber die Band erklärte sich damit zufrieden und taufte die Tournee deswegen sogar *Picture*-Tour. Die Zuschauer, die früh genug vor Ort waren, guckten sich den Film zunächst interessiert an, merkten aber schnell, dass da nicht viel passierte, und schlenderten meist wieder an die Bar.

Wenn dann The Cure die Bühne betraten, änderte sich das nur bedingt. Ihr Set bestand fast gänzlich aus der gnadenlosen Düsternis von *Seventeen Seconds* und *Faith*, und lautstarke Rufe nach den lebhafteren älteren Songs ignorierten die Musiker. Journalisten berichteten schon bald von einer lethargischen Starre, die Band und Fans bei den Gigs erfasste.

Emotional war die Tour hart und heftig.

„Mir war nicht klar, was für eine Wirkung [die düstere Titelauswahl] auf die Band haben würde", sagte Smith im Jahr 2000 dem *Uncut*. „Die Songs zogen uns in eine Abwärtsspirale – je länger wir sie spielten, desto deprimierter wurden wir."

Von der zermürbenden Musik abgesehen, hing auch die unheilbare Krankheit von Lol Tolhursts Mutter wie eine dunkle Wolke über diesen Gigs; unpassenderweise absolvierten The Cure die Konzerte in den Niederlanden ausgerechnet in einem mobilen Zirkuszelt. Nach dem Auftritt in Sittard erfuhr Tolhurst telefonisch von seinem Bruder Roger, dass sich der Zustand seiner Mutter stark verschlechtert habe.

Gleich am nächsten Morgen flog er nach Hause, aber als ihn sein Bruder am Flughafen Gatwick abholte, konnte er ihm nur noch mitteilen, dass ihre Mutter in der Nacht gestorben sei. Der Drummer nahm am Boden zerstört im Beerdigungsinstitut von ihr Abschied und flog dann zurück, um seine Verzweiflung bei The Cure herauszutrommeln.

„Ich spielte die Songs mit wilder Intensität", berichtete er in *Cured*, „schlug wild um mich und haderte mit dem Gott, der zuließ, dass

auch noch eine Vorliebe für Kokain entwickelt hatten, aus der eine richtige Sucht zu werden drohte, wie Smith 2000 gegenüber dem britischen *Uncut* zugab:

*Während der Aufnahmen zu* Faith *nahm ich eine Menge Kokain. Es war eine sehr schwierige, angespannte Atmosphäre. Alles, was wir machten, war verkehrt. Ich hockte dauernd verbittert und mit geröteten Augen da, und* Faith *wurde einfach nicht so, wie ich wollte. Ich erinnere mich, wie ich die letzten Gesangsspuren in der Abbey Road aufnahm und mich einfach nur unendlich leer fühlte.*

Tolhurst erinnerte sich später, dass die abschließenden Sessions in der Abbey Road einen dringend notwendigen Energieschub bekamen, als Associates-Sänger Billy Mackenzie vorbeischaute, dessen demonstrative Lebensfreude auf der Platte allerdings keine Spuren hinterließ.

Angefangen mit dem finsteren Pochen der Bassgitarre, das den ersten Track eröffnete, und in jeder der folgenden 37 Minuten war *Faith* ein Seufzer existenziellen Elends, ein Meisterwerk trübsinniger Nabelschau. Bei seiner Suche nach Antworten auf das große Ganze wusste Smith zwar nicht genau, wie seine Botschaft aussah, aber er wusste, dass er sie auf keinen Fall zugänglich gestalten wollte.

Auf den reduzierten, getragenen Nihilismus von „The Holy Hour" folgte mit „Primary" zumindest ein lebhafter, nervöser Rhythmus, auch wenn Smiths Stimme extrem nasal und genervt klang. Sein schriller, verstimmter Ton versprühte eine nebulöse, ungerichtete Unzufriedenheit – womit? Egal, was eben da war.

Smith, den Literatur stets ebenso inspirierte wie Musik, entlehnte den Songtitel „Other Voices" dem Roman *Andere Stimmen, andere Räume,* den Truman Capote mit 23 Jahren über das Erwachsenwerden verfasst hatte. „All Cats Are Grey" und „The Drowning Man" wiederum bedienten sich bei den *Gormenghast*-Romanen von Mervyn Peake, dessen düstere Phantastik Smith sehr schätzte.

Der Selbstmord des Joy-Division-Sängers Ian Curtis im Jahr zuvor hatte Smith überaus bewegt – und tatsächlich hätte das elegische „The Funeral Party" auch sehr schön auf das posthum veröffentlichte Joy-Division-Album *Closer* gepasst. Der Titel handelte vom Tod von Smiths Großeltern.

Nach all dieser unentwegten Düsternis hatte „Doubt" zumindest wieder etwas Puls und eine Leidenschaft, die über die allumfassende Verzweiflung hinausging, aber dieses kurze Aufflackern von Energie währte nur kurz. Der Titeltrack strafte seinen Namen Lügen, so wie

LINKS – Weigern sich, erwachsen zu werden: The Cure, Juli 1981
RECHTS – Allein gegen alle, seine Band und die ganze Welt

**„Es war eine sehr schwierige, angespannte Atmosphäre. Ich hockte dauernd verbittert und mit geröteten Augen da."**

ROBERT SMITH

BUNNIK

auch noch eine Vorliebe für Kokain entwickelt hatten, aus der eine richtige Sucht zu werden drohte, wie Smith 2000 gegenüber dem britischen *Uncut* zugab:

*Während der Aufnahmen zu* Faith *nahm ich eine Menge Kokain. Es war eine sehr schwierige, angespannte Atmosphäre. Alles, was wir machten, war verkehrt. Ich hockte dauernd verbittert und mit geröteten Augen da, und* Faith *wurde einfach nicht so, wie ich wollte. Ich erinnere mich, wie ich die letzten Gesangsspuren in der Abbey Road aufnahm und mich einfach nur unendlich leer fühlte.*

Tolhurst erinnerte sich später, dass die abschließenden Sessions in der Abbey Road einen dringend notwendigen Energieschub bekamen, als Associates-Sänger Billy Mackenzie vorbeischaute, dessen demonstrative Lebensfreude auf der Platte allerdings keine Spuren hinterließ.

Angefangen mit dem finsteren Pochen der Bassgitarre, das den ersten Track eröffnete, und in jeder der folgenden 37 Minuten war *Faith* ein Seufzer existenziellen Elends, ein Meisterwerk trübsinniger Nabelschau. Bei seiner Suche nach Antworten auf das große Ganze wusste Smith zwar nicht genau, wie seine Botschaft aussah, aber er wusste, dass er sie auf keinen Fall zugänglich gestalten wollte.

Auf den reduzierten, getragenen Nihilismus von „The Holy Hour" folgte mit „Primary" zumindest ein lebhafter, nervöser Rhythmus, auch wenn Smiths Stimme extrem nasal und genervt klang. Sein schriller, verstimmter Ton versprühte eine nebulöse, ungerichtete Unzufriedenheit – womit? Egal, was eben da war.

Smith, den Literatur stets ebenso inspirierte wie Musik, entlehnte den Songtitel „Other Voices" dem Roman *Andere Stimmen, andere Räume*, den Truman Capote mit 23 Jahren über das Erwachsenwerden verfasst hatte. „All Cats Are Grey" und „The Drowning Man" wiederum bedienten sich bei den *Gormenghast*-Romanen von Mervyn Peake, dessen düstere Phantastik Smith sehr schätzte.

Der Selbstmord des Joy-Division-Sängers Ian Curtis im Jahr zuvor hatte Smith überaus bewegt – und tatsächlich hätte das elegische „The Funeral Party" auch sehr schön auf das posthum veröffentlichte Joy-Division-Album *Closer* gepasst. Der Titel handelte vom Tod von Smiths Großeltern.

Nach all dieser unentwegten Düsternis hatte „Doubt" zumindest wieder etwas Puls und eine Leidenschaft, die über die allumfassende Verzweiflung hinausging, aber dieses kurze Aufflackern von Energie währte nur kurz. Der Titeltrack strafte seinen Namen Lügen, so wie

LINKS – Weigern sich, erwachsen zu werden: The Cure, Juli 1981
RECHTS – Allein gegen alle, seine Band und die ganze Welt

„Es war eine sehr schwierige, angespannte Atmosphäre. Ich hockte dauernd verbittert und mit geröteten Augen da."

ROBERT SMITH

# FAITH

„Eine ausgeklügelt realisierte Atmosphäre und Produktion. Man mag es vielleicht nicht lieben, aber man wird süchtig danach werden."

ADAM SWEETING, *MELODY MAKER*

**TRACKLIST**

**SEITE 1**

The Holy Hour
Primary
Other Voices
All Cats Are Grey

**SEITE 2**

The Funeral Party
Doubt
The Drowning Man
Faith

**Veröffentlichungsdatum** 14. April 1981

**Aufnahmeort** Morgan Studios, London, England

**Produzent**
Produziert und abgemischt von Mike Hedges & The Cure

**Line-up**
Robert Smith: Gitarre, Gesang, Keyboards, Synthesizer, Klavier, 6-Saiter-Bass, Bass
Lol Tolhurst: Schlagzeug, Programming
Simon Gallup: Bass

**Covergestaltung** Porl Thompson & Andy Vella

**Label** Fiction FIX 6, 2383 605

**Höchste Chartposition bei Erstveröffentlichung**
UK 14, AUS 38, FRA 84, NLD 9, NZ 1, SWE 38

**Bemerkungen**
Alle Texte schrieb Robert Smith, die Musik stammte von The Cure. 2011 spielten The Cure die Platte in voller Länge bei zwei Shows im Rahmen des Vivid Live Festivals im Sydney Opera House. Die Konzerte trugen den Titel: The Cure, „Reflections".

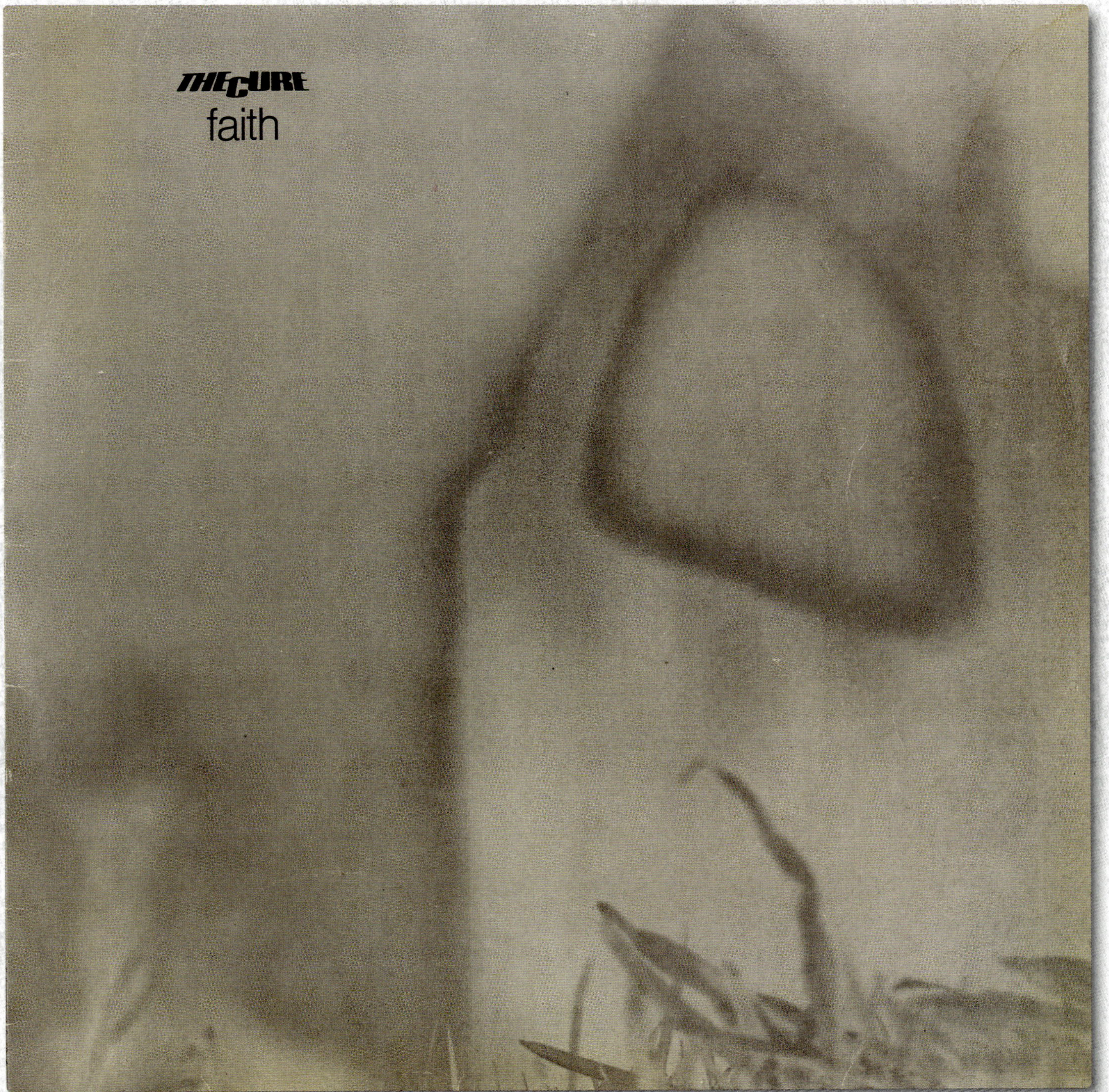
THE CURE
faith

die ganze Platte: Es gab keine Hoffnung, keinen Glauben in diesem schleppenden, gehemmten Elend.

„There's nothing left but faith", intonierte Smith mit hohler Stimme, als der Song, der letzte auf dem Album, im Nichts verhallte. Ihm selbst schien es an dieser Überzeugung zu mangeln.

Chris Parry, der wie die meisten Plattenbosse vor allem kommerzielle Popsongs schätzte, war von *Faith* nicht besonders begeistert, und als das Album am 14. April 1981 erschien, teilten viele britische Musikkritiker seine Vorbehalte.

Mike Nicholls vom *Record Mirror* bezeichnete *Faith* als „hohl, seicht, aufgeblasen, bedeutungslos, selbstfixiert und ohne echtes Herz oder Seele". Der auch als Cartoonist bekannte, punk-affine *NME*-Kritiker Ray Lowry tat es als „das moderne Gesicht des Pink-Floydismus" ab – und das war nicht als Kompliment gemeint.

Im Gegensatz dazu beurteilte Adam Sweeting vom *Melody Maker* einzelne Nuancen durchaus positiv. Er lobte die „ausgeklügelt realisierte Atmosphäre und Produktion" und erkannte die perverse Anziehungskraft des Albums: „Man mag es vielleicht nicht lieben, aber man wird süchtig danach werden."

Wie es sich für den Schöpfer eines Werks gehörte, das sich um Unzufriedenheit und Missvergnügen drehte, war Smith selbst von *Faith* enttäuscht, wie er dem US-Magazin *Trouser Press* offenbarte:

*Wir haben uns nicht genug Zeit gelassen, die Songs im Studio richtig zu entwickeln. Andererseits wäre es auch übertrieben gewesen, länger daran zu feilen. Das Album davor hat zwanzig Tage gebraucht, dieses ein bisschen länger, aber selbst das war zu viel. Wir hatten uns selbst Grenzen gesetzt, wie viel Zeit und Geld wir ausgeben wollten. Es hat so lange gedauert, weil wir wegen „wichtigeren Leuten" dauernd aus irgendwelchen Studios rausgeworfen wurden, und nach so einer Unterbrechung fanden wir nicht wieder zu der Atmosphäre, die wir eigentlich anstrebten. Außerdem hätte es etwas in sich geschlossener sein können.*

Ein größtenteils melodiefreies Album, das sich mit modernem Nihilismus und Ziellosigkeit beschäftigte und das selbst der eigene Sänger als Enttäuschung betrachtete – das konnte doch wohl nur eine kommerzielle Katastrophe werden?

Hätte man annehmen sollen, aber so kam es nicht. Das Album stieg in Großbritannien auf Platz 20 ein und erreichte schließlich Platz 14 – und in Neuseeland kam es sogar bis an die Spitze der Charts.

Für melancholische Wave-Rocker wie The Cure, die den Mechanismen der Musikindustrie misstrauisch gegenüberstanden, war das eine reife Leistung. Ihr nächster Kreativ-Streich stellte ihren Eigensinn dann noch stärker unter Beweis.

Da sie auf die anstehende Tournee keine Band von ähnlichem Kaliber mitnehmen wollten, aber auch mit dem Experiment unzufrieden gewesen waren, jungen lokalen Bands eine Bühne zu bieten, kam Smith auf eine ganz andere Idee: Statt einer Support-Band würde es einen Film geben.

Nachdem er sich zunächst an den Filmhochschulen umgesehen hatte, fand er den bandeigenen David Lynch im eigenen Umfeld, in Crawley. Er fragte Simon Gallups Bruder Ric, und der musste nicht groß überredet werden: In seiner Garage drehte er einen grobkörnigen abstrakten Animationsfilm von 27 Minuten Länge, unter anderem mit Puppen, die er in verschiedenen Positionen arrangiert hatte, und verlieh dem so entstandenen Amateur-Arthouse-Streifen den Titel *Carnage Visors*.

Dabei lief nicht alles rund: Als Gallup die ursprüngliche Version von der Entwicklerfirma zurückbekam, stellte er fest, dass er die Belichtung falsch eingestellt hatte und der Film so dunkel war, dass sich kaum etwas erkennen ließ. Er drehte daraufhin eine zweite, hellere Fassung, und The Cure nahmen einen getragenen, unheilvollen Instrumental-Soundtrack dazu auf.

Einen Filmkritiker hätte *Carnage Visors* wohl nicht in Verzückung versetzt, aber die Band erklärte sich damit zufrieden und taufte die Tournee deswegen sogar *Picture*-Tour. Die Zuschauer, die früh genug vor Ort waren, guckten sich den Film zunächst interessiert an, merkten aber schnell, dass da nicht viel passierte, und schlenderten meist wieder an die Bar.

Wenn dann The Cure die Bühne betraten, änderte sich das nur bedingt. Ihr Set bestand fast gänzlich aus der gnadenlosen Düsternis von *Seventeen Seconds* und *Faith*, und lautstarke Rufe nach den lebhafteren älteren Songs ignorierten die Musiker. Journalisten berichteten schon bald von einer lethargischen Starre, die Band und Fans bei den Gigs erfasste.

Emotional war die Tour hart und heftig.

„Mir war nicht klar, was für eine Wirkung [die düstere Titelauswahl] auf die Band haben würde", sagte Smith im Jahr 2000 dem *Uncut*. „Die Songs zogen uns in eine Abwärtsspirale – je länger wir sie spielten, desto deprimierter wurden wir."

Von der zermürbenden Musik abgesehen, hing auch die unheilbare Krankheit von Lol Tolhursts Mutter wie eine dunkle Wolke über diesen Gigs; unpassenderweise absolvierten The Cure die Konzerte in den Niederlanden ausgerechnet in einem mobilen Zirkuszelt. Nach dem Auftritt in Sittard erfuhr Tolhurst telefonisch von seinem Bruder Roger, dass sich der Zustand seiner Mutter stark verschlechtert habe.

Gleich am nächsten Morgen flog er nach Hause, aber als ihn sein Bruder am Flughafen Gatwick abholte, konnte er ihm nur noch mitteilen, dass ihre Mutter in der Nacht gestorben sei. Der Drummer nahm am Boden zerstört im Beerdigungsinstitut von ihr Abschied und flog dann zurück, um seine Verzweiflung bei The Cure herauszutrommeln.

„Ich spielte die Songs mit wilder Intensität", berichtete er in *Cured*, „schlug wild um mich und haderte mit dem Gott, der zuließ, dass

„Die Songs zogen uns in eine Abwärtsspirale – je länger wir sie spielten, desto deprimierter wurden wir."

ROBERT SMITH

mir so etwas in so jungen Jahren zustieß … Ich wusste, dass ich [nach den Shows] ohne große Mengen Alkohol und Drogen nicht hätte schlafen können."

Schon vor dem Tod seiner Mutter hatte er dazu geneigt, zu viel zu trinken. Jetzt gab es kein Halten mehr – und das war sehr ungünstig, da The Cure kurz vor ihrer Sodom-und-Gomorra-Periode standen.

RECHTS – Doppelkopf: live in Brighton, 1982

BUNNIK

# „DIE DOSEN BITTE NICHT ANFASSEN!"

**VORIGE SEITE** – The Cure brechen zu einer weiteren langen, dunklen Reise in die Abgründe der Seele auf, 1982.
**UNTEN** – Robert Smith und Steve Severin planen eine Zukunft.

Während Tolhurst noch versuchte, sich von seinem Verlust zu erholen, und die gesamte Band enorme Mengen Pulver, Pillen und Alkohol konsumierte, zogen The Cure mit der düsteren *Picture*-Tour nach Nordamerika. Es sollte eine anstrengende Erfahrung werden.

Das zweitägige Engagement im New Yorker Ritz litt darunter, dass Smith und Gallup mutig beschlossen hatten, in der Garderobe ein paar Quaaludes einzuwerfen. Nach dem Auftritt im Whisky a Go Go in L.A. hingegen stieß Smith auf derart übertrieben begeisterte Fans, dass er sich angeekelt in sein Hotelzimmer zurückzog.

„Ich erinnere mich nicht an allzu viele dieser Shows", berichtete er Steve Sutherland in *Ten Imaginary Years*. „Ich hätte eine Pause gebraucht – es war von allem zu viel, ohne Unterlass."

Falls dem Management überhaupt auffiel, wie nahe The Cure am Abgrund tanzten, dann zog man daraus keine Konsequenzen. Nach einem Monat in Australien und Neuseeland – wo die Band durch ihr Nummer-1-Album große Bekanntheit erlangt hatte und sich einem entsprechenden Presserummel ausgesetzt sah – kehrte man für letzte Gigs nach Großbritannien zurück.

Das Vorprogramm bestritt dabei ein spannendes Projekt: 13:13, eine Kollaboration der New Yorker Punk-Poetin Lydia Lunch und des Banshees-Bassisten Steve Severin. Smith und Severin bot es eine willkommene Gelegenheit, ihre Freundschaft weiter zu vertiefen.

Selbst die provokative, an wirklich viel gewöhnte Lunch war von der grimmigen Stimmung auf dieser Tour schockiert. „Es war wohl für alle eine der dunkelsten Zeiten im Leben", sagte sie Jeff Apter in *Never Enough*. Dafür nannte sie drei Gründe: „Drogenmissbrauch, Depression, Alkohol."

**„Ich erinnere mich nicht an allzu viele dieser Shows. Ich hätte eine Pause gebraucht – es war von allem zu viel, ohne Unterlass."**

ROBERT SMITH

## BUCHTIPP

**Charlotte Sometimes**
Der Song beruht auf einem von Robert Smiths Lieblingsbüchern, dem 1969 erschienenen Roman *Charlotte Sometimes* der britischen Autorin Penelope Farmer. Darin wird die Titelheldin in eine vierzig Jahre zurückliegende Zeit versetzt. Smith arbeitete in seinem Song mit denselben Themen von Zeitverschiebung und Sich-Fremdfühlen. Auch der Titel der B-Seite, „Splintered In Her Head", entstammte einer Zeile aus dem genannten Buch. The Cure veröffentlichten später noch einen Song, der von diesem Roman inspiriert war, „The Empty World" von *The Top*.

OBEN – Die Cover von „Happily Ever After" und „Charlotte Sometimes"
GEGENÜBER – Lydia Lunch, provokant und eigensinnig, New York

Bezeichnenderweise erkannte Lunch durchaus, dass sich hinter dem Rock'n'Roll-Monster, als das sich Robert Smith auf Tour gebärdete, immer noch der höfliche Mittelschichtsjunge verbarg, der er stets bleiben sollte: „Ich fand ihn immer fürchterlich süß, sensibel und schüchtern."

Der Drogen-, Depressions- und Saufzirkus der *Picture*-Tour gab im Londoner Hammersmith Odeon am 3. Dezember 1981 die letzte Vorstellung. The Cure waren völlig erledigt: Ein Jahr lang hatte man ständig aufeinandergehockt, und das hatte die Beziehungen innerhalb der Band nachhaltig gestört.

Es sollte jedoch noch weiter abwärts gehen.

Robert Smith hatte schon eine Weile darüber nachgedacht, für die nächste Platte einen neuen Produzenten auszuprobieren und sich nicht wieder mit Mike Hedges auf vertrautes Terrain zu begeben – unter anderem auch, weil die letzte Single der Band, „Charlotte Sometimes", in Großbritannien nicht bis in die Top 40 gekommen war.

Hedges dachte offenbar ganz ähnlich: Als The Cure im Januar 1982 mit dem vierten Album beginnen wollten, arbeitete er bereits

„Ich fand ihn immer fürchterlich süß, sensibel und schüchtern."

LYDIA LUNCH

mit Siouxsie And The Banshees an *A Kiss In The Dreamhouse*. Chris Parry half bei der Suche nach einem Ersatzmann.

Zu den Kandidaten zählte unter anderem der Kraftwerk-Produzent Conny Plank, aber die Band entschied sich am Ende für jemanden mit weitaus weniger Erfahrung.

Der 22-jährige Toningenieur Phil Thornalley hatte mit Parry an *All Mod Cons* von The Jam gearbeitet, bevor er in Mickie Mosts berühmten RAK-Studios in die Lehre ging. Er war jünger als Smith, aber die beiden verstanden sich auf Anhieb, und so wurde er für das Album engagiert, das später *Pornography* heißen sollte.

Mit dem düsteren, melodramatischen Indie-Sound von The Cure war Thornalley nach der Arbeit mit den charttauglichen Popkünstlern aus Mosts Hitfabrik wenig vertraut. Er stellte etwas konsterniert fest, dass im Budget für die Aufnahmen in den RAK-Studios 1.600 Pfund für Kokain enthalten waren.

„Bei *Pornography* waren eine Menge Drogen im Spiel", räumte Smith Jahre später ein und schob prompt seinen Standardsatz nach: „Ehrlich gesagt, ich kann mich an einen großen Teil der Aufnahmen nicht mehr erinnern."

Dennoch standen Thornalley und Toningenieur Mike Nocito nicht nur auf verlorenem Posten. The Cure erschienen jeden Tag im Studio. Nachdem sie sich drei Jahre fast ununterbrochen auf Tour befunden hatten, waren sie zudem bestens eingespielt. Und an guter Absicht mangelte es auch nicht.

Smith, der sich psychologisch in einer angespannten, düster-intensiven Verfassung befand, war fest entschlossen, ein ernst zu nehmendes künstlerisches Statement abzuliefern. Nachdem die Bandmitglieder zuvor in der Presse als alberne Dilettanten abgetan worden waren, wollte er beweisen, dass The Cure Bedeutung, Seele und Tiefgang hatten. Für Späße war kein Platz.

„Wir wollten das ultimativ intensive Album machen", erinnerte sich Tolhurst später. „Zwar weiß ich nicht mehr genau, wieso, aber so war es."

Offenbar war die Band stillschweigend übereingekommen, dass sich dies nur durch eine weitere Steigerung des vorher schon bedenklichen Stimulanzien-Konsums erreichen ließ. Man traf sich gegen acht Uhr abends im Studio und zog ein paar lange Linien Koks auf dem Mischpult. Gegen Mitternacht nahm man die Instrumente zur Hand, und dann wurde bis zum Frühstück an den Songs gefeilt.

„Die Arbeit an *Pornography* war ein bisschen wie *Und täglich grüßt das Murmeltier*", sagte Smith 2003 dem *Mojo*. „Man wusste, was man zu welcher Tageszeit tun und welche Drogen man nehmen würde. Man wusste, wie man sich am nächsten Morgen fühlen würde. Es wurde eine Art bizarrer Routine."

LINKS – Höflicher Junge aus der Mittelschicht oder Rock'n'Roll-Monster?

„Wir wollten das ultimativ intensive Album machen. Zwar weiß ich nicht mehr genau, wieso, aber so war es."

LOL TOLHURST

Dieses klaustrophobische, irreale Gefühl wurde dadurch verstärkt, dass die Musiker von The Cure auch gemeinsam übernachteten. Da sie keine Lust hatten, nach Hause zu pendeln, hatten sie sich ein Übergangslager im nahegelegenen Fiction-Büro eingerichtet. Smith hatte sich aus einer Decke, die er mit Reißzwecken an der Wand am Empfang befestigt und über ein Sofa drapiert hatte, ein Zelt gebaut. Simon Gallup und einer der Cure-Roadies, Gary Biddles, schliefen auf dem Boden in einem Lagerraum. „Wir hatten Fiction komplett besetzt und ließen niemanden mehr rein", berichtete Smith in *Ten Imaginary Years*. „Ich hatte lauter kleine Sachen, die ich auf der Straße fand, in mein Nest geschleppt. Das lief wirklich aus dem Ruder."

Im Studio hingegen lief es recht gut – in gewisser Hinsicht. Smith brannte vor Ehrgeiz und Ernsthaftigkeit. Die Songs, die nun entstanden, enthielten zarte, zerfahrene Gitarrenfiguren, aggressive Bassläufe und unheimliche, hallende Drums. Hin und wieder klappten sie unter dem eigenen Gewicht und der kokainbefeuerten Isolation zusammen.

An Gesangsaufnahmen wollte Smith sich stets erst dann heranwagen, wenn draußen über Soho die Sonne aufging und er völlig zugedröhnt war. Er las damals vor allem Bücher über Wahnsinn und Psychiatrie, was sich auch an den Texten zeigte, die er gut gelaunt als „allgemein über geistige Gesundheit" beschrieb.

„Die Spannungen im Studio waren deutlich spürbar", berichtete er rückblickend. „Auf seltsame Weise machten die Aufnahmen Spaß, gerade weil es so schlimm war."

Lol Tolhurst hatte dabei vermutlich weniger zu lachen. Der Schlagzeuger war inzwischen zum Prügelknaben der Band geworden, und während der Aufnahmen wurden die Späße, deren Zielscheibe er war, immer gehässiger und gemeiner.

> „Wir errichteten einen enormen Leergut-Berg. Einen Riesenhaufen Müll, der einfach immer größer wurde."
>
> ROBERT SMITH

Später behauptete Smith, Tolhursts Beiträge seien etwa so sinnvoll gewesen, „als wollte man mit einer Hand hinterm Rücken klatschen", und er habe mit Gallup neben dem Schlagzeug gestanden und mitgetrommelt, „weil er körperlich zu schwach dazu war".

Auch die Beziehung zu seinem besten Kumpel Gallup bekam Risse. Smith störte sich daran, dass der Bassist eher locker und nicht ebenso getrieben und besessen war wie er, sondern einfach seine Parts einspielte und dann Feierabend machte. Nicht lange, und Smith fand Gründe, am Spiel seines Freundes herumzumäkeln. Und wenn es keine gab, erfand er welche.

Doch obwohl The Cure während der Aufnahmen auseinanderfielen, wurde immer noch extrem heftig gefeiert. Die neue Schwäche für den beliebtesten illegalen Exportartikel Boliviens änderte dabei nichts an ihrer Begeisterung für ihr lange schon gepflegtes Lieblingshobby: Saufen.

Die Gruppe traf eine Vereinbarung mit einem Laden im nahegelegenen West End, in dem einige Cure-Fans arbeiteten: Jeden Abend, wenn sie mit der Studioarbeit anfingen, wurde ihnen genügend Bier vorbeigebracht, um ein paar Badewannen zu füllen. Das Kokain steigerte den bisher schon beachtlichen Durst zusätzlich, und so vernichtete die Band diese Riesenmenge allnächtlich problemlos. In einer Ecke des Studios stapelte sich ein Dosenberg, der am Ende der dreiwöchigen Aufnahmen bis zur Decke reichte. Das Putzteam hatte die strikte Anweisung, ihn stehenzulassen.

„Wir errichteten einen enormen Leergut-Berg", erinnerte Smith sich später. „Einen Riesenhaufen Müll, der einfach immer größer wurde."

„Es war sehr schwierig, den Reinigungskräften jeden Tag wieder zu sagen: ‚Die Dosen bitte nicht anfassen!'", berichtete Phil Thornalley in *Never Enough*. „Der Gestank war einfach ekelhaft."

Auf der Suche nach Abwechslung, und weil kein Kokain mehr da war, warf Smith eines Abends LSD ein. Allerdings hatte er nicht damit gerechnet, wie stark das Acid war. Nachdem er die ganze Nacht unter Kicheranfällen gelitten hatte, verkroch er sich zwei Tage lang in seinem Sofazelt im Fiction-Büro.

Plattenboss und Manager Chris Parry ließ sich meist gegen zehn Uhr abends im Studio blicken, um zu sehen, wie die Band vorankam, blieb aber meist nicht lange. Da er nicht dieselben kreativitätssteigernden Mittel nahm, fand er *Pornography* größtenteils übertrieben ausufernd und langweilig. Zwar respektierte er die kreative Freiheit der Band, aber er hätte gern eine Hitsingle gehabt, um das Album zu promoten. Am ehesten dafür geeignet erschien ihm „The Hanging Garden", daher bat er Thornalley, den Song radiotauglich aufzupolieren.

Der junge Produzent tat sein Bestes, aber er arbeitete immerhin mit einem Werk, das Smith geschrieben hatte, nachdem er eines Nachts zugedröhnt und nackt im Garten seiner Eltern herumgelaufen war und Katzen gesucht hatte. Smith erklärte zudem, es gehe um „die Reinheit und den Hass fickender Tiere … wenn ich sehe, dass jemand einen Affen fickt, dann schockiert mich das nicht besonders."

Auch wenn es den Beteiligten vermutlich länger vorkam, war *Pornography* nach drei Wochen im Kasten – Kokain-Marathons, Bierdosenberge, bandinterne Spannungen und Labelbüro-Besetzung inklusive. Unglaublicherweise hatte sogar das Budget gereicht.

Aber was für eine Platte war in diesem quälenden Prozess entstanden? Welche neue Facette der Hölle tat sich hier auf? Wobei diese Frage nur zur Hälfte passte – die Hölle zeigte *Pornography* sicherlich, aber eine neue Facette? Nein, das Gelände war ziemlich vertraut.

Schon mit den pulsierenden, vibrierenden ersten Takten des Openers „One Hundred Years" war klar, dass Thornalley in der Lage war, volltönende, energiegeladene Soundstrukturen aus The Cure herauszulocken – wenn sie ihn ließen. Die wirbelnden Gitarrenrhythmen waren ansteckend und kraftvoll … und dann öffnete Robert Smith den Mund und stieß eine Zeile hervor, die als erste Aussage auf einem Cure-Werk schon jenseits von Parodie und Satire lag: „It doesn't matter if we all die!" Damit war die Marschrichtung vorgegeben. *Pornography* bretterte erneut mit Vollgas auf den psychologischen Abgrund zu.

Dieser erste Track wurde zumindest durch Smiths hypnotische, elegante Gitarre aufgehellt, aber schon der nächste Titel, „A Short Term Effect", musste ohne das auskommen. Tolhursts Schlagzeug war zweifelsohne primitiv, Gallups Bass reine Dekoration – hier ging es nur um Smith, der so nihilistisch und nasal wie nie zuvor seine bösartige Launenhaftigkeit auslebte.

RECHTS – The Cure versuchen, nicht umzufallen.

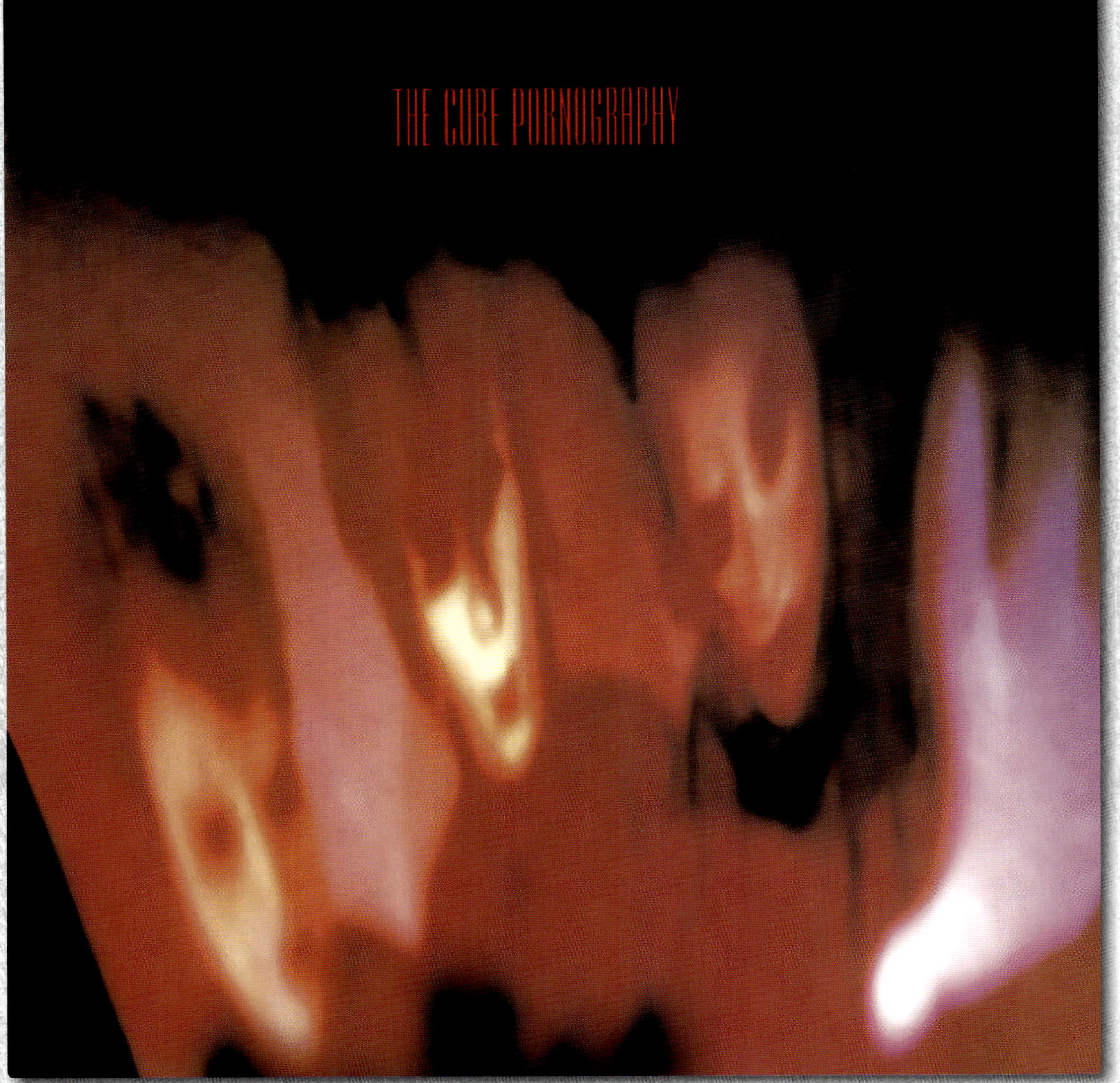
THE CURE PORNOGRAPHY

# PORNOGRAPHY

„Dies ist ein Album, das auf dem schmalen Grat der Verzweiflung entstand und mit seinem meisterlich expressiven Sound eine sehr große, sehr erschütternde Leistung darstellt."

DAVE HILL, *NME*

**TRACKLIST**

**SEITE 1**
One Hundred Years
A Short Term Effect
The Hanging Garden
Siamese Twins

**SEITE 2**
The Figurehead
A Strange Day
Cold
Pornography

**Veröffentlichungsdatum** 4. Mai 1982

**Aufnahmeort** RAK Studios, London, England

**Produzent**
Phil Thornalley, Mike Hedges & The Cure
Toningenieur: Mike Nocito

**Line-up**
Robert Smith: Gitarre, Gesang, Keyboards („One Hundred Years", „The Hanging Garden", „Cold", „Pornography"), Cello („Cold")
Lol Tolhurst: Schlagzeug, Keyboards („One Hundred Years")
Simon Gallup: Bass, Keyboards („A Strange Day", „Cold", „Pornography")

**Covergestaltung**
Ben Kelly: Design
Michael Kostiff: Fotografie

**Label** Fiction FIXD 7, 2383 639

**Höchste Chartposition bei Erstveröffentlichung**
UK 8, AUS 39, FRA 81, NLD 17, NZ 9

**Bemerkungen**
Alle Songs von The Cure. 2002, zwanzig Jahre nach Veröffentlichung des Albums, spielten The Cure die Platte in voller Länge neben *Disintegration* und *Bloodflowers* im Rahmen der *Trilogy*-Konzerte.

> **Eine mörderische Einigkeit wallender, vielschichtiger Atmosphäre.**
>
> DAVE HILL, *NME*

„The Hanging Garden" hatte Chris Parry zwar als charttauglichsten Track ausgemacht, aber im Rahmen von *Pornography* wollte das nicht viel heißen. Smith konnte sich gesanglich zwar so weit aus seiner Teilnahmslosigkeit befreien, dass er beim Refrain mit „Fall, fall, fall into the walls" geradezu energiegeladen klang, aber insgesamt war es trotzdem noch düstere Kost.

Genau wie der Rest. „Siamese Twins" war ein ausgemergeltes, schlurfendes Monster finsterster Laune, in dem Smith in regelmäßigen Abständen heulte: „Is it always like this?" „The Figurehead" drehte immer kleinere Kreise um das unlösbare Rätsel der Banalität des Daseins und kam zu dem vorhersehbaren Schluss: „You mean nothing."

Das ganze Album klang genau nach dem, was es war: nach einer Truppe schüchterner, verlegener, junger Erwachsener, getrieben von Unzufriedenheit und Bergen von Kokain, die versuchten, um mit T. S. Eliots Helden J. Alfred Prufrock zu reden, das Universum auf eine überwältigende Frage zuzurollen, ohne die dazu nötige Lebenserfahrung zu besitzen.

Das elegische, vergleichsweise sinfonische und keyboarddominierte „Cold" entsprach seinem Titel voll und ganz, und das Album endete mit dem Titeltrack, der von einem kurzen verzerrten „Klangfund" eingeleitet wurde (eine Technik, die bei Indie-Bands damals schwer angesagt war), in dem die feministische Autorin Germaine Greer im Fernsehen über Pornografie sprach.

Besagter Titel passte gut zu Song und Album: Ähnlich wie beim Sexgeschäft waren The Cure zwar von schräger Leidenschaft getrieben vorgegangen, hatten dabei aber etwas Kaltes, Mechanisches abgeliefert, das aber trotz alledem eigentümlich suchterzeugend war. Es war klar, dass sie – und auch die Hörer – mehr davon würden haben wollen.

Zum Abschluss der quälerischsten und beklemmendsten Sessions ihres Lebens veranstalteten The Cure eine ausschweifende Party in den RAK Studios und präsentierten ihren Bierdosenberg. Die Banshees erschienen zu diesem Bacchanal, ebenso wie die Associates und Mike Hedges. Sogar Ric Gallup ließ sich blicken und führte *Carnage Visors* vor.

„Es war ziemlich exzessiv", berichtete Thornalley. Offenbar brauchte dieses brutal ernste Album einen derart wilden Abschluss.

Als *Pornography* im Mai 1982 erschien, begegneten ihm die meisten Kritiker mit Misstrauen. Dave Hill vom *NME* beispielsweise urteilte:

*Dies ist ein Album, das auf dem schmalen Grat der Verzweiflung entstand und mit seinem meisterlich expressiven Sound eine sehr große, sehr erschütternde Leistung darstellt.*

*Schlagzeug, Gitarren, Gesang und Produktionsstil wurden peinlich genau zu einer mörderischen Einigkeit wallender, vielschichtiger Atmosphäre zusammengepresst … The Cure haben die reinsten Gefühle ihres Alters gesammelt und sie in ihrer unangenehmsten Form festgenagelt.*

Aber auch, wenn er nicht umhinkonnte, die Scheißegal-Haltung hinter der Platte zu bewundern, kam Hill dennoch zu dem Schluss, dass die Band auf *Pornography* zu „den anstrengenden, selbstanalytischen ‚Sensibelchen'" mutiert sei, die The Cure seiner Befürchtung nach immer schon gewesen waren.

Einige Kritiker hielten *Pornography* für den Versuch, die Endzeit-Düsternis von Joy Division nachzuempfinden. Smith nannte hingegen einen ganz anderen Einfluss: „Das erste Album der Psychedelic Furs, das hatte so einen verdichteten, mächtigen Sound."

Die Musikjournalisten mochten sich an *Pornographys* Pessimismus stoßen, aber für die wachsende Fangemeinde galt das genaue Gegenteil. Je tiefer die Verzweiflung, je dunkler die Stimmung, umso begeisterter stürzte sie sich darauf. *Pornography* erreichte Platz 8 der britischen Albumcharts; die bisher höchste Platzierung für die Band.

The Cure waren ihrem Ziel, „das ultimativ intensive Album" einzuspielen und tiefschwärzeste Soundlandschaften zu erschaffen, recht nahegekommen – aber zu welchem Preis? Emotional und psychisch

### BUCHTIPP

**Pornography**
Beeinflusst von *Das verlorene Paradies* von John Milton (1667), „war die Idee, ein Opfer zu sein, zwar noch immer da, wurde aber unerträglich. Ich hatte beschlossen, gegen eine Welt anzukämpfen, die ich hasste."

waren sie ausgebrannt, von ihren Alkohol- und Drogenexzessen körperlich angeschlagen, von Ressentiments zerrissen und scheinbar endgültig voneinander entfremdet.

Also taten sie das Naheliegendste – und gingen gemeinsam auf eine weitere selbstzerstörerische Welttournee.

Die Band hatte ursprünglich Porl Thompson gebeten, ein Cover für *Pornography* zu malen, aber da er zum Stichtag nichts abgeliefert hatte, mussten sie auf ein verfremdetes Bandfoto zurückgreifen. Allerdings fanden sie Thompsons auffällige Bilder, die vom Himmel fallende Tiere zeigten, so gut, dass sie eines davon als Bühnenkulisse verwendeten. Es war eine passende Metapher für das, was sich dann *on the road* abspielen sollte.

Auf der Tour, die den passenden Titel *Fourteen Explicit Moments* trug, gaben sich The Cure weiter dem exzessiven Alkohol- und Drogenkonsum hin, dem sie schon seit drei Jahren huldigten. Allerdings sahen sie auf diesem Teil ihrer verworrenen Reise allmählich etwas interessanter aus.

Chris Parry hatte sich zu Beginn, als er die drei Haushaltsgeräte auf dem Cover von *Three Imaginary Boys* verewigte, darüber beschwert, dass die Band optisch zusammengewürfelt wirke und keinen typischen Look, kein Image habe. Eine Sorge, die man sich aus heutiger Sicht kaum noch vorstellen kann.

Smith, Gallup und Tolhurst begannen – angeblich, behaupteten manche, inspiriert von Schauspieler Jack Nance in David Lynchs Horrorfilm *Eraserhead* von 1977 –, ihre Frisuren mit enormen Mengen Haarspray zu wilder Höhe zu toupieren. Zu diesem auffälligen Haarstyling legten sie vor Gigs nun dicken, grellroten Lippenstift und tiefschwarzen Eyeliner auf.

Mit diesem Look waren The Cure natürlich nicht allein. In den frühen Achtzigern gab es in der britischen Wave-Szene eine Reihe von Künstlern, die kalkweißes Make-up mit wild zu Berge stehendem Haar kombinierten, an vorderster Front Siouxsie Sioux und Bauhaus-Sänger Peter Murphy.

Die britische Musikpresse verpasste diesen Gruppen das Etikett „Gothic-Bands", eine Bezeichnung, die zwar von allen Beteiligten gleichermaßen verabscheut wurde, aber dennoch an ihnen hängen blieb. Robert Smith konnte damit nie etwas anfangen, wie er mir 1996 anvertraute, als ich ihn für ein kurzlebiges, an MTV angegliedertes Musikmagazin namens *Blah Blah Blah* interviewte.

„Vieles von dem, was wir machen, ist richtig optimistisch", behauptete er, wenn vielleicht auch etwas unaufrichtig. „Das größte Missverständnis rund um The Cure ist, dass wir eine Gothic-Band sind. Wir waren nie Goths. Als wir anfingen, nannte man uns Raincoats – wobei ich inzwischen vergessen habe, was das eigentlich heißen sollte. Ich

LINKS – Lol Tolhurst, Robert Smith und Simon Gallup, 1982

hasse es, dass jedes Album damit abgetan wird, wir würden immer das Gleiche machen. Wir kombinieren ganz verschiedene Sounds und Musikstile, und trotzdem wird immer nur über die Haare und den Lippenstift und die Düsternis geschrieben."

Andererseits hätte man zur Zeit der *Fourteen Explicit Moments*-Tour wohl kaum bestreiten können, dass The Cure der Beschreibung einer Gothic-Band genau entsprachen. Die drei hatten inzwischen die Verweigerung, es dem Publikum recht zu machen, zu einer Kunstform erhoben.

Mit einem Katalog aus *Seventeen Seconds, Faith* und *Pornography* konnten The Cure auf eine üppige Sammlung schwergängiger, düsterer Klagelieder zurückgreifen und sahen keinerlei Veranlassung, ihr schwermütiges Programm mit freundlicheren Songs aufzupeppen. „Boys Don't Cry" erschien auf keiner Setlist, und „Killing An Arab" und „10:15 Saturday Night" tauchten höchstens als widerwillige Zugeständnisse auf.

Robert Smith hatte schon lange an der künstlerischen Ausdrucksform reinen, kompromisslosen Elends gefeilt, aber selbst für ihn war die Tour schwer erträglich. Zwar kamen die Fans und applaudierten, aber wer außerhalb dieser kleinen Schar von Eingeweihten hätte eine derart karge, sperrige Form von Unterhaltung zu schätzen gewusst?

Der spätere Cure-Biograf Steve Sutherland vom *Melody Maker* erlebte die auf *Pornography* folgende Tour mit und war entsetzt.

„Selten haben drei junge Menschen versucht, so substanzlose Soundlandschaften zu erzeugen, und dabei mit so viel Verve so wenig erreicht", schrieb er. „The Cure – der Name ist ein Witz. Sie sind keine Heilung, sie sind eher ein Symptom."

Das Problem lag jedoch nicht in erster Linie in der deprimierenden Materialauswahl, die The Cure ihren überraschend loyalen Fans zumuteten, sondern im zwischenmenschlichen Bereich. Robert Smith hatte begonnen, Simon Gallup zu verabscheuen.

„Ich war einfach voller Zorn", bekannte er später. „Ich hatte das Gefühl, nichts von dem erreicht zu haben, was ich mir vorgenommen hatte, und dachte, jetzt sei alles vorbei. Ich hasste Simon – der doch mein Leben lang mein Freund gewesen war – mehr als jeden anderen auf der Welt. Es war eine total furchtbare Situation."

Wieso aber wandte sich Smith so heftig gegen seinen engsten Vertrauten? Möglicherweise kam er, der eher schüchtern und unsicher war, mit Gallups unbeschwertem Naturell nicht zurecht. Vielleicht war er eifersüchtig auf Gallups wachsende Beliebtheit bei den Fans – eine durchaus verständliche Entwicklung, da Gallup sich als Einziger hin und wieder dazu hinreißen ließ, das Publikum unterhalten zu wollen. Aber wahrscheinlich lag es an den großen Mengen Kokain, die The Cure noch immer schnupften. Vermutlich hätte Smith gar nicht erklären können, wieso er Gallup plötzlich so schrecklich fand. Er wusste einfach nur, dass er es tat.

Als der Tournee-Tross sich auf den europäischen Kontinent schleppte, hatte er sich in zwei Lager gespalten: Smith und sein loyaler Getreuer Tolhurst auf der einen und Gallup und die trinkfeste Roadcrew, angeführt von Gary Biddles, auf der anderen Seite. Der Riss zeichnete sich immer klarer ab.

**„Ich war einfach voller Zorn. Ich hatte das Gefühl, nichts von dem erreicht zu haben, was ich mir vorgenommen hatte, und dachte, jetzt sei alles vorbei."**

ROBERT SMITH

Und in Straßburg am 27. Mai brach er schließlich auf.

Nach dem Auftritt im Tivoli genehmigten sich die Musiker in einem örtlichen Club jeder für sich ein paar Drinks, bis es darüber, wer für die Getränke bezahle, zu einem Missverständnis kam. Gallup – schon schwer betrunken – beschloss, die Sache zu klären, suchte seinen Sänger und schlug ihm ins Gesicht. Smith schubste ihn, und schon war zwischen beiden eine Schlägerei in vollem Gang. Tolhurst bekam davon zunächst mal wieder gar nichts mit, und als man ihn darauf aufmerksam machte, wollte er sich nicht einmischen.

„Ich hatte das Gefühl, dass dann beide Parteien ihren Frust an mir ausgelassen hätten", vermutete er in *Cured*, seiner Rolle als Sündenbock nur zu bewusst.

Welche enormen Auswirkungen die Auseinandersetzung wirklich hatte, begriff Tolhurst erst am folgenden Morgen, als ihn der Tourmanager auf dem Zimmer anrief und ihm mitteilte, dass Smith und Gallup abgereist seien und sich jeder für sich auf dem Weg nach Crawley befinde.

Ironischerweise waren es die konformistischen Werte der englischen Mittelklasse, gegen die Smith stets rebelliert hatte, die seine Band jetzt retteten. Als er nämlich bei seinen Eltern ankam, rückte sein Vater ihm den Kopf zurecht: Alex Smith machte seinem Sohn begreiflich, dass es sich nicht gehöre, Shows abzusagen, für die sich

RECHTS – Allmählich wächst die charakteristische Vogelnest-Frisur heran – Robert Smith, 1982.

> „Als wir London erreichten, verabschiedete ich mich von den anderen und fragte mich, ob ich sie jemals wiedersehen würde."
>
> LOL TOLHURST

Leute bereits Tickets gekauft hätten. Und daher rief der Sänger kleinlaut bei seinem Tourmanager an und erklärte, er werde für den nächsten Auftritt in Montreux zurück sein. Gallup tat das Gleiche.

The Cure beendeten die *Fourteen Explicit Moments*-Tour zwar zusammen, aber völlig zerstritten. Der letzte Auftritt fand am 11. Juni im Theater Ancienne Belgique in Brüssel statt.

Als Zugabe spielte die Band damals gern einen lockeren, „Forever" getauften Jam, an dem sich meist der aktuelle bandinterne Zustand ablesen ließ. In Brüssel setzte Smith sich ans Schlagzeug, Gallup hängte sich daraufhin die Gitarre um, und Tolhurst schnappte sich den Bass. Das Publikum verfolgte perplex, dass Gallups bester Kumpel, Roadie Gary Biddles, ans Mikrofon trat und Worte brüllte, die Eingang in die Cure-Geschichte fanden: „Robert Smith ist ein Wichser!"

Er ließ noch eine Reihe weiterer Beleidigungen in Richtung Smith und Tolhurst folgen. Smith warf daraufhin die Schlagzeugstöcke nach seinem Roadie und traf ihn dabei am Kopf. Als The Cure nach dem Song von der Bühne stolperten, hatte es den Anschein, als sei die Band endgültig auseinandergebrochen.

Im Laufe von drei Jahren hatten The Cure die depressivsten, düstersten Alben der jüngeren Popgeschichte abgeliefert, sie auf mehreren Tourneen weltweit vorgestellt, jede Menge Drogen konsumiert und sich als veritable Kampftrinker für England qualifiziert. Es hatte sie beinahe umgebracht.

Es sollte viele Jahre dauern, bis Robert Smith selbst erkannte, wie viel Schaden dabei entstanden war – und bis er zugeben konnte, wie masochistisch und trotzig er sich an die distanzierte, teenagermäßige Weltsicht dieser drei frühen Cure-Alben geklammert hatte.

„Es gab nur eine einzige völlig humorbefreite Zeit bei The Cure, und das war rund um *Faith* und *Pornography*", sagte er mir 1996. „Damals waren wir einfach so. Da war so viel Verzweiflung, Zorn und Frustration im Spiel. Ich rastete völlig aus."

Dabei schien sich der ältere, weisere Robert Smith zu fragen, wieso The Cure nicht nur eins, sondern gleich drei düstere, unheilschwangere Alben eingespielt hätten, mit grundsätzlich derselben Botschaft, die da lautete: Das Leben ist völlig sinnlos.

„Wieso macht man sich die Mühe, ein Gefühl von Sinnlosigkeit zu vermitteln?", fragte er rhetorisch. „Es ist ein Paradox: Es ist alles nicht wichtig, also mache ich eine Platte darüber? Und dann noch eine? Das ist doch verrückt! So was kann man vielleicht einmal machen, aber doch nicht öfter!"

Doch diese Erkenntnis lag damals noch in ferner Zukunft. 1982 standen The Cure kurz davor, passend zur Emotionskurve ihrer Musik dem Ende einer langen Abwärtsspirale entgegenzutrudeln. Bei der Show in Brüssel hatten sie ihren Tiefpunkt erreicht.

„Am Tag danach fuhren wir mit der Fähre zurück nach England", berichtete Tolhurst in *Cured*. „Wir redeten kein Wort miteinander, aber es musste auch nichts gesagt werden. Es war das Ende der Tournee und wahrscheinlich auch das von The Cure. Als wir London erreichten, verabschiedete ich mich von den anderen und fragte mich, ob ich sie jemals wiedersehen würde."

LINKS – Lol Tolhurst fürchtete, der Gig in Brüssel würde für The Cure der letzte sein.

# KÖNNT IHR AUCH POP?

PORNOGRAPHY
THE CURE
Chris Parry

Wenn Robert Smith zuvor in einen Cure-bedingten Erschöpfungszustand geraten war, hatte seine Therapie darin bestanden, den Irrsinn noch ein wenig zu verschärfen und sich dem nächsten Exzess hinzugeben. Aber nach der *Fourteen Explicit Moments*-Tour war es anders. Diesmal wusste er, dass er eine Pause brauchte.

Die Band war in einem wirklich prekären Zustand. Smith und Simon Gallup hatten sich hoffnungslos verkracht, und Lol Tolhurst versank in einem Meer aus Alkohol. Rein faktisch gab es The Cure nicht mehr.

Smith verkroch sich mit seiner Freundin, Mary Poole, und brach mit ihr zu einem Campingurlaub nach Wales auf, ohne zu wissen, was er nach seiner Rückkehr vorfinden würde.

Chris Parry wusste zwar um die desolate Lage, veröffentlichte im Juli aber dennoch „The Hanging Garden", das in Großbritannien immerhin Platz 34 erreichte. Mehr Singles gab es zu *Pornography* bezeichnenderweise nicht. Das finstere Album stellte für die Band eine Sackgasse dar: Nachdem The Cure die Sohle des psychologischen Abgrunds ausgelotet und unterirdische emotionale Tiefen ergründet hatten, wohin sollte der Weg noch führen?

Es gab nur eine Antwort: nach oben.

Ihr Manager hatte immer schon das Gefühl gehabt, dass unter dem erstickenden Mantel aus existenzialistischer Verzweiflung und dem plakativen Indie-Band-Ethos eine großartige Pop-Band lauerte. Robert Smith mochte aktuell seelenquälerische, schwergängige Klagelieder bevorzugen, aber das stark unterschätzte „Boys Don't Cry" von *Three Imaginary Boys* und „A Forest" von *Seventeen Seconds* hatten bewiesen, dass er, wenn er wollte, großartige Popsongs mit Chartpotenzial schreiben konnte. Es war nur schwierig, ihn davon zu überzeugen, seinem Gespür für Harmonien und Melodien öfter freien Lauf zu lassen.

Parry probierte es schließlich einfach und forderte Smith dazu heraus, zwischendurch doch einfach mal eine Hitsingle zu schreiben. Smith zeigte sich dafür überraschend offen – weil die Idee nämlich zufällig zu seinen eigenen Plänen passte.

Bei der Arbeit an *Pornography* war ihm bewusst geworden, dass der düstere Nihilismus der Platte The Cure vielleicht zerstören würde. Zeitweise schien er das sogar zu begrüßen. „Ich hatte wirklich die Absicht, aufzuhören", gab er später zu. „Ich wollte nur noch eine ultimative Fickt-euch-alle-Platte machen, und dann sollte mit The Cure Schluss sein."

Das hatte er beinahe geschafft. Da er aber nun diese Version von The Cure verbrannt und ihre Mitglieder in alle Winde zerstreut hatte, konnte man da nicht ausprobieren, ob etwas völlig anderes wie ein Phönix aus ihrer Asche steigen würde?

Warum also sollten es The Cure nicht einmal mit Pop versuchen?

VORIGE SEITE – Robert Smith, mit selbstgestylter Frisur, Make-up und Trotzkopf-Miene
LINKS – The Cure 1982 mit Fiction-Boss Chris Parry, der auf diesem Bild deutlich mehr Spaß hat als alle anderen.

„Ich beschloss, Musik herauszubringen, die den ganzen Cure-Mythos zerstören würde."

ROBERT SMITH

„Ich beschloss, Musik herauszubringen, die den ganzen Cure-Mythos zerstören würde", erklärte Smith dem *Uncut* zwanzig Jahre später, „und die das Publikum, das sich um uns geschart hatte, richtig vor den Kopf stoßen würde."

Ein Problem dabei war zunächst, dass er Simon Gallup nach der Schlägerei in Straßburg und der Pöbelei bei dem Auftritt in Brüssel nicht einfach zurückbitten konnte. The Cure bestanden also nur noch aus Smith und Tolhurst – und Tolhursts Fähigkeiten als Drummer hatten sich bereits als begrenzt erwiesen.

Smith löste das Problem, indem er seinem Partner vorschlug, vom Schlagzeug auf Keyboards umzusatteln. Vielleicht war er da ja besser?

„Ich war einverstanden, da ich mich bei The Cure sowieso nie auf eine Rolle festgelegt sah", erklärte der stets gutwillige Tolhurst in *Cured*. „Wenn ich also etwas ganz Neues probieren und ein anderes Instrument lernen sollte, warum nicht."

Während Tolhurst sich mit der Gebrauchsanweisung eines New England Digital Synclaviers herumschlug, rekrutierte Smith Steve Goulding, der für Elvis Costello und Wreckless Eric getrommelt hatte, für eine kurze Session im Londoner Studio von Island Records, und er machte sich daran, eine lockerleichte Wegwerf-Popsingle zu schreiben.

Sie hieß „Let's Go To Bed".

„Ich fand, es war blöd", kommentierte Smith später. „Echter Quatsch, ein Witz. Alle Popsongs sagen letztlich: Bitte geh mit mir ins Bett. Also dachte ich, ich mache das ganze Ding so simpel wie möglich und baue den Song um dieses billige Synthi-Riff ... es war Müll."

Irrtum: „Let's Go To Bed" war eine pointierte, brillante Pop-Schöpfung, die von honigsüßem „Dab-duu-duu-duu"-Gesang und einem schelmischen Gitarrenkringel eröffnet wurde und wie jeder gute Popsong echte Ohrwurmqualitäten besaß. Es war eine unbeschwerte, lebensbejahende Gute-Laune-Nummer – kurz, all das, was *Pornography* nicht gewesen war. Und damit genau, was Smith beabsichtigt hatte: das Gegenteil von The Cure.

Es gab keinen Zweifel, dass er Parrys Herausforderung erfüllt und ein geniales Pop-Kunstwerk geschaffen hatte. Aber da er nun einmal Robert Smith war, machte er dieses kleine Wunder erst einmal nach Kräften schlecht.

„Für mich ist das kein Cure-Song", sagte er dem *Record Mirror*. „Diese Single wurde veröffentlicht, damit wir auch tagsüber mal im Radio gespielt werden, aber für mich entsteht dadurch der Eindruck, als hätten wir zum ersten Mal bewusst aktuelle Trends berücksichtigt. Als wäre uns ein Bereich wichtig, für den ich keinen Respekt habe. Und das ärgert mich."

Smith war eben immer noch derselbe versnobte Möchtegern-Ästhet wie der Teenager, der in seinem Jugendzimmer abgefahrene Kultplatten hörte, der als Einfluss für *Seventeen Seconds* Chatschaturjan genannt und bei Interviews erzählt hatte, dass er Mahler oder Beethoven übertreffen wolle. Für ihn musste Musik große Kunst sein, die durch kathartische innere Einkehr und Seelenqual entstanden war: tiefgründig, düster und schwierig. Chart-Pop war das große Feindbild – vor allem lustige, schmissige Popliedchen, die Titel wie „Let's Go To Bed" trugen.

„Ich würde nie zulassen, dass es aussieht, als würden wir es darauf anlegen, einen Nummer-1-Hit zu haben", erklärte er abfällig dem *NME*. „Das ist doch alles Blödsinn."

Smith hätte sein neustes Werk nicht weniger unterstützen können, wenn er einen Sticker mit der Aufschrift „Bloß nicht kaufen" auf die Platte geklebt hätte. Aber es half nichts. Die Radiomacher, die The Cure normalerweise nicht mit der Kneifzange angefasst hätten,

nahmen den Song in die Heavy Rotation, und das nicht nur in Großbritannien, sondern vor allem auch in den USA.

Das war aber noch nicht alles. Nachdem sie widerwillig und auch nur übergangsweise ihren Sound verändert hatten, erschuf sich die Band auch visuell ein neues Image.

Die Videos zu ihren Songs waren bisher eher unauffällig und halbherzig ausgefallen, in letzter Minute mit der heißen Nadel gestrickt, und die Band hatte sich mit keinem Regisseur besonders gut verstanden. Smiths Schüchternheit war genauso ein Problem gewesen wie seine Überzeugung, die ganze Videogeschichte (wie Popmusik generell) sei unter seiner Würde.

Das änderte sich, als er Tim Pope kennenlernte.

Pope stand zwar noch am Anfang seiner Karriere, hatte aber bereits Clips für Altered Images, Wham! und die Psychedelic Furs gedreht, und Chris Parry hatte ihn ursprünglich wegen seiner beeindruckenden Arbeiten für Soft Cell vorgeschlagen.

Mit Robert Smith verstand er sich auf Anhieb. Smith mochte besonders, dass Popes Videos sich oft hintergründig über die Songs, die sie ins Bild setzten, und über Popmusik insgesamt lustig machten – genau wie er mit „Let's Go To Bed".

„Robert wollte etwas Schräges", berichtete Parry in *Ten Imaginary Years*, „das die anderen Popsongs, mit denen der Titel ja anscheinend konkurrierte, ein bisschen verarschte."

Das gelang Pope perfekt. In seinem phantastischen, surrealistischen Clip tanzte Tolhurst linkisch herum, erst in einem Overall und dann nackt hinter einem Wandschirm, während Smith inbrünstig zwei bemalte gekochte Eier besang, bevor er sie zermatschte, seinen Drummer bemalte und einen Weihnachtsbaum umkippte. Es war ausgeflippt, phantasievoll und … lustig.

GEGENÜBER – Das Cover von „Let's Go To Bed"
OBEN – The Cure treffen auf ihren visuellen Guru, Tim Pope.

Waren das wirklich The Cure?

Robert Smith schien sich selbst unsicher. Er drängte darauf, dass der Song unter einem anderen Namen erscheinen solle – vielleicht unter The Cult Heroes oder Recur? Aber Parry, der befürchtete, dass sich die Band damit selbst ins Knie schießen würde, setzte sich durch – es wurde eine Cure-Single.

Der Song kam im November 1982 in Großbritannien bis auf Platz 44 – ironischerweise nicht einmal so hoch wie die zähe Düsternummer „The Hanging Garden". Aber da er dank Popes Video häufig auf dem neuen amerikanischen TV-Musikkanal MTV zu sehen war, wurde man auch in den USA auf die Single aufmerksam. Vor allem zeigte er, dass The Cure abseits von Schwermut und Verzweiflung noch eine andere Seite hatten – und öffnete damit eine Tür, die sich nie wieder schließen ließ.

Robert Smith wollte allerdings noch immer nichts davon wissen, dass The Cure als Poplieferanten taugten, und eine solche Entwicklung doch noch ausbremsen – und dafür fand er eine effektive Möglichkeit.

Mit dem Banshees-Bassisten Steve Severin verband ihn noch immer eine enge, alkohol- und drogengeschwängerte Freundschaft. Severin hatte sich häufig auf der unglücklichen *Fourteen Explicit Moments*-Tour sehen lassen und auch bei den Sessions zu „Let's Go To Bed" im Studio vorbeigeschaut. Und das nicht nur aus Nettigkeit: Er hatte eine Mission. „Ich drängte Robert ständig, er solle doch The Cure auflösen und zu den Banshees stoßen", gab er später freimütig zu. „Ich versuchte ganz klar, Unzufriedenheit zu wecken."

Jetzt war seine Chance gekommen. Da er merkte, dass Smith mit der neuen Pop-Richtung haderte, machte Severin dem Cure-Sänger ein, wie er hoffte, unwiderstehliches Angebot: Der Banshees-Gitarrist John McGeoch sei gerade ausgestiegen – ob Smith nicht aufhören wolle, mit diesem Kiddie-Pop wie „Let's Go To Bed" herumzufummeln, um wieder anständigen Wave-Rock zu machen und McGeoch zu ersetzen?

Der Schritt bot Smith genau das, was er sich wünschte: die Rückkehr in seine Komfortzone. Zu Chris Parrys Entsetzen sagte er zu. Und war ab sofort wieder ein Banshee.

Sein erster Einsatz kam auf der UK-Tour zum Album *A Kiss In The Dreamhouse*. Sie lief bis Ende 1982, woraufhin er einwilligte, die Banshees auch im Januar und Februar 1983 durch Australien, Neuseeland und Japan zu begleiten.

Zunächst passte es Smith gut, lediglich als Leiharbeiter auszuhelfen. Er genoss es, an den verschiedensten Orten der Welt mit Severin abzuhängen, nicht im Mittelpunkt der Aufmerksamkeit zu stehen und keine kreative Verantwortung zu tragen. Er kam einfach nur auf die Bühne, stöpselte seine Gitarre ein und machte seinen Job.

Er trieb sich immer noch mit den Banshees herum, als „Let's Go To Bed" Anfang 1983 in den USA ein kleiner Hit wurde und in Kalifornien häufig im Radio lief. Jetzt hätte er die Single in Amerika

OBEN – „Würden Sie diesem Mann einen Mantel abkaufen?" Robert Smith, 1983
GEGENÜBERLIEGENDE SEITE – Wieder bei den Banshees – auf der Flucht vor der Popstar-Karriere

promoten sollen, war aber nicht greifbar. Chris Parry fürchtete um die Möglichkeiten und die Dollars, die Fiction so entgehen würden, rief wutschnaubend Smith auf Tour an und drohte, ihn wegen Vertragsbruchs zu verklagen.

Der erzürnte Sänger antwortete mit einem Schwall Drohungen, darunter auch einige körperlicher Natur, und schließlich entschuldigte Parry sich und zog das Ultimatum zurück. Es war einer seiner seltenen taktischen Fehler – denn eigentlich war klar: Irgendwann würden Smith seine eingeschränkten Gestaltungsmöglichkeiten bei den Banshees ohnehin auf die Nerven gehen. Er war schließlich ein ehrgeiziger Künstler, der sich kreativ verwirklichen wollte, und vor allem ein Kontrollfreak. Mit der Rolle als Befehlsempfänger bei der ebenso diktatorischen Siouxsie Sioux war er auf Dauer nicht zufrieden.

Lol Tolhurst war im Gegensatz zu Parry völlig gelassen geblieben.

„Ich wusste immer, dass Robert mit The Cure sein eigenes Ding machen wollte", sagte er Jeff Apter in *Never Enough*. „Deswegen hatte ich nie die Befürchtung, dass er nicht wiederkommen würde. Für mich war das, was er mit den Banshees und mit Steve machte, eine Art musikalischer Urlaub."

Tatsächlich gönnte sich Smith, nachdem er sich seit vier Jahren nur um The Cure gekümmert hatte, noch einen zweiten Urlaub. Nach dem Ende der Banshees-Tour taten er und Severin sich für ein kurzlebige Nebenprojekt zusammen: The Glove.

Das Glove-Album *Blue Sunshine* entstand angeblich während eines höchst angenehmen dreiwöchigen Acid-Trips und war ein psychedelischer Indie-Rock-Spaß, bei dem Jeanette Landrey, die Ex-Freundin des Banshees-Drummers Budgie, den Gesang übernahm. Das Ergebnis klang weder nach den Banshees noch nach The Cure. Smith sprach von einer „phantastischen Zeit", räumte allerdings ein, dass er einen solchen LSD-Overkill nicht so bald wiederholen wolle.

Währenddessen drängte Parry weiter auf die zügige Wiederbelebung von The Cure, um den Erfolg von „Let's Go To Bed" auszunutzen. Das erste kleine Lebenszeichen war ein Auftritt im April 1983 in einer Musiksendung der BBC, *The Oxford Road Show*.

Da Gallup noch immer *Persona non grata* war – nicht, dass man ihm das mitgeteilt hätte, Smith hatte seit dem Tour-Desaster nicht mit ihm gesprochen – und The Cure daher *de facto* nur aus Smith und

Tolhurst bestanden, half Parry, eine Band für den Fernsehauftritt zusammenzustellen.

So stieß Andy Anderson, der früher für die Space-Rocker Hawkwind und die Indie-Popper Brilliant getrommelt und kurz zuvor mit Smith an dem drogengeschwängerten Glove-Album mitgearbeitet hatte, zu The Cure. Derek Thompson von der australischen Industrial-Band SPK sprang als Bassist ein.

Die Produzenten der *Oxford Road Show* wünschten verständlicherweise, dass die Band „Let's Go To Bed" spielte. Das war Smith natürlich viel zu naheliegend und womöglich kommerziell vorteilhaft, so dass er darauf bestand, die finsteren *Pornography*-Songs „One Hundred Years" und „The Figurehead" zu präsentieren.

> „Für mich war das, was er mit den Banshees und mit Steve machte, eine Art musikalischer Urlaub."
>
> LOL TOLHURST

LINKS – Ein überzeugter Banshee – aber nicht für lange.
UNTEN – *Blue Sunshine*, „Like An Animal" und „Punish Me With Kisses" von The Glove

Der Auftritt war dennoch ein Erfolg, und Smith genoss es, wieder mit The Cure zu spielen. Daher sagte er zu, als Parry kurz danach vorschlug, erneut eine Single aufzunehmen.

Mit dem (für sie) neuen Produzenten Steve Nye, der zuvor das Album *Tin Drum* ihrer einstigen Hansa-Records-Kollegen Japan betreut hatte, gingen Smith und Tolhurst nun in die Londoner Jam Studios. Vier Tage später war „The Walk" fertig.

„The Walk" war lupenreiner, köstlicher Electropop, der mit einem herrlich knarzenden Synthi-Riff startete – vielleicht hatte Tolhurst nun doch seine Berufung gefunden? – und dann in schwindelerregendem Delirium davonkreiselte, während der Text … ja, worum ging es da? Smiths Zeilen über heulende Frauen und japanische Babys blieben unergründlich.

Das Video drehte wieder Tim Pope: Dieses Mal trug Tolhurst ein Kleid, während Smith in verschiedenen Outfits in einem wassergefüllten Kinder-Planschbecken kniete und der Kamera so schöne Augen machte, als ob er Videoaufnahmen auf einmal doch nicht mehr ganz so schlimm fände.

Er hätte das zwar sicher nicht hören wollen, aber Robert Smith begann, wie ein Popstar auszusehen.

Bei dem Dreh ergab sich unverhofft eine weitere günstige Entwicklung. Phil Thornalley, der *Pornography* produziert, gegenwärtig aber nichts zu tun hatte, schaute kurz vorbei, und als Smith erwähnte, dass Simon Gallup nicht mehr an Bord sei, erkannte Thornalley seine Chance – schließlich war er nicht nur Produzent, sondern hatte seit seiner Teenagerzeit in verschiedenen Bands Bass gespielt. Als er das Smith gegenüber erwähnte, fragte ihn der Sänger sofort, ob er es bei The Cure versuchen wolle. Thornalley musste nicht lange überlegen.

„Es war der Wunsch nach Ruhm und der Gedanke, in einer Band mitzuspielen, die nicht in Klos, sondern in Clubs spielte", vertraute er Jeff Apter in *Never Enough* an. „Eine Chance, die Welt zu sehen."

„Let's Go To Bed" hatte es schon angedeutet, aber erst mit „The Walk" schlugen The Cure im Juni 1983 eine neue Richtung ein, die für sie alles ändern sollte. Bei der BBC fand man Männer in Frauenkleidern problematisch, und daher sollte bei *Top Of The Pops* das Video nicht gezeigt werden; stattdessen trat die Band zweimal im Studio auf. Nach beiden Malen stieg die Single in den Charts, bis „The Walk" mit Platz 12 seine Spitzenposition in England erreichte – ein echter Pophit, und das von einer Gruppe, die sich selbst immer noch als Kultband betrachtete.

Es gab auch kritische Stimmen. Einige Journalisten wiesen darauf hin, dass das dynamische Synthesizer-Riff sehr stark an das in New Orders Riesenhit „New Monday" erinnerte, der einige Wochen zuvor erschienen war. Die Ähnlichkeit war allerdings Zufall: The Cure hatten ihren Song zuerst aufgenommen.

Jeder andere Künstler wäre über den Aufstieg vom Kultstar zum Popidol in Freudentränen ausgebrochen – Robert Smith natürlich nicht. Er stand der Entwicklung bestenfalls zwiespältig gegenüber, tat aber auch oft genug so, als hätte die radiotaugliche Reinkarnation seiner Band nie stattgefunden. Als sie am 30. Juli als Headliner beim Elephant Fayre Festival in Cornwall auftraten, weigerte er sich jedenfalls, ihre Erfolgssingles zu spielen und ackerte sich lieber durch 18 düstere Songs von *Faith* und *Pornography*.

Es war, wie er später sagte, „die letzte Chance" für eine solche Setlist. Vielleicht verabschiedete er sich – zumindest zeitweilig – von der Version der Band, die er sich ursprünglich einmal vorgestellt hatte.

Immerhin präsentierte die Band ihre gängigen neuen Songs bei einer kurzen Promo-Tournee, die sie nach New York, Toronto und Kalifornien führte, um ihren MTV-Erfolg in Nordamerika auszubauen.

GEGENÜBER – Stur und vielbeschäftigt: Durch Smiths enormes Aufnahmepensum gab es Stress mit Siouxsie Sioux.
OBEN LINKS – Das Cover von „The Walk"
OBEN RECHTS – The Cure als Pop-Duo

> **Plötzlich kreischten lauter Mädchen, als seien wir die Beatles! Es war unglaublich. Ich sah zu Robert hinüber, und er lächelte nur.**
>
> LOL TOLHURST

Nach einer Show in Los Angeles brachte man sie in einen Club in Hollywood und lud sie ein, dort noch ein paar Songs zu spielen.

In diesem Moment, berichtete Lol Tolhurst in *Cured*, sei ihm klar geworden, dass sich in den USA alles für The Cure verändert habe.

*Vor allem erinnere ich mich an den Moment, in dem wir auf die Bühne traten. Wir waren es gewohnt, vor ein paar Reihen ernst dreinblickender junger Männer zu spielen. Vielleicht hatten ein paar ihre Freundinnen dabei, aber unser Publikum war überwiegend männlich.*

*Das war in dem Club anders. Plötzlich kreischten lauter Mädchen, als seien wir die Beatles! Es war unglaublich. Ich sah zu Robert hinüber, und er lächelte nur.*

Vielleicht war es die unerwartete Bewunderung durch so viel Weiblichkeit, die The Cure zu der Erkenntnis brachte, dass ihr neuer Popstar-Status vielleicht doch erträglich sein würde. Auf dem Heimweg von dieser Mini-Tour machten sie einen Abstecher nach Paris und nahmen dort „The Love Cats" auf.

Und damit erzielten sie einen echten Volltreffer. „The Love Cats" war ein Pop-Juwel von höchster Güte. Lebhaft, launig, albern und vor Begeisterung über die eigenen Füße fallend, wand es sich um eine gleichzeitig schlichte und opulente Melodie und war dabei so schwer greifbar und selbstsicher, wie es nur bester Pop je sein kann.

Der Text traf den Nagel auf den Kopf. Der Song bewegte sich selbst wie ein „cagey tiger", war „wonderfully, wonderfully, wonderfully, wonderfully pretty" – und mit seiner unersättlichen Begeisterung Lichtjahre entfernt von *Faith* und *Pornography*.

Natürlich gab es ein Pope-Video dazu, das in einer nächtlichen Session in einem verlassenen Nord-Londoner Anwesen gefilmt wurde und den an Lewis Carroll erinnernden magischen Realismus des Songs betonte. Smith, mit dickem, schwarzem Eyeliner geschminkt, sprang und reckte sich von zahlreichen Katzen umgeben, bis er selbst wie eine Katze wirkte. Lol Tolhurst schlich in einem Katzenkostüm durch die morgendlich verlassenen Straßen.

Es war ein herrlich schräger Spaß, wie geschaffen für die Welt von MTV, Kinderfernsehen und Teenie-Postillen wie *Smash Hits*. Und daher versuchte Robert Smith natürlich gleich wieder, den Titel schlecht zu machen.

Es sei ein „amateurhafter Popsong", erklärte er dem Magazin *Rock & Folk* und beteuerte nicht zum letzten Mal, dass diese umwerfende, charttaugliche Single selbstverständlich eine Parodie auf belanglosen Kommerz-Pop sei.

„‚The Love Cats' ist alles andere als mein Lieblingssong", maulte er. „Beim Komponieren, beim Videodreh, bei der Promotion waren wir besoffen! Das war ein Witz."

OBEN – Das Cover von „The Love Cats"
RECHTS – „Popstars? Wir?"

> Wenn wir frühmorgens aus dem Studio kamen und der Pub geschlossen war, schlossen wir uns die Bar einfach selbst wieder auf.
>
> LOL TOLHURST

Solche Kommentare konnten den Erfolg der Single jedoch nicht aufhalten. Der Song lief auf BBC Radio 1 rauf und runter, The Cure waren im Dauereinsatz bei *Top Of The Pops*, und „The Love Cats“ stieg auf Platz 10 in die UK-Charts ein, um später bis auf 7 vorzurücken.

Chris Parry hatte recht gehabt: The Cure waren perfekt in der Lage, schillernden, faszinierenden Pop zu erschaffen. Nur war Robert Smith alles andere als ein leicht lenkbares Popsternchen. Er haderte noch immer mit dem neuen Cure-Status als kurzlebiges Trendwunder und hatte sich einen Fluchtweg offengelassen: Er war immer noch ein Banshee.

Ende 1983 verzog er sich in die Genetic Studios in Streatley, Berkshire, um dort mit The Cure die ersten Aufnahmen für *The Top* einzuspielen. Gleichzeitig arbeitete er mit Siouxsie And The Banshees in den Eel Pie Studios im West-Londoner Twickenham, eine Autostunde entfernt, an dem Album *Hyæna*.

„Wenn wir mit den Banshees im Eel Pie fertig waren, setzte ich mich in ein Taxi und fuhr nach Streatley“, berichtete er. „The Cure warteten im Pub auf mich, ich trank ein bisschen was, und dann gingen wir ins Studio. Dort fingen wir um zwei Uhr nachts mit den Aufnahmen an, anschließend fuhr ich wieder ins Eel Pie. Ich schlief im Taxi.“

Selbst für jemanden, der sich bester Gesundheit erfreute, wäre das ein hartes Pensum gewesen, und Robert Smith, der sich von Bier, Kokain, Junk-Food und dem starken Magic-Mushroom-Tee ernährte, den Drummer Andy Anderson braute, war nicht bei bester Gesundheit. Dass The Cure ihr Hauptquartier in einem Pub aufgeschlagen hatten, war auch nicht gerade hilfreich.

Smith, Tolhurst und Anderson hatten sich im John Barleycorn Inn einquartiert, gleich um die Ecke von Martin Rushents Genetic Studios. Der Besitzer, der früher bei den Bluesrock-Legenden Ten Years After gespielt hatte, gab ihnen den Schlüssel zur Bar, damit sie sich selbst bedienen konnten, wenn er nicht da war. Und so stand für Smith zu jeder Tages- und Nachtzeit, wenn er aus Twickenham kam, ein Bier bereit.

„Wenn wir frühmorgens aus dem Studio kamen und der Pub geschlossen war, schlossen wir uns die Bar einfach selbst wieder auf“, berichtete Tolhurst in *Cured*. „Die Stammgäste waren wahrscheinlich völlig irritiert, weil wir, wenn morgens geöffnet wurde, noch immer dasaßen, bestes Bitter-Bier schlürften und dabei völlig fertig aussahen.“

Mit typischem Understatement räumte Tolhurst ein, angesichts seines wachsenden Alkoholproblems sei es rückblickend „vielleicht nicht die vernünftigste Idee gewesen“, sich in einem Pub einzumieten. Für Smiths mentales Gleichgewicht war es ebenso wenig förderlich.

Unter dem Druck, mit dem neuen, ungeliebten Popstar-Status zurechtzukommen und mit zweien der größten britischen Indie-Bands der damaligen Zeit zur selben Zeit ein Album aufzunehmen, kam Robert Smith zunehmend ins Schlingern. Nicht zum ersten Mal versuchte er, zu viele Dinge auf einmal zu machen.

Zumindest die Banshees-Sessions hätten eigentlich kein Problem sein sollen. Er war davon ausgegangen, dass er nur Gitarre spielen und weder die musikalische Richtung mitbestimmen noch Songs schreiben sollte, die Dinge also locker angehen konnte. Dem war aber nicht so. Siouxsie, Budgie und selbst sein enger Freund Severin bekamen allmählich den Eindruck, dass er nicht bei der Sache war – und für sein Geld nicht genug leistete. Es kam zu Spannungen.

Wenn er hingegen mit seinen halbbetrunkenen Cure-Kollegen im Genetic war, ruhte alles auf seinen Schultern. „[*The Top*] war größtenteils Roberts Album“, gab Tolhurst später zu.

Aber was für ein Album sollte es werden? Seit den Aufnahmen zu *Pornography* hatten sich The Cure als schräge Pop-Irrlichter neu erfunden, die Popcharts beglückt und sich sogar so weit bei MTV etabliert, dass ein Durchbruch in Amerika denkbar war. Sollte *The Top* nun also nach *Faith*/*Pornography*-Manier wieder ins Herz der Dunkelheit hinabsteigen, oder wollten sie mit der fröhlichen Leichtigkeit zu Werke gehen, die „The Walk“ und „The Love Cats“ kennzeichnete?

Das wusste auch Smith selbst nicht, aber er wollte es um jeden Preis herausfinden. Eine Nacht nach der anderen traf er erschöpft, aufgedreht, nervös und unter dem Einfluss von Koks, Acid, Bier oder was auch immer in Streatley ein, um wild entschlossen an der Platte weiterzuarbeiten.

Als Ko-Produzent fungierte dieses Mal David Allen, der mit Genetic-Besitzer Rushent eng zusammenarbeitete und zuvor das Erfolgsalbum *Dare* von The Human League, aber auch eine Platte der Punkrocker The Members betreut hatte. „Er lag genau auf unserer Linie“, stellte Tolhurst fest.

Allen verstand sich gut mit Smith und sollte noch viele weitere Cure-Alben produzieren. Dennoch vertraute er Tim Pope einmal an, dass Smiths wilde Entschlossenheit in Kombination mit seiner nervlichen Erschöpfung bei der Arbeit an *The Top* zu einigen „erschütternden“ Sessions geführt habe.

Robert Smith, halb düstere Indie-Ikone, halb schillernder Popstar, war in einer schizophrenen Gemütsverfassung, die sich deutlich bemerkbar machte. Das Album war ein einziger Widerspruch: Da es selbst nicht wusste, was es werden sollte, versuchte es, alles auf einmal zu sein. Allerdings mit überraschendem Erfolg.

So derangiert Smith auch war, er schuf tatsächlich eine Platte, die sowohl für die schwarzgekleideten Goths als auch für die Pop-Kids, die zu „The Love Cats“ tanzten, etwas zu bieten hatte und trotzdem nicht nach einem Kompromiss klang. Dafür war *The Top* viel zu seltsam.

Es begann mit einem verrückten Laut – ein Schrei vielleicht, oder ein unheimliches Gelächter? In „Shake Dog Shake“ sang Smith

OBEN LINKS – Das Cover von *Japanese Whispers*
LINKS – „Ich trage gar nicht immer Schwarz!“ Robert Smith, 1984

# THE TOP

„Hinter der demonstrativ zur Schau getragenen Empfindungslosigkeit ist Robert Smith ein sehr netter, wirklich sensibler Typ."

MAT SNOW, *NME*

**TRACKLIST**

**SEITE 1**
Shake Dog Shake
Bird Mad Girl
Wailing Wall
Give Me It
Dressing Up

**SEITE 2**
The Caterpillar
Piggy In The Mirror
The Empty World
Bananafishbones
The Top

**Veröffentlichungsdatum** 22. Mai 1984

**Aufnahmeort** Genetic, Garden Studios und Trident Studios, England

**Produzent**
Produziert und abgemischt von Dave Allen & Robert Smith
Zusätzliche Produktion: Chris Parry

**Line-up**
Robert Smith: Gitarre, Gesang, Bass, Keyboards, Orgel, Geige, Mundharmonika, Blockflöte
Lol Tolhurst: Keyboards
Andy Anderson: Drums, Percussion
Porl Thompson: Saxofon

**Covergestaltung** Parched Art

**Label** Fiction FIXS9

**Höchste Chartposition bei Erstveröffentlichung**
D 44, UK 10, US 180, AUS 55, FRA 18, NLD 12, NZ 23, SWE 31

**Bemerkungen**
Alle Songs von Robert Smith, soweit nicht anders vermerkt. Das Album wurde 2006 wiederveröffentlicht, mit einer zweiten CD, die vier bisher unveröffentlichte Tracks enthielt („You Stayed", „Ariel", „A Hand Inside My Mouth" und „Sadacic", das zu „New Day" umgearbeitet wurde), außerdem drei Live-Tracks sowie Studio-Outtakes und Demos von neun der zehn Original-Songs (und von „Happy The Man" und „Throw Your Foot" von der B-Seite der Single „Caterpillar").

the cure
the top

jedenfalls davon, wie er im Dunkeln aufwachte und sich die Haut mit Rasierklingen zerkratzte. Eher kein MTV-Futter. Das Tempo war getragen, die Stimmung niedergedrückt.

„Bird Mad Girl“ und das schräge, leicht orientalische „Wailing Wall“ gingen stärker in eine psychedelische Richtung, als man es sonst von The Cure gewohnt war; offenbar hatte sich Smith von seinem Acid-Urlaub mit Severin und The Glove doch noch nicht ganz verabschiedet. Beide Tracks hätten auch gut auf *Blue Sunshine* gepasst.

Die wilde Soundattacke von „Give Me It“ klang tatsächlich nach völligem Kontrollverlust, stark geprägt durch Porl Thompsons kreischendes Saxofon – das einzige Instrument auf der Platte, vom Schlagzeug abgesehen, das Smith nicht auch selbst spielte. Danach orchestrierte eine Panflöte beim trügerisch sanften „Dressing Up“ den Abstieg ins mentale Chaos.

Das größte Zugeständnis an die neue, an Duran Duran und Culture Club gewöhnte Hörerschaft war jedoch „The Caterpillar“, der spielerische Nachfolger zu „The Love Cats“ – wieder war es eine Inspiration aus der Tierwelt, die Smith mit melodiöser Leichtgängigkeit verband.

„The Caterpillar“ war zwar eine Art Liebeslied, aber seine Pop-Qualitäten beruhten vor allem auf dem vergnügten Rhythmus und der koketten Unbekümmertheit. Es klang verzückt, ekstatisch, federleicht – ein Popsong, der wild und verrückt aus der Luft gepflückt worden war. Es war tatsächlich schwer nachvollziehbar, dass Smith in seinem aufgekratzten Zustand etwas so Wunderschönes mit einer derart faszinierenden Struktur geschaffen hatte (einer der verrückteren Sounds kam zustande, indem Andy Anderson mit den Handflächen über seine Lederhosen strich).

Der Acid-Pop von „Piggy In The Mirror“ klang wie eine herrliche Single, die statt auf 45 auf 33 rpm lief. Die quasi-militärischen Trommelwirbel von „The Empty World“ funktionierten zwar nicht so recht, weil sie von nicht genügend Song begleitet wurden, bewiesen aber fraglos den Mut und die Experimentierfreudigkeit von *The Top*.

Dem abgehackten, fragmentierten „Bananafishbones“ lag eine Kurzgeschichte von J. D. Salinger zugrunde, und als Letztes folgte der Titelsong des Albums – 7 Minuten düstere, im Schleichtempo vorbeiziehende Atmosphäre, die sich wie 17 anfühlten.

Es war ein äußerst uneinheitliches Album, wie Strandgut, das aus einem mentalen Mahlstrom geborgen worden war – und dennoch marschierten The Cure mit *The Top* weiter dem ungewollten Pop-Erfolg entgegen. Die Kritik fiel wie immer uneinheitlich aus, wie beispielsweise bei Mat Snow vom *NME*.

Er hatte zwar zuvor das Vorurteil gepflegt, dass The Cure „inhaltsleere Düsternis als bedeutungsschwere Intensität ausgaben“, dann aber bei einem persönlichen Treffen mit dem Sänger festgestellt, „dass Robert Smith hinter der demonstrativ zur Schau getragenen Empfindungslosigkeit ein sehr netter, wirklich sensibler Typ ist“.

**LINKS** – Im britischen Fernsehen bei *The Tube*, April 1984

> „Plötzlich dreht man einfach durch und verliert völlig die Bodenhaftung. Ich wurde richtig hässlich, mental hässlich."
>
> ROBERT SMITH

*The Top* mochte eine Lehrstunde in inhaltsleerer Düsternis sein oder auch nicht, die Fans liebten es jedenfalls. Nachdem „The Caterpillar" im März 1984 in Großbritannien die dritte Top-20-Single in Folge geworden war, erreichte das Album im Mai sogar die Top 10.

Zu dieser Zeit hatte Robert Smith eine schwere, lange hinausgezögerte Entscheidung gefällt, die zur Erhaltung seiner geistigen Gesundheit unausweichlich schien. Er war bei den Banshees ausgestiegen.

*Hyæna* erschien nur einen Monat nach *The Top*, und die Banshees fragten bei Smith wegen der bevorstehenden US-Tournee an. Aber der Cure-Sänger war inzwischen ein Wrack, litt unter einer Blutvergiftung und stand kurz vor dem körperlichen und geistigen Zusammenbruch. Alkohol, Drogen, Stress und die Studioarbeit rund um die Uhr forderten ihren Tribut.

„Einen Monat lang schlief ich im Durchschnitt nur zwei Stunden am Tag und trank die ganze Zeit", sagte er dem Magazin *Spin* später. „Wieder rastete ich komplett aus, wie schon bei *Pornography*. Plötzlich dreht man einfach durch und verliert völlig die Bodenhaftung. Ich wurde richtig hässlich, mental hässlich. Eines Morgens wachte ich auf und wusste: Das war's, ich brauche unbedingt Urlaub. Also rief ich die Banshees noch am selben Tag an und sagte: ‚Ich schaffe das einfach nicht mehr.'"

Siouxsie Sioux war als extrem strenge Chefin bekannt, und es spricht für sich, dass Smith, als er ihr seinen Ausstieg verkündete, gleich eine Bescheinigung seines Arztes in Crawley einreichte, laut der er für eine Tour nicht fit sei.

Die Banshees waren mächtig sauer. „Fatboy Smith hat mit dem neuen Album nur so viel zu tun, dass er darauf mitspielt", erklärte Siouxsie kühl in einem Interview. Smiths und Severins Freundschaft bekam einen echten Knacks. Aber entscheidend war: Die hektischen Multitasking-Tage waren vorbei.

Und das war auch gut so. Schon bald würde Robert Smith seine gesamte Energie auf seine eigene Band konzentrieren müssen – The Cure standen vor einem Quantensprung.

## BÜCHERTIPP

**Bananafishbones**
Die Kurzgeschichte *Ein idealer Tag für Bananenfische* erschien in der Sammlung *Neun Erzählungen* von J. D. Salinger. „Der Songtitel leitete sich ohne besonderen Grund von ‚A perfect day for bananafish' von J. D. Salinger ab – wieder ich mit jeder Menge Selbsthass", sagte Smith, wie Cure News 1990 berichtete, ein Newsletter von Fans für Fans.

**Bird Mad Girl**
Inspiriert von *Liebe im Irrenhaus* von Dylan Thomas

LINKS – „Fatboy" Smith hat das Banshees-Gebäude verlassen

RAIDERS
LOS ANGELES
RAIDERS
RAIDERS

# „HALLO AMERIKA!"

Die *The Top*-Welttournee war schon in vollem Gang, als das Album noch gar nicht erschienen war. Nach dem Auftakt in Newcastle im April 1984 tourten The Cure im Frühjahr zunächst durch Großbritannien und dann durch Europa; im Sommer legten sie eine seltene Pause ein.

Als sie im August erneut loszogen, war ein bekanntes Gesicht mit dabei. Porl Thompson, der bei den *The Top*-Aufnahmen als Saxofonist ausgeholfen und schon der Originalbesetzung als Gitarrist angehört hatte, kam als Keyboarder, Gitarrist und Saxofonist mit.

Es war auch Phil Thornalleys Tourdebüt. Da er zurzeit von *The Top* anderweitig engagiert gewesen war und Smith ohnehin sein eigenes Kreativ-Ding hatte durchziehen wollen, war er am letzten Album nicht beteiligt gewesen. Aber jetzt bekam er endlich die ersehnte Chance, mit der Band „die Welt zu sehen".

Wie stets wurden auch auf der *The Top*-Tour Alkohol und Party großgeschrieben, aber es waren nicht Thompson oder Thornalley, die unter der Belastung und dem wilden Leben letztlich zusammenbrachen – es traf vielmehr Andy Anderson.

Schon im Mai in Nizza war er Opfer eines unglücklichen Zwischenfalls geworden, als er in Cargohosen und mit einer laut dröhnenden Boombox auf der Schulter ins Luxushotel der Band marschiert war. Ein Sicherheitsmann, der bei den gut betuchten Gästen an ein solches Verhalten nicht gewöhnt war, sprühte ihm Reizgas ins Gesicht. Desorientiert und außer sich jagte Anderson den Wachmann daraufhin durchs ganze Haus und trat dabei eine Tür ein. Die Polizei nahm ihn vorübergehend fest, und bei seiner Entlassung bekam er die Auflage, die Stadt sofort zu verlassen.

Im Oktober dann, in Tokio, drehte er richtig durch. Nach einem Gig in der Nakano Sun Plaza Hall und einer ausgiebigen Aftershow-Party in einem Club randalierte er im Hotel und griff Leute aus der Cure-Crew ebenso an wie jeden, der ihn zu überwältigen versuchte, was dann schließlich dem Tourmanager gelang, der früher in der Armee gewesen war.

„Man hatte uns gesagt: ‚Oh, nehmt Andy, der ist ein echt guter Drummer'", berichtete Tolhurst in *Never Enough*. „Bloß hatte uns keiner gewarnt, dass er ausflippt, wenn man zu lange mit ihm auf Tour geht."

Smith zeigte zwar viel Verständnis für Andersons Probleme, erkannte aber auch, dass der die Tour nicht weiter mitmachen konnte, und schickte ihn zurück nach London. Damit standen The Cure kurz vor Beginn der US-Tournee ohne Drummer da.

Hier erwies sich Phil Thornalley mit seinen zahlreichen Kontakten aus seiner Zeit als Produzent als echter Segen. Er rief zunächst Mike Nocito an, der als Tontechniker an *Pornography* mitgearbeitet hatte, aber leider schon anderweitig ausgebucht war. Beim zweiten Anruf hatte Thornalley mehr Glück: Von der Arbeit am Album *Talk Talk Talk* der Psychedelic Furs

VORIGE SEITE – The Cure starten in Amerika durch – hier im Aragon Ballroom in Chicago, 1985.
LINKS – Robert Smith, Lol Tolhurst, Andy Anderson und Phil Thornalley backstage in San Francisco, 1983

# CONCERT: THE CURE LIVE

**Veröffentlichungsdatum** 22. Oktober 1984

**Aufnahmeort** Hammersmith Odeon, London, 9.–10. Mai 1984, und Oxford, 5. Mai 1984, mit dem Manor Mobile

**Produzent**
Produziert und abgemischt von Dave Allen & The Cure

**Line-up**
Robert Smith: Gesang, Gitarre
Porl Thompson: Gitarre, Saxofon, Keyboards
Andy Anderson: Schlagzeug
Phil Thornalley: Bass
Lol Tolhurst: Keyboards

**Covergestaltung** Toberr

**Label** Fiction FIXH10, 823 682-1

**Höchste Chartposition bei Erstveröffentlichung**
UK 26, AUS 86, NLD 31, NZ 37

**Bemerkungen**
Alle Songs von Robert Smith, Simon Gallup und Lol Tolhurst, soweit nicht anders vermerkt. Auf der B-Seite der Cassettenversion befand sich das Zwillingsalbum *Curiosity (Killing The Cat) Cure Anomalies 1977–1984*, eine Zusammenstellung seltener, zwischen 1977 und 1984 entstandener Aufnahmen.

**TRACKLIST**

**SEITE 1**
Shake Dog Shake
Primary
Charlotte Sometimes
The Hanging Garden
Give Me It

**SEITE 2**
The Walk
One Hundred Years
A Forest
10:15 Saturday Night
Killing An Arab

**CASSETTE SEITE 2 – CURIOSITY (KILLING THE CAT): CURE ANOMALIES 1977–1984**
Heroin Face
Boys Don't Cry
Subway Song
At Night
In Your House
The Drowning Man
Other Voices
The Funeral Party
All Mine
Forever (Version)

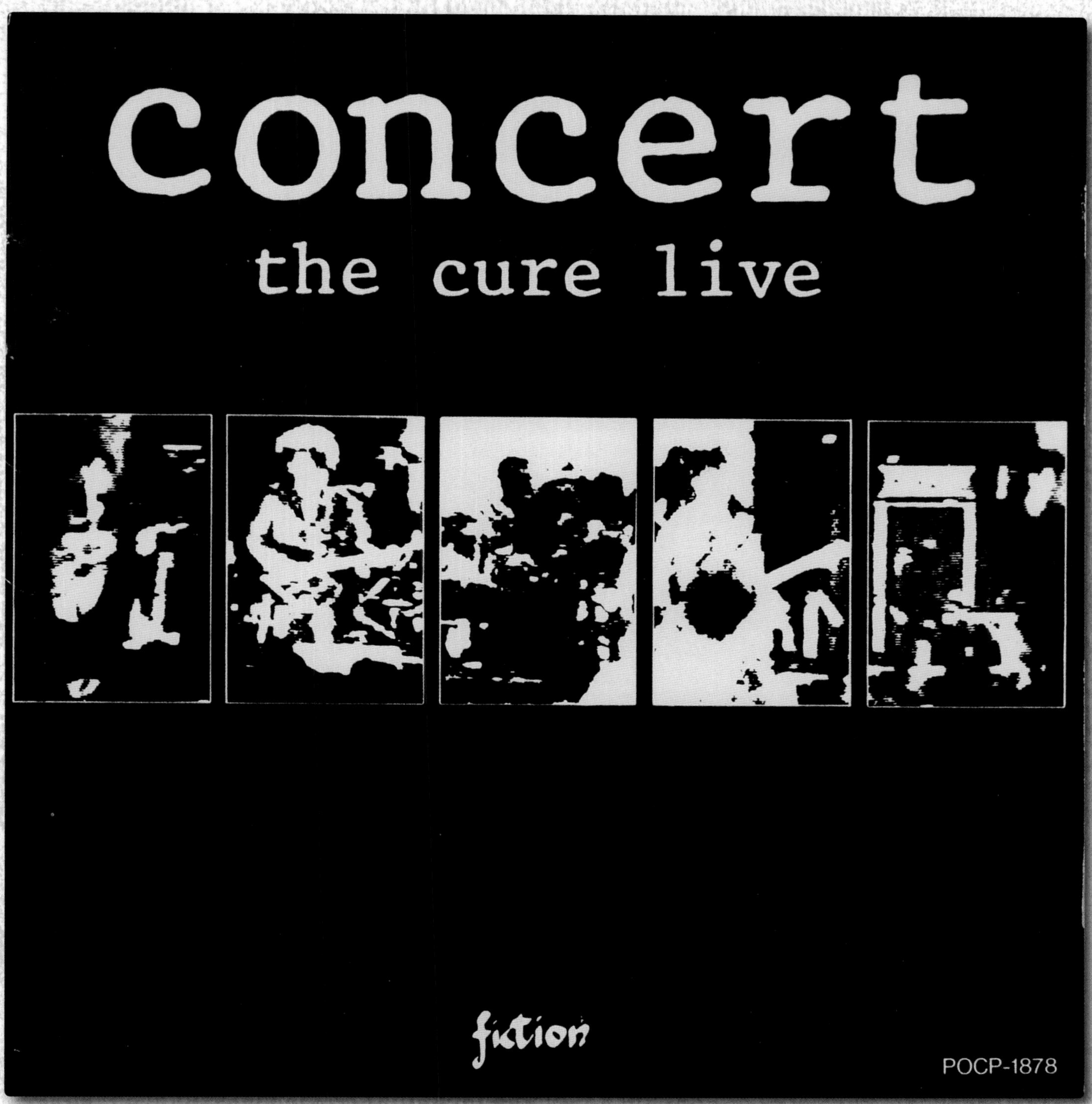
concert
the cure live
fiction
POCP-1878

kannte er deren früheren Drummer Vince Ely, der sich ohnehin gerade in den USA aufhielt und daher gern als Aushilfe für die Termine in Kalifornien einsprang, während die Band einen dauerhaften Ersatz suchte.

Auch der fand sich schließlich über Thornalley: Er hatte bei der Produktion von Kim Wilde und den Chartpoppern The Thompson Twins mit dem Schlagzeuger Boris Williams gearbeitet und nahm Kontakt zu ihm auf.

„Zu Anfang war ich hin- und hergerissen", erinnert sich Williams. „Ich kam gerade von einer US-Tour mit den Thompson Twins und hatte keine große Lust, schon wieder durch Amerika zu ziehen. Aber dann schickten sie mir eine Cassette mit ihrem Material, und als ich sie bei einem der Gigs mit Vince Ely erlebte, gefielen mir die Show und die Musik sehr. Schließlich ging ich die Songs mit der Band bei einem der Soundchecks durch und sagte: Okay, ich bin dabei."

Die Atmosphäre auf der Cure-Tour war, wie Williams feststellte, völlig anders als bei seinen früheren Brötchengebern. „Bei den Thompson Twins war ich schlicht als Begleitmusiker angeheuert, und bei den Gigs kam viel Musik vom Band", berichtet er. „The Cure spielten alles live, und daher fühlte ich mich sofort als Teil des Teams. Alle verstanden sich großartig."

Dass er Williams an Bord holte, war eine von Thornalleys letzten Aktionen für The Cure. Er hatte viel Spaß mit ihnen auf Tour gehabt, aber nach der Rückkehr nach England nahm er seinen Hut. „Das Tourneeleben ist nichts für schwache Nerven", sagte er Jeff Apter in *Never Enough*. „Man sitzt ständig im Flugzeug und achtet nicht auf sich – da kann man schnell unter die Räder kommen."

Für Thornalley stand allerdings sofort ein Ersatzmann parat – und zwar ein alter Bekannter.

Nach seinem Riesenstreit mit Smith auf Tour und dem anschließenden Rauswurf hatte Simon Gallup in Crawley seine Wunden geleckt und mit Matthieu Hartley eine Band namens The Cry gegründet. Ohne Hartley, aber mit Ex-Cure-Roadie Gary Biddles als Sänger wurde daraus Fools Dance, die zwei EPs veröffentlichten – eine davon sogar mit Stranglers-Bassist Jean-Jacques Burnel als Gastmusiker –, aber nicht wirklich durchstarteten.

Gallup, der noch dazu eine schmerzhafte Scheidung durchmachte, saß abends gelegentlich mit Biddles im Pub und verfolgte mit nicht wenig Neid und Bitterkeit, wie der Stern von The Cure richtig aufging. Natürlich dachte er, wie er später zugab: *Da hätte ich dabei sein sollen.*

Dabei vermisste Gallup nicht nur die Band, sondern auch die enge Freundschaft mit seinem Seelenverwandten, Robert Smith. Die beiden weigerten sich allerdings standhaft, sich wieder zu vertragen, bis Biddles schließlich Weihnachten 1984 die Initiative ergriff, Smith vom Pub aus anrief und fragte, ob er nicht auf einen Drink vorbeikommen wolle.

Und tatsächlich: Offenbar hatte Smith seinen alten Freund ebenso vermisst. Jedenfalls sagte er zu.

„Die beiden trafen sich bei mir zu Hause und begrüßten sich erst mal ziemlich zurückhaltend", berichtete Biddles in *Ten Imaginary Years*. „Nach ein paar Bier sprachen sie wieder miteinander."

Smith gab später zu, dass er schon bei den Sessions zu *The Top* an Gallup gedacht, aber sich noch nicht zu einer Versöhnung habe durchringen können. Doch nun war Gallups Rückkehr zur Band beschlossene Sache.

„Für mich ist Simon immer der Bassist von The Cure gewesen, ohne allen anderen, die diesen Posten zwischenzeitlich innehatten, zu nahe treten zu wollen", sagte Tolhurst später. „Er ist gerade live eine gute Projektionsfläche für Roberts Bühnenpersönlichkeit und hat ein absolut solides Rhythmusgefühl."

Gallup war nicht der einzige Rückkehrer aus frühen Tagen – auch Porl Thompson, dem die Tour viel Spaß gemacht hatte, kam als Vollmitglied zurück. Und Boris Williams bekam von Smith das Angebot, fest bei The Cure einzusteigen.

„Ich hatte schon große Lust, aber ich verdiente bei den Thompson Twins ziemlich gut, und im Vergleich gab es bei The Cure weniger Geld", gibt er zu. „Sie waren ja doch eher noch eine Kultband. Aber letztlich dachte ich, es macht bei ihnen so viel Spaß – da ist das Finanzielle dann doch auch egal."

Es war diese fünfköpfige Besetzung, die für viele Fans später als das klassische Cure-Line-up gelten sollte. In dieser Formation gelang The Cure der große Durchbruch.

Sie kamen zunächst in einem Londoner Studio zusammen, und Smith spielte ihnen eine Demo-Cassette mit den Songs vor, die er für das nächste Album geschrieben hatte, *The Head On The Door*. Anschließend ging es für die Aufnahmen in die Angel Studios im Norden der Stadt, wobei David Allen neben Smith wieder die Koproduktion übernahm.

Anders als bei früheren Alben war Smith bei *The Head On The Door* als einziger Songwriter eingetragen. Dennoch lief der Entstehungsprozess Boris Williams zufolge größtenteils demokratisch ab.

„Robert hatte zwar den größten Teil des Albums schon fertig geschrieben, aber er wollte trotzdem, dass jeder seine Ideen einbringt. Sicher, er hatte das letzte Wort – aber er hat allen wirklich zugehört."

Verglichen mit den stressigen, betäubten, nächtlichen Sessions von *The Top* gestalteten sich die Aufnahmen zum Nachfolger relativ entspannt. Im Studio fuhr eine Spielzeugeisenbahn auf ihren Schienen durch den Raum, und ihre Wagen wurden gern mit Alkohol übergossen und angezündet.

Dieses Mal stand allerdings wieder ein Bandmitglied am Abgrund – Lol Tolhurst. Bei den früheren Alben hatte er zumindest noch ein paar Ideen beigesteuert, aber jetzt bestand sein einziger Beitrag darin, sich jeden Tag mit den Biervorräten in den Angel Studios ins Koma zu trinken.

RECHTS – Eine Kultband kurz vor dem großen Durchbruch

„Sie waren ja doch eher noch eine Kultband. Aber letztlich dachte ich, es macht bei ihnen so viel Spaß – da ist das Finanzielle dann doch auch egal."

BORIS WILLIAMS

OBEN – Lol Tolhurst, mit dem Rücken zur Wand, 1985

„Jeden Morgen erschien ich dort mit dem festen Vorsatz, nüchtern zu bleiben, aber das fiel mir immer schwerer", gab er in *Cured* zu. „An den meisten Abenden wurde ich ins Taxi gesetzt und nach Hause gefahren, weil ich viel zu blau war, um etwas tun zu können."

„Er trank am Tag eine halbe Flasche Schnaps", sagte Smith 2003 dem *Mojo*. „Meist trugen wir Lol gegen acht in ein Taxi; mit den Aufnahmen hatten wir da noch gar nicht angefangen. Es war traurig, ich wurde so sauer auf ihn. Er hat sich nie mit der neuen Technik angefreundet. Bei *The Head On The Door* mussten wir für den Emulator jemanden von außen dazuholen. Lol saß daneben und hat sich besoffen, während ein anderer seinen Job machte."

Abgesehen von Tolhurst waren The Cure bei den Aufnahmen ausgesprochen selbstsicher und konzentriert. Smith, inzwischen wieder voll in Form, wollte zwar die emotionale Intensität der Platte auf keinen Fall schwächen, hatte aber seine Vorbehalte gegen Popmusik und schöne Melodien völlig abgelegt.

„Ich wollte dunkle Songs und Popsongs auf einer Platte kombinieren", erklärte er. „Ich wusste, dass es Leute gab, die bereit waren, sich auf beides einzulassen."

Das Selbstbewusstsein von *The Head On The Door* zeigte sich bereits beim ersten Track, „In Between Days", dessen erste Worte zumindest auf dem Papier direkt auf die existenziellen Ängste von *Faith* oder *Pornography* zu verweisen schienen: „Yesterday I got so old", jammerte Smith, „I felt like I could die ..."

Doch während er diese Worte früher in schwarze, wirbelnde Ranken musikalischer Verzweiflung gekleidet hätte, purzelten sie jetzt über muntere Synthesizer-Schichten und eine Gitarrenfigur, die gewagt nach Flamenco klang. Smith hatte einen neuen Pop-Trumpf mit Kommerz-Appeal geschaffen – das wurde allmählich zur Gewohnheit.

Allerdings ging es nicht durchgängig so fröhlich zu. Der nächste Titel, „Kyoto Song", erzählte schon zu Beginn von „death in a pool" und erinnerte daran, dass Pop-Träumereien von The Cure meist in einen Albtraum mündeten. Aber selbst dieses dunkle Juwel hatte eine bestechende Melodie.

Und so ging es weiter: „The Blood", „Six Different Ways" und selbst „The Baby Screams" waren insgesamt dunkle Meditationen, die mit auffällig zugänglicher Musik verbrämt waren. Machte sich Smith jetzt die Pop-Leichtigkeit zunutze, statt sich hochmütig von ihr abzuwenden?

So schien es zumindest, obwohl The Cure immer dann zu den größten Höhenflügen ansetzten, wenn Smith sich mit Pop-Sounds nicht nur arrangierte, sondern sie in eine liebende Umarmung zog. Und daher war für viele der eigentliche Höhepunkt von *The Head On The Door* das kapriziöse, umwerfende „Close To Me".

Dieser federleichte, schwer greifbare und intensive Single-Glücksgriff sollte zu einer der Erkennungsmelodien der Band werden, obwohl Smith dem Song zunächst zwiespältig gegenüberstand.

„Es ist komisch, denn auf den ersten Blick ist ‚Close To Me' nicht einer unserer besten Songs", sagte er dem Magazin *Q* für die Sonderausgabe *1001 Best Songs Ever*. „Es ist ein etwas surrealer Moment auf der Platte, und lange war gar nicht klar, ob er es aufs Album schaffen würde. Als ich dann aber den Gesang aufnahm und der in der Produktion so extrem und klaustrophobisch wurde, erwachte er richtig zum Leben. Bis dahin war er Durchschnitt."

Das geschliffene Endprodukt war alles andere als das. Dennoch war *The Head On The Door* trotz „In Between Days" und „Close To Me" keine fröhliche Pop-Platte. Kenner der Band wussten längst, dass Robert Smith nie zugelassen hätte, dass The Cure sich weit von der Auseinandersetzung mit inneren Abgründen entfernten. Und um das Gleichgewicht wiederherzustellen, folgte als letzter Titel mit „Sinking" ein fünfminütiger düsterer Exkurs über körperlichen Verfall und Sterblichkeit – wie um die Fans daran zu erinnern, dass sie immer noch ein Werk von The Cure vor sich hatten.

Für die erste Single des Albums, „In Between Days", wandten sich The Cure wieder an ihren Video-Guru Tim Pope. Smith schwebte diesmal eine Live-Optik vor, die besonders lebhaft und dynamisch ausfallen sollte, und Pope setzte das mit fluoreszierenden Effekten um,

„Es ist komisch, denn auf den ersten Blick ist ‚Close To Me' nicht einer unserer besten Songs."

ROBERT SMITH

RECHTS – „‚Close To Me'? Allenfalls Durchschnitt!"

die um die Musiker herumwirbelten, was nur begrenzt die gewünschte Wirkung hatte.

„Roberts Anweisung war, dass es frisch und schwungvoll aussehen sollte", erklärte Pope Alexis Petridis vom *Mojo* 2003. „Die fluoreszierenden Elemente sollten einen verschwommenen Farbeffekt haben, aber als wir das Video zurückbekamen, sahen sie aus wie bunte Socken. Robert war echt sauer."

Aber Socken hin oder her, Smith und der Großteil der Band trugen inzwischen die hoch auftoupierten Vogelnest-Frisuren und das Pandabären-Make-up, der trinkfeste Sänger hatte seit seinen letzten öffentlichen Auftritten ein paar Kilos zugelegt, und damit zementierte dieses Video das typische Image, das Millionen von Musikfans von nun an mit der Band in Verbindung bringen sollten.

„In Between Days" erschien im Juli und setzte mit einem soliden 15. Platz ihre Erfolgsserie in den britischen Charts fort. *The Head On The Door* folgte einen Monat später und erntete begeisterte Kritiken. Chris Roberts von *Sounds* lobte Smiths offensichtliche neue Sorglosigkeit und erklärte, angesichts dieser Platte wünsche man sich, „dass mehr Popstars hip genug wären, den ganzen Tag im Bett zu bleiben". Der *Record Mirror* schätzte vor allem die „breiter angelegte, reifere musikalische Herangehensweise".

„Er hat die Zwangsjacke grüblerischer Depression, die *Faith* prägte, abgestreift und die Klaustrophobie von *Pornography* überwunden ... um sich nun als harmloser Exzentriker unter uns zu mischen."

STEVE SUTHERLAND, *MELODY MAKER*

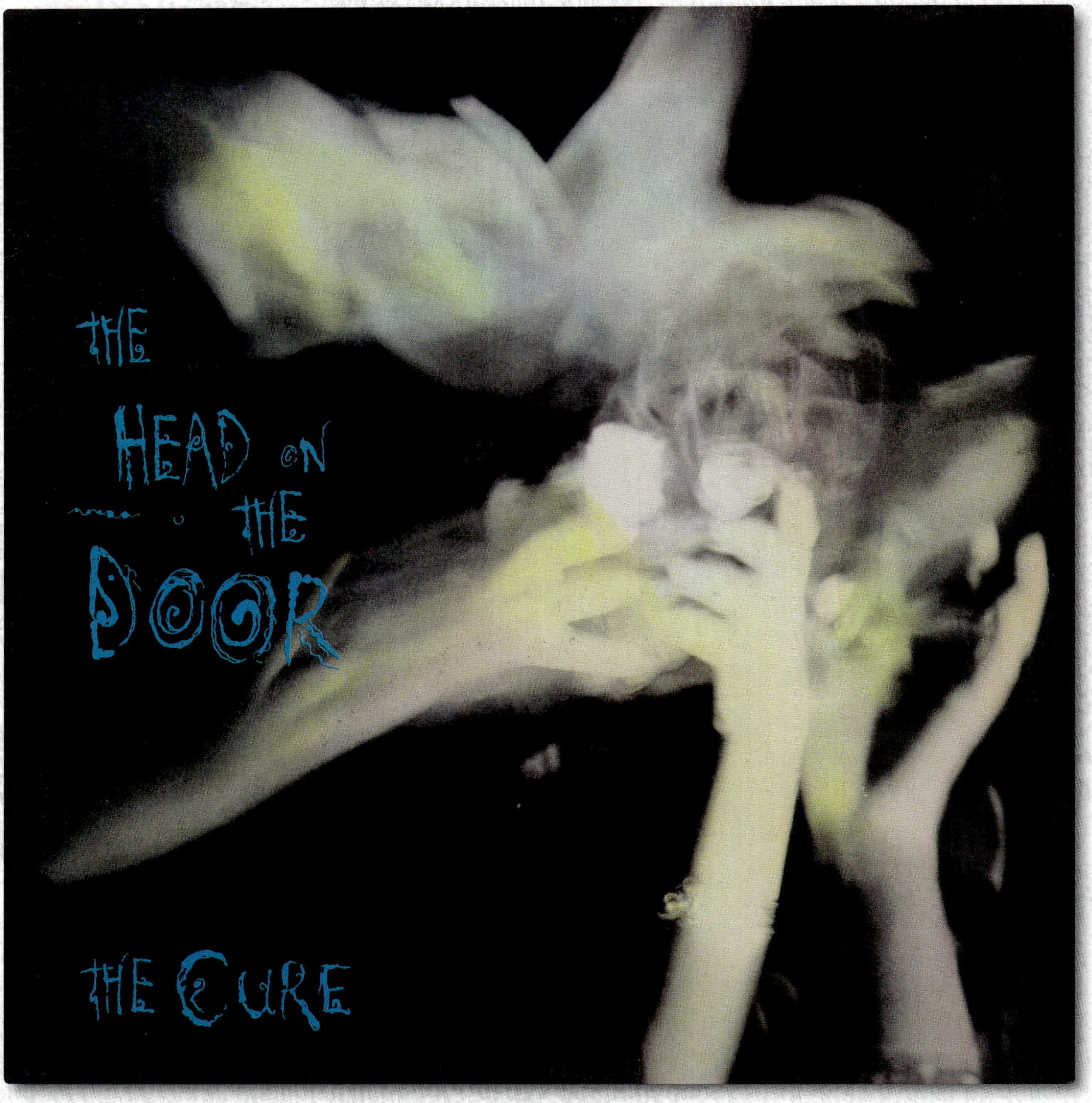
THE
HEAD ON
THE
DOOR
THE CURE

# THE HEAD ON THE DOOR

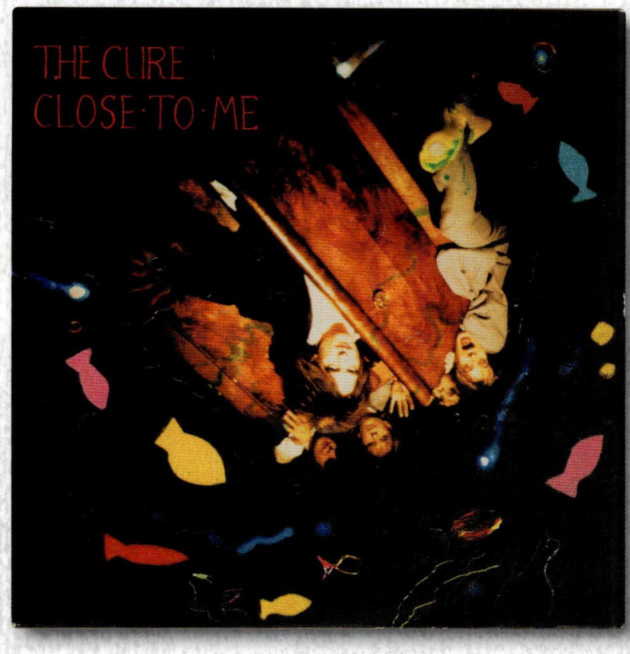


**Veröffentlichungsdatum** 26. August 1985

**Aufnahmeort** Angel Studios, London

**Produzent**
Produziert und abgemischt von Dave Allen & Robert Smith

**Line-up**
Robert Smith: Gesang, Gitarre, Keyboards, 6-Saiter-Bass
Lol Tolhurst: Keyboards
Porl Thompson: Gitarre, Keyboards
Simon Gallup: Bass
Boris Williams: Drums, Percussion

**Covergestaltung** Parched Art

**Label** Fiction FIXH 11

**Höchste Chartposition bei Erstveröffentlichung**
D 15, CH 14, UK 7, US 59, AUS 6, FRA 6, NLD 3, NZ 11, SWE 24

**Bemerkungen**
Alle Songs von Robert Smith. Eine Coverversion von „A Night Like This" erschien 1996 auf dem Re-Release der Smashing-Pumpkins-Single „Bullet With Butterfly Wings". 2006 wurde das Album von Universal über die Labels Fiction Records/Polydor Records, digital remastert, wiederveröffentlicht und um verschiedene Demos und Livetracks aus seiner Zeit ergänzt. Dazu zählten Demos der vier B-Seiten zum Album („The Exploding Boy", „A Few Hours After This", „A Man Inside My Mouth" und „Stop Dead") sowie vier bisher unveröffentlichte Songs. Bei den übrigen Tracks handelte es sich um Demos oder Live-Versionen der zehn ursprünglichen Albumtitel.

## TRACKLIST

**SEITE 1**

In Between Days
Kyoto Song
The Blood
Six Different Ways
Push

**SEITE 2**

The Baby Screams
Close To Me
A Night Like This
Screw
Sinking

Der langjährige Cure-Intimus Steve Sutherland fand viel Liebenswertes am jüngsten Cure-Werk.

„Robert Smith hat sich in den letzten eineinhalb Jahren in eine beneidenswerte, aber gefährliche Position gebracht", schrieb er. „Wir wissen nicht mehr, was wir von ihm erwarten sollen. Er hat die Zwangsjacke grüblerischer Depression, die *Faith* prägte, abgestreift und die Klaustrophobie von *Pornography* überwunden … um sich nun als harmloser Exzentriker unter uns zu mischen."

Abgesehen vom einen oder anderen kleinen Kritikpunkt – seiner Meinung nach war das Album emotional weniger kohärent als einige frühere Platten – kam Sutherland zu dem Schluss, dass *The Head On The Door* „eine Art Perfektion" darstelle. Der *Melody Maker* kürte es später zur Platte des Jahres 1985.

Der wachsenden Bekanntheit der Band in den USA gemäß, erschien auch eine Kritik im *Rolling Stone*, der allerdings bemängelte, dass der Rest der Platte hinter dem „gewinnend freundlichen" „In Between Days" zurückbleibe. Den Cure-Fans war allerdings egal, was die Kritiker sagten.

*The Head On The Door* brachte The Cure in den USA entscheidend voran, erreichte Goldstatus und Platz 59 der Charts. In Großbritannien kam es bis auf Platz 7, die bisher höchste Notierung für die Band. Es war schon erstaunlich, was man mit ein paar silberhellen Popsongs erreichen konnte.

„Ich wollte uns ein größeres Publikum erschließen", gab Smith Jahre später offen zu. „Nicht, weil ich bekannt sein wollte – ich wollte, dass uns mehr Leute hören."

MTV erwies sich dabei als sehr hilfreich. Der amerikanische Musikfernsehsender konnte von Tim Popes Cure-Videos nicht genug bekommen – und jetzt legte die Band ihr wohl Bekanntestes nach.

„Close To Me" bot sich als zweite Single-Auskopplung aus *The Head On The Door* überdeutlich an. Bei der Vorbesprechung mit Pope erwähnte Smith eine Idee, die lose auf einem seiner Träume basierte und in dem die Band, in einem Schrank eingepfercht, von der Kalkstein-Klippe Beachy Head an der englischen Südküste stürzte, einem bekannten Ort für Selbstmorde.

Pope nahm die Idee auf. Für die Studioaufnahmen sperrte er die Band in einen Schrank, in den schon allein ihre Frisuren kaum hineinpassten, und gab jedem von ihnen genaue Anweisungen.

Lol Tolhurst fingerte auf einem Miniatur-Keyboard herum, Porl Thompson zupfte auf einem Kamm. Da für ein Schlagzeug kein Platz war, klatschte Boris Williams in die Hände. Simon Gallup hatte es richtig übel getroffen: Er war gefesselt und hatte eine Glühbirne im Mund.

Robert Smith hingegen blickte beim Singen wild um sich und spielte mit kleinen Fingerpuppen; sie stellten die anderen Bandmitglieder dar, die sich dann entsprechend bewegten. Ein kleiner Seitenhieb des Regisseurs auf die Kontrolle, die Smith im realen Leben auf die Band ausübte?

Bei allem Humor und aller Komik ließ Pope die Szene immer dunkler und klaustrophobischer werden: Es war beinahe eine Erleichterung, als der Schrank von der Klippe ins Meer stürzte. Am Ende des Videos schien die Band zu ertrinken. Bemerkenswerterweise war es dem Regisseur damit gelungen, The Cure als lustig und exzentrisch zu porträtieren (Beschreibungen, die nie auf *Faith* oder *Pornography* gepasst hätten), aber gleichzeitig ihre dunkle Unterströmung durchscheinen zu lassen. „Close To Me“ wurde schnell zu einem der ikonischsten Popvideos des 20. Jahrhunderts.

Im Musikgeschäft sorgte „lustig“ und „exzentrisch“ für deutlich bessere Ticketverkäufe als „dunkel“ und „unheilschwanger“. Das war bei The Cure nicht anders. Als ihre *Head*-Tour in Großbritannien begann, spielten sie in deutlich größeren Venues als früher – unter anderem in der größten Arena, die London zu bieten hatte: Wembley.

In Amerika war das genauso.

> „Ich wollte uns ein größeres Publikum erschließen. Nicht, weil ich bekannt sein wollte – ich wollte, dass uns mehr Leute hören.“
>
> ROBERT SMITH

GEGENÜBERLIEGENDE SEITE – Alle in Muttis Selbstgenähtem – The Cure verwandeln sich fürs französische Fernsehen.
OBEN – Die Cover von *Quadpus* und *Half An Octopus*

> „Wir hatten in Clubs gespielt, die 1000 Zuschauer fassten. Als wir ein Jahr später zurückkehrten, füllten wir 12.000er-Arenen."
>
> BORIS WILLIAMS

„Auf der *The Top*-Tour hatten wir in Clubs gespielt, die 1000 Zuschauer fassten. Als wir ein Jahr später zurückkehrten, füllten wir 12.000er-Arenen", erinnert sich Boris Williams. „Es war ein wirklich großer Sprung."

Das war es ganz sicher. Die *Head*-Tour führte auf der zweiwöchigen Nordamerika-Strecke durch Arenen in Seattle, San José und Toronto und fand ihren Abschluss in der Radio City Music Hall in New York. Der Aufstieg von The Cure in den USA führte sie in immer größere Höhen – ebenso wie in Europa.

„Als wir die Europa-Tournee im Dezember beendeten, spielten wir überall in riesigen Arenen", schrieb Tolhurst in *Cured*. „In Enormodomes, wie es bei Spinal Tap hieß."

Über den Vertrag, den The Cure mit Fiction Records hatten, waren sie mit Polydor verbunden, und das Major Label war viel zu gewieft, um aus dieser kommerziellen Explosion keinen Profit zu schlagen. Ende des Jahres 1985 erklärte man der Band, man wolle ein Greatest-Hits-Album veröffentlichen.

Da Smith sich bewusst war, dass er das nicht verhindern konnte, und befürchtete, Polydor könnte bei der Zusammenstellung oder dem Design danebenliegen, beschloss er, sich selbst voll in das Projekt einzubringen. Er erdachte den Titel, *Standing On A Beach*, das Konzept für das Coverfoto, das den alten Fischer John Button zeigte, und nahm eine neue, geschliffene Version des frühen – verhinderten – Cure-Hits „Boys Don't Cry" auf.

Und tatsächlich, bei der neuerlichen Veröffentlichung im April 1986 setzte sich der Titel durch, kam in Großbritannien auf Platz 22 und in Deutschland sogar auf Platz 19 der Charts. Detailversessen wie immer bemühte Smith für das Video sogar das Original-Line-up von damals – sich selbst, Tolhurst und einen sehr überraschten Michael Dempsey.

Fiction hatte längst begriffen, welch entscheidende Rolle Tim Pope für den Cure-Erfolg gespielt hatte, und daher wurde begleitend zu *Standing On A Beach* die Video-Compilation *Staring At The Sea* veröffentlicht – ein genialer Marketing-Schachzug.

Auch, wenn Robert Smith es vielleicht anders sah: Viele Pop-Hörer betrachteten The Cure als großartige Singles-Band, von deren düstereren Alben sie zwar vielleicht wussten, die sie aber weniger spannend fanden. Für diese Fans war ein Greatest-Hits-Album genau das Richtige.

*Standing On A Beach* schoss in den britischen Album-Charts sofort auf Platz 4, in Deutschland auf 11. Die Band feierte das mit einem Headliner-Auftritt beim Glastonbury-Festival vor 100.000 Zuschauern.

„Wir standen kaum auf der Bühne, da fing es an zu regnen", erinnert sich Boris Williams. „Aber es war ein phantastisches Erlebnis."

Die Position als Headliner bewies das enorme kommerzielle Standing der Band, zeigte aber auch erneut Smiths berühmt-berüchtigte sture Verweigerungshaltung. Statt sich beim Publikum anzubiedern,

GEGENÜBERLIEGENDE SEITE – The Cure rücken in die großen Arenen vor – hier im Ahoy in Rotterdam, November 1985.
LINKS – Das Video-Cover von *Staring At The Sea*
RECHTS – In New York, 1986

# STANDING ON A BEACH

**TRACKLIST**

**SEITE 1**

Killing An Arab
Boys Don't Cry
Jumping Someone Else's Train
A Forest
Primary
Charlotte Sometimes
The Hanging Garden

**SEITE 2**

Let's Go To Bed
The Walk
The Lovecats
The Caterpillar
In Between Days
Close To Me
Sinking

**Veröffentlichungsdatum** 6. Mai 1986

**Aufnahmezeit und -ort** 1978 bis 1985, England

**Produzent**
Produziert von Chris Parry (Titel A1–A3, B1, B3, B4), Dave Allen (B4–B6), Mike Hedges (A4–A6), Robert Smith (A4–A6, B3–B6)

**Line-up**
Robert Smith: Gesang, Gitarre, Keyboards (A6–B3, B5, B6)
Michael Dempsey: Bass (A1–A3)
Simon Gallup: Bass (A4–A7, B5. B6)
Lol Tolhurst: Drums (A1–A7), Keyboards

**Covergestaltung** Parched Art

**Label** Fiction FIXH12

**Höchste Chartposition bei Erstveröffentlichung**
D 11, CH 11, UK 4, US 48, AUS 13, FRA 5, NLD 6, NZ 3, SWE 27

**Bemerkungen**
Alle Songs von Robert Smith, sofern nicht anders angegeben. Auf der Cassettenversion waren dieselben Titel enthalten wie auf dem Vinyl, aber auch die B-Seiten, die bisher noch auf keinem Album vertreten gewesen waren – abgesehen von „10:15 Saturday Night" von der „Killing An Arab"-Rückseite (zuvor bereits auf *Three Imaginary Boys*), „Plastic Passion" von der „Boys Don't Cry"-Rückseite (zuvor bereits auf der Compilation *Boys Don't Cry*) und die fünf B-Seiten von „The Walk", „Let's Go To Bed" und „The Love Cats" (zuvor bereits auf der Compilation *Japanese Wispers*).

THE CURE · STANDING ON A BEACH · THE SINGLES

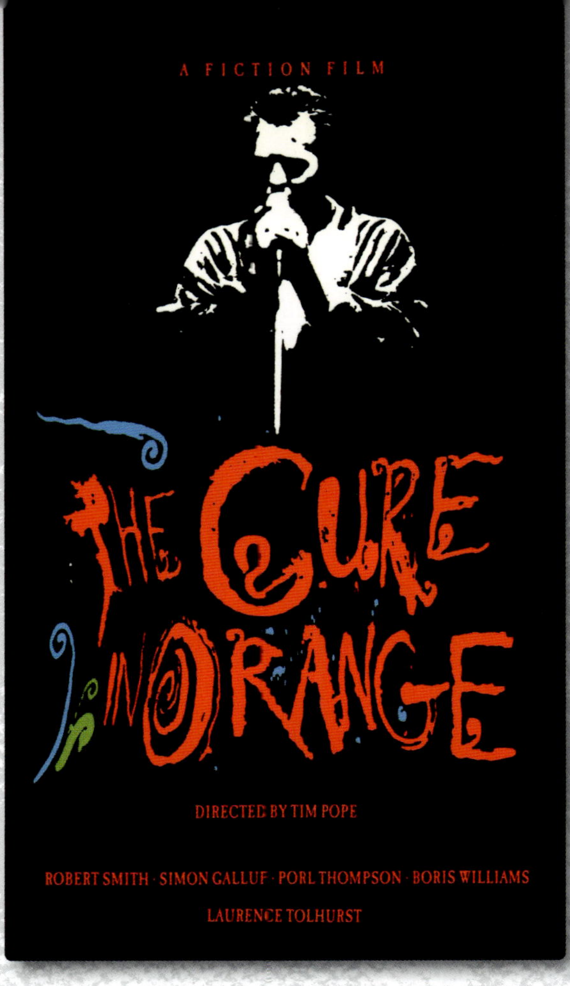


blieb er noch unbeweglicher als sonst vorm Mikrofon stehen und spielte als Zugabe „Faith“ und „Pornography“.

Aber vermutlich hätte er zu dieser Zeit in gepunkteten Pumphosen auf die Bühne kommen können, ohne den stetigen Aufstieg seiner Band zu bremsen. Im Juli kehrten The Cure in die USA zurück und bewarben die neue Compilation auf der dreiwöchigen *Beach Party*-Tour in ähnlich großen Hallen wie schon wenige Monate zuvor.

Am 27. Juli kam es beim Konzert im Los Angeles Forum zu einem unglücklichen Zwischenfall, als sich ein verwirrter 38-jähriger namens Jonathan Moreland, der nach einem zehnjährigen Psychiatrie-Aufenthalt gerade entlassen worden war, wiederholt mit einem Jagdmesser verletzte, „um ein Mädchen zu beeindrucken“.

Die Cure-Legende will wissen, dass der Mann starb; so steht es auch in einigen Band-Biografien. Tatsächlich gelang es den Sanitätern jedoch, sein Leben zu retten, bevor die dann Show mit Verspätung beginnen konnte.

Abgesehen davon war die *Beach Party*-Tour ein voller Erfolg, wobei Smith „Faith“ als letzte Zugabe schon bald durch „Killing An Arab“ ersetzte – was allerdings auch als widerspenstige Sturheit verstanden werden konnte.

Acht Jahre zuvor hatte der Titel bereits in Großbritannien große Diskussionen ausgelöst, und nun geschah das auch in den USA; die American Arab League verurteilte ihn scharf. Das Label Elektra, bei dem The Cure unter Vertrag standen, bat Smith sogar, den Titel von *Standing On A Beach* zu entfernen, aber der Sänger weigerte sich und schrieb stattdessen eine Gegendarstellung, die als Aufkleber auf der Platte prangte:

*Der Song „Killing An Arab“ hat absolut keinen rassistischen Hintergrund, sondern verurteilt jegliche Vorurteile und daraus folgende Gewalt. The Cure wollen damit keinerlei anti-arabischen Tendenzen Vorschub leisten.*

Die Fans lasen den Aufkleber, zuckten die Achseln und kauften die Platte. Anfang 1987 wurde sie in den USA mit Gold ausgezeichnet, und dreißig Jahre später kassierte sie Doppelplatin. Es war dieses Greatest-Hits-Album, mit dem The Cure der Durchbruch in Amerika gelang.

„*Standing On A Beach* war ein Riesenerfolg“, bestätigte Smith später. „Alles, was ich mir je zu tun erträumt hatte, wurde wahr. Plötzlich erkannte ich, dass ich mit dieser Band unendliche Möglichkeiten besaß.“

Die Welt lag The Cure zu Füßen. Sie konnten tun, was sie wollten … und daher nahmen sie das extravaganteste, vielseitigste,

OBEN LINKS – Backstage beim Glastonbury Festival, 1986
OBEN RECHTS – Das Video-Cover von *The Cure In Orange*
GEGENÜBERLIEGENDE SEITE – The Cure surfen auf der Erfolgswelle ihres Greatest-Hits-Albums

BUDWEISER & AVALON
PRESENT
THE
CURE
IN CONCERT
ARLINGTON
THEATRE
1317 STATE ST.
JULY
25
1986
FRIDAY
8:00 PM
SANTA BARBARA. CA
ADVANCE TICKET $ 17.50
VINTAGE ROCK POSTER Design by LUCA MALAGÒ

schwächste und ausuferndste Album ihrer Karriere auf. Einfach, weil sie es konnten.

Dieses Mal kehrte die Band London den Rücken und fand sich im Herbst 1986 vielmehr im modern ausgestatteten Miraval-Komplex in Südfrankreich ein. Das Studio, das auf dem Gelände eines provenzalischen Chateaus aus dem 17. Jahrhundert in einem Weinanbaugebiet lag, bot einen Swimmingpool, ein Spielzimmer ... und völlige Einsamkeit.

„Es war mitten auf dem Land", sagt Boris Williams. „Wir übernachteten in Nebengebäuden und Scheunen. Ich war in einer entwidmeten Kapelle aus dem 18. Jahrhundert untergebracht."

Das Album, das hier entstand, sollte *Kiss Me Kiss Me Kiss Me* heißen, und seine Entstehung unterschied sich völlig von *The Head On The Door*, bei dem Robert Smith bereits mit fertigem Material im Studio aufgekreuzt war.

UNTEN – Im französischen Fernsehen, 1986
GEGENÜBERLIEGENDE SEITE – „Plötzlich erkannte ich, dass ich mit dieser Band unendliche Möglichkeiten besaß."

„Alle schrieben Songs", sagt Williams. „Ich arbeitete viel mit Porl Thompson zusammen. Wir hielten Ideen, kleine Songs, Melodien und Entwürfe auf Band fest, die wir uns dann vorspielten. Sie wurden nach einem System von 1 bis 5 oder 1 bis 10 bewertet, nach dem wir entschieden, womit wir weitermachen wollten. Robert hatte natürlich das letzte Wort – er hätte nie an einem Song gearbeitet oder einen Text dafür geschrieben, wenn er ihm nicht gefallen hätte. Aber es war eine ziemliche Teamarbeit."

Nur einer zog nicht mit – nicht zum ersten und nicht zum letzten Mal. Lol Tolhursts Alkoholproblem war durch den Erfolg der Band noch größer geworden. Zur Zeit der Aufnahmen war er in Smiths Augen nur noch „bemitleidenswert".

Zu *Kiss Me Kiss Me Kiss Me* steuerte er kaum etwas bei; er war eine Belastung. Nach einem Streit mit seiner Freundin Lydia rannte er eines Nachts davon und wachte am nächsten Morgen mit Schnittverletzungen und Prellungen in einem Weinberg auf.

Er war jedoch noch nicht bereit, sich seiner Sucht zu stellen – als Porl Thompson ihm nahelegte, einen Entzug zu machen, lehnte Tolhurst das rundheraus ab. Und obwohl seine Cure-Kollegen ihm durchaus Mitgefühl entgegenbrachten, verspürten sie doch vor allem zunehmend Ärger – und Verachtung.

„Robert frustrierte es immer mehr, dass Lol nicht in der Lage war, einen Beitrag zur Platte zu leisten", erinnert sich Williams. „Häufig übernahmen er oder Porl am Ende die Keyboard-Parts."

Aber abgesehen vom ausgeknockten Tolhurst waren The Cure in äußerst fruchtbarer Kreativlaune. Eine große Anzahl Songs schaffte es durch die bandinternen Bewertungsrunden und wurde als Demo eingespielt. Die Musiker waren erfüllt von dem Selbstbewusstsein einer Band, die gerade merkte, dass sich die Welt in sie verliebte.

„Nur aus der Hälfte der Demos wurden später echte Songs", berichtet Williams. „Es war von Anfang an klar, dass *Kiss Me Kiss Me Kiss Me* ein Doppelalbum werden würde."

Unter normalen Umständen wäre eine Plattenfirma sicher eingeschritten, wenn eine Band ein selbstverliebtes, richtungsloses und schwer zu vermarktendes Doppelalbum schuf. Aber Robert Smith hatte lange schon klargestellt, dass Fiction keinen Einfluss darauf hatte, was The Cure zur Veröffentlichung vorlegten.

Als ihr Manager und Labelchef im Miraval auftauchte, um zu sehen, wie die Aufnahmen vorangingen, spielte ihm die Band einen hübschen Streich, wie Williams erzählt:

*Chris Parry segelte von England nach Neuseeland und wollte auf dem Weg bei uns in Südfrankreich vorbeischauen. Als wir das erfuhren, nahmen wir live drei Songs auf, die ein wenig aus dem Takt liefen, nicht ganz tonrein waren und ziemlich daneben klangen. Als er ankam, sagten wir: „Wir haben bisher diese drei Titel, mit denen wir sehr zufrieden sind."*

*Dann spielten wir ihm diese scheußlichen Bänder vor, und er gab sein Bestes, positiv zu wirken und im Takt mit dem Fuß zu wippen, ihm war anzusehen, dass er dachte: „Oh Gott! Mehr habt ihr in zwei Monaten noch nicht geschafft? Das klingt absolut grässlich!"*

*Als die Songs durch waren, lehnte er sich zurück, blies die Backen auf und sagte: „Wow! Äh, tja, ich weiß gar nicht, was ich sagen soll …" Wir ließen ihn ein paar Minuten zappeln, dann klärten wir ihn auf. Er sagte nur: „Ihr ARSCHLÖCHER!"*

*So gingen wir mit Chris oft um. Ich glaube, Lol war erleichtert, wenn Chris vor Ort war, weil wir dann jemand anderen zum Verarschen hatten.*

**„Robert hatte natürlich das letzte Wort – er hätte nie an einem Song gearbeitet oder einen Text dafür geschrieben, wenn er ihm nicht gefallen hätte. Aber es war eine ziemliche Teamarbeit."**

BORIS WILLIAMS

# KISS ME KISS ME KISS ME

**TRACKLIST**

**SEITE 1**
The Kiss
Catch
Torture
If Only Tonight We Could Sleep

**SEITE 2**
Why Can't I Be You?
How Beautiful You Are
The Snakepit
Hey You!!!

**SEITE 3**
Just Like Heaven
All I Want
Hot Hot Hot!!!
One More Time
Like Cockatoos

**SEITE 4**
Icing Sugar
The Perfect Girl
A Thousand Hours
Shiver And Shake
Fight

**Veröffentlichungsdatum** 25. Mai 1987

**Aufnahmeort** Studio Miraval, Frankreich

**Produzent**
Produziert und abgemischt von Dave Allen & Robert Smith

**Line-up**
Robert Smith: Gitarre, Keyboards, Gesang
Lol Tolhurst: Keyboards
Porl Thompson: Gitarre, Keyboards
Simon Gallup: Bass
Boris Williams: Drums, Percussion
Andrew Brennen: Saxofon auf „Icing Sugar" und „Hey You!!!"

**Covergestaltung** Parched Art

**Label** Fiction FIXH 13

**Höchste Chartposition bei Erstveröffentlichung**
UK 6, US 35, D 4, CH 3, A 4, AUS 9, FRA 2, NLD 3, NZ 14, SWE 13

**Bemerkungen**
Die Texte schrieb Robert Smith, die Musik stammte von The Cure. Der Titel „Hey You!!!" wurde auf der Original-CD weggelassen, weil das Format damals nur 74 Minuten Musik speichern konnte. Bei der Wiederveröffentlichung 2006, als dank neuer Technik bis zu 80 Minuten Musik auf eine CD passten, wurde der Song hinzugefügt.

The Cure
Kiss Me Kiss Me
Kiss Me

RECHTS – Auf Reisen um die ganze Welt: The Cure im Orient Express, 1986

Was aber dachte Parry, als The Cure die Master Tapes von *Kiss Me Kiss Me Kiss Me* ablieferten? Es war ein ganzes Song-Büfett, ein vielgesichtiges Album-Ungeheuer, ausufernd und seltsam. Der Vorstellung einer kohärenten, in sich geschlossenen Platte entsprach es jedenfalls nicht.

Während The Cure zuvor nicht recht gewusst hatten, ob sie nun düstere Indie-Rocker oder süße Popsternchen sein wollten, hatten sie jetzt eine Lösung ihres Dilemmas gefunden: Sie lebten beide Seiten aus, und zusätzlich kultivierten sie noch ein paar andere. Euch gefällt diese Version von The Cure nicht? Keine Sorge, beim nächsten Track ist wieder alles anders!

## BUCHTIPP

**How Beautiful You Are**
Der Text entspricht fast genau dem Prosagedicht *Die Augen der Armen* von Charles Baudelaire, das mit der Frage beginnt: „Ah! Sie wollen wissen, warum ich Sie heute hasse?"

Nicht umsonst nannte Simon Gallup die Platte „The Cures K-Tel-Album".

Es gab also die traditionellen Beklemmungsreisen wie den Opener „The Kiss", der mit vierminütigem, hallüberlagertem Gitarrenlärm begann, „Torture" und „Fight". Es gab „A Thousand Hours", bei dem ein gequält klingender Smith heulte: „For how much longer can I howl into this wind? For how much longer can I cry like this?"

Um weiter für Chart-Erfolg zu sorgen, waren auch wieder knackige Pop-Nuggets dabei: das wilde, unersättlich fröhliche „Why Can't I Be You" und „Just Like Heaven", ein wunderschönes, kribblig angespanntes Liebeslied.

Dieser Titel, der sich musikalisch, wie Smith zugab, heftig bei „Another Girl, Another Planet" von den Only Ones bediente, war eine Liebeserklärung an Mary Poole und inspiriert von einem Ausflug, den das Paar zur Klippe von Beachy Head gemacht hatte. Für das Video kehrte Tim Pope an den Drehort von „Close To Me" zurück; Poole selbst hatte auch einen kleinen Gastauftritt in dem Clip.

Als *Kiss Me Kiss Me Kiss Me* im Mai 1987 mit einem Coverfoto erschien, das Smiths rotgeschminkte Lippen zeigte, stieg es sofort in die Pop-Stratosphäre, kam in Großbritannien auf Platz 6 und in Deutschland auf Platz 4, erreichte in den USA die Top 40 und wurde dort später mit Platin ausgezeichnet. Prompt brachen The Cure zu einer Welttournee auf, um diesen Triumph auszukosten – und mussten feststellen, dass ein solcher Erfolg seinen Preis hatte.

OBEN LINKS – *Kiss Me Kiss Me Kiss Me*: Interview Disc
UNTEN LINKS – „Catch“: Picture Disc
OBEN RECHTS – „Just Like Heaven“: Picture Disc
UNTEN RECHTS – *Kiss Me Kiss Me Kiss Me*: Oranges Vinyl

# GANZ OBEN UND GANZ NAH AM ABGRUND

> Unten in der Garderobe hörten wir zwei Stunden vor Konzertbeginn Schreie und zersplitterndes Glas.
>
> ROBERT SMITH

VORHERGEHENDE SEITE – Mit seinem Promi-Status kam Robert Smith nie gut zurecht.
LINKS – Angespanntes Lächeln, 1987

1987 war Robert Smith schon seit einiger Zeit das Gesicht einer Band, die seit fast einem Jahrzehnt stetig an Popularität gewonnen hatte, und entsprechend war er es gewohnt, auf der Straße erkannt und hin und wieder auch einmal von Fans bedrängt zu werden.

Doch die Cure-Mania, die nun einsetzte, brachte einen Prominenten-Status mit sich, auf den er nicht vorbereitet war.

Dass sich die Dinge geändert hatten, stellte er zum ersten Mal fest, als er mit Mary Poole im Anschluss an die Aufnahmen zu *Kiss Me Kiss Me Kiss Me* in Frankreich Urlaub machte. The Cure waren dort schon seit Jahren sehr beliebt, und er musste zu seinem Entsetzen feststellen, dass jedes Hotel, in dem die beiden abstiegen, von Fans belagert wurde.

Aber das war erst ein Vorgeschmack. Was sie wirklich erwartete, davon bekamen sie erst auf der anderen Seite des Globus eine Ahnung.

Nach mehreren Wochen mit Proben in Bray bei Dublin, wo Tim Pope das anarchistische Video zu „Why Can't I Be You" drehte, flogen The Cure im März erstmals nach Südamerika. Es war eine Reise, die sie nie vergessen sollten.

Die Tour begann in Argentinien, und Boris Williams räumt ein, dass die Band vor ihrer Ankunft ein wenig nervös war. „Der Falklandkrieg lag noch gar nicht so lange zurück, und wir erwarteten einen eher eisigen Empfang." Mit britischem Understatement fügt er hinzu: „Es geschah das genaue Gegenteil. Die Leute freuten sich so, uns zu sehen."

Ja, so konnte man es wohl ausdrücken. Nach der Ankunft auf dem Ministro Pistarini International Airport von Buenos Aires sprang die Band in ein Auto und wurde den ganzen Weg bis zum Hotel von winkenden, hyperventilierenden Fans verfolgt. Die echten Probleme begannen allerdings erst am folgenden Abend.

Es waren zwei aufeinanderfolgende Gigs im 20.000 Zuschauer fassenden Stadion des Fußballvereins Ferro Carril Oeste geplant, doch als The Cure dort am 17. März eintrafen, spielten sich bereits chaotische Szenen ab.

„Unten in der Garderobe hörten wir zwei Stunden vor Konzertbeginn Schreie und splitterndes Glas", berichtete Smith dem Magazin *Q*. „Als wir auf die Bühne kamen, sah es aus, als würde das ganze Stadion brennen."

Wie sich herausstellte, hatten viele Fans gefälschte Tickets verkauft bekommen und, als man ihnen den Einlass verweigerte, eine Straßenschlacht mit der Polizei angezettelt. Während des Konzerts brach echter Aufruhr aus, und brennende Geschosse flogen durch das Stadion.

Drei Polizeihunde wurden getötet, und ein Hot-Dog-Verkäufer starb an einem Herzanfall, aber irgendwie gelang es The Cure, ihren Set zu beenden. Damit sich solche Szenen am nächsten Tag nicht wiederholten, griff die Polizei zu außergewöhnlichen Maßnahmen.

„Wir führen ein seltsames Leben, umsorgt von Leuten, die alles für uns erledigen."

ROBERT SMITH

In ihrem Bemühen um Deeskalation ließen die Behörden eine riesige und recht hohe Barriere errichten – direkt vor der Bühne. „Man sagte uns, die Leute würden so automatisch weiter zurücktreten, um die Band sehen zu können", berichtete Smith ungläubig. „Aber wie sollte das gehen? Auf dem Feld drängten sich 17.000 Menschen!"

Seine Befürchtungen bestätigten sich. Beim Konzert rissen Fans die Absperrung nieder, die ihnen die Sicht versperrte, und gingen mit Fäusten – und Schlimmerem – auf die Ordner los.

„Sicherheitskräfte schlugen mit Rohren auf die Leute ganz vorn ein", fuhr Smith fort. „Ich bekam eine Flasche an den Kopf und schrie das Publikum und die Security eine Minute lang an. Nach eineinhalb Stunden beendeten wir den Gig vorzeitig, weil jeder in der Band inzwischen von herumfliegenden Gegenständen getroffen worden war."

The Cure wussten zwar, dass sie im Jahr zuvor über 400.000 Alben in Südamerika verkauft hatten, aber eine solche Begeisterung hatten sie dennoch nicht erwartet. Der Tross zog weiter nach Brasilien, wo „Boys Don't Cry" gerade die landesweit meistverkaufte Single war, und Smith stellte zu seinem Entsetzen fest, dass die Tour von Wrangler Jeans gesponsert wurde.

Die Band konnte nur mit einer bewaffneten Polizei-Eskorte von den Hotels zu den Auftrittsorten gelangen, beispielsweise zur Sporthalle Gigantinho in Porto Alegre, wo die Musiker dank der fehlerhaft verkabelten Bühnenelektronik Stromschläge erlitten. Da sie sich dafür entschieden hatten, mit dem Bus durch Brasilien zu reisen, um möglichst viel vom Land zu sehen, wurden sie an jeder Kreuzung von besessenen Fans bedrängt.

Eine solche Bewunderung konnte einem auch zu Kopf steigen. Backstage im Maracanã-Stadion in Rio de Janeiro bekam Robert Smith einen echten Rockstar-Tobsuchtsanfall, weil man ihm keinen Orangensaft hingestellt hatte.

„Ich muss mich selbst immer wieder im Zaum halten", entschuldigte er sich später bei einem britischen Musikjournalisten, der sie auf der Tour begleitete. „Wir führen ein seltsames Leben, umsorgt von Leuten, die alles für uns erledigen. Deswegen ziehen wir uns ja auch dauernd gegenseitig auf, um nicht abzuheben und womöglich wie Duran Duran zu enden."

Wieder in London atmete die Band erst einmal durch – abgesehen von Tolhurst, der nach einer Sauftour eine Nacht in Polizeigewahrsam verbringen musste. Im Juli ging es in Nordamerika weiter, mit dem gleichen unbarmherzigen Druck und im gleichen Tempo wie zuvor.

Nachdem *Kiss Me Kiss Me Kiss Me* in den USA die Top 40 geknackt hatte und eine Platinauszeichnung winkte, waren The Cure eine echte Stadion-Band geworden, die den Rolling Stones und Bon Jovi in nichts nachstand und das Red Rocks Amphitheatre und die San Diego Sports Arena ausverkaufte, bevor der Tourabschnitt mit einem Gig im New Yorker Madison Square Garden zu Ende ging.

Für Lol Tolhurst war das, wie er in *Cured* schrieb, ein besonderer Meilenstein – oder hätte es zumindest sein sollen.

RECHTS – The Cure in Brasilien: „Wrangler Jeans? Soll das ein Witz sein?“
GEGENÜBER-LIEGENDE SEITE – Ein zögerlicher Superstar

**„Ich verstand nicht, wieso er in der Band war."**

ROGER O'DONNELL

*Der Madison Square Garden war die Erfüllung eines Jugendtraums. Als Teenager in Horley hatte ich in den Zeitungen davon gelesen – da war immer eine Kritik aus dem „Madison Square Garden in New York", und ich stellte mir dann vor, wie es sein müsste, dort aufzutreten. Und jetzt wurde es Wirklichkeit ...*

*Aber egal, wie viele Leute zu den Gigs kamen oder wie viele Platten wir verkauften – tief in meinem Innern herrschte eine Einsamkeit, eine verzweifelte Leere, die meine Sucht nicht ausfüllen konnte ... Ruhm oder Bewunderung konnten mein Elend nicht lindern, und es gab nicht genug Alkohol oder Drogen, um mich wirklich zu betäuben.*

Tolhurst befand sich mittlerweile im freien Fall. Smith bemerkte während der *Kissing*-Tour in Nordamerika, dass sein alter Freund auf der Bühne zu nichts mehr in der Lage war, und wandte sich hilfesuchend an Boris Williams:

„Als Robert merkte, dass Lol die meisten Keyboard-Parts nicht mehr hinbekam, sagte er zu mir: ‚Du bist doch ziemlich rumgekommen – du kennst doch sicher ein paar Keyboarder'", erinnert sich Williams. „Wahrscheinlich fragte er mich, weil alle anderen immer nur bei The Cure gespielt hatten."

Williams empfahl Roger O'Donnell, der sich seine Sporen bei den Psychedelic Furs und den Thompson Twins verdient hatte. Seine Verpflichtung ermöglichte es Porl Thompson, sich live ganz auf die Gitarre zu konzentrieren, anstatt Tolhurst an den Keyboards freizuhalten.

O'Donnell war allerdings schockiert, als er nach seiner Ankunft mitbekam, wie wenig Tolhurst noch leistete.

„Ich verstand nicht, wieso er in der Band war", gab er Jahre später zu. „Er hätte sich einen Privatlehrer leisten und täglich Stunden nehmen können, aber er hatte keine Lust zu üben. Er fand es nur toll, in der Band zu sein."

O'Donnells Engagement war das offizielle Eingeständnis, dass Tolhurst inzwischen nur noch eine Belastung darstellte, und das

RECHTS – „Könnten wir wohl einen Termin beim Stylisten bekommen?" The Cure 1987

schwächte seinen Status in der Band weiter. Seine Unfähigkeit frustrierte seine Kollegen zunehmend, und die Streiche, die man dem Prügelknaben der Band spielte, wurden allmählich immer gemeiner und gehässiger.

„Mir tat Lol leid, aber wir hatten den Respekt verloren", gibt Boris Williams zu. „Wir waren eine Gruppe Musiker, die alle ihr Bestes gaben, und Lol tat weiter nichts, als sich zu betrinken. Er war in einer üblen Verfassung und wurde zum Sündenbock der Band. Rückblickend fühle ich mich schlecht deswegen. Er wurde nicht körperlich gequält, aber oft lächerlich gemacht, was ganz genauso schlimm sein kann."

O'Donnell gab zu, The Cure hätten Tolhurst während des Europa-Abschnitts der *Kissing*-Tour mit einer Verächtlichkeit behandelt, die „schrecklich" gewesen sei. In seiner typisch bissigen Art beschrieb Smith das aufstachelnde Verhalten seiner Band gegenüber seinem alten Freund mit den Worten, „als würde man zusehen, wie ein behindertes Kind ständig mit einem Stock traktiert wird". Das konnte so nicht weitergehen.

1987 war ein anstrengendes Jahr gewesen. Die meiste Zeit hatten The Cure auf Tournee verbracht, bis die *Kissing*-Tour in London zu Ende ging. Ein Abend in der Wembley Arena reichte längst nicht mehr aus: Drei aufeinanderfolgende Konzerte waren ausverkauft. Am feierlichen Abschlussabend am 9. Dezember gaben sie zum ersten Mal sogar eine vierte Zugabe, die mit einer wilden Coverversion von Slades Weihnachts-Hit „Merry Christmas Everybody" beschlossen wurde.

Eigentlich hätte Robert Smith in Hochstimmung ins Jahr 1988 gehen können. Tatsächlich war das Gegenteil der Fall.

„Ich war Allgemeingut geworden und auf den Ruhm, den wir erreicht hatten, überhaupt nicht vorbereitet", sagte er. „Es war wahnsinnig. Plötzlich wurde ich in Amerika überall erkannt, und als ich nach London zurückkam, kampierten dreißig oder vierzig Leute vor meiner Wohnung."

„Nach dieser Tour hatte sich meine Persönlichkeit sehr verändert", berichtete er 2000 dem *Uncut*. „Ich war ziemlich eingebildet geworden, tat nicht mehr nur so, als sei ich ein Popstar, sondern lebte das voll aus. Mir wurde klar, dass es so nicht weitergehen konnte."

Robert Smith hatte nie ein Popstar sein wollen. Er war zur Musik gekommen, um einem spießigen Alltag zu entfliehen und ein Werk von tiefer Bedeutung und Beständigkeit zu schaffen. Seine Kunst war auf instinktive Weise reflektierend, melancholisch, gelegentlich selbstkasteiend.

Wie also war aus ihm ein launenhafter Superstar geworden, der kieksend von Katzen und Raupen sang, in lustigen Kostümen bei MTV herumsprang und von kreischenden Fans verfolgt wurde?

Smith erkannte, dass ihm vieles, was ihm gerade geschah, zuwider war – und dass damit Schluss sein musste. Ihm war, als seien The Cure in fremde Gewässer abgetrieben worden, weit entfernt von dem, was die Band einmal gewesen war und was sie nach seinem Verständnis sein sollte.

„Ich war Allgemeingut geworden und auf den Ruhm, den wir erreicht hatten, überhaupt nicht vorbereitet. Es war wahnsinnig."

ROBERT SMITH

GEGENÜBERLIEGENDE SEITE – The Cure in Berlin, 1987
OBEN – Das Buchcover von *Ten Imaginary Years*
OBEN RECHTS – „Ich war ziemlich eingebildet geworden."

„Mir wurde klar, dass wir trotz all meiner Bemühungen genau das geworden waren, was ich nie gewollt hatte", sagte er später. „Eine Stadion-Rockband."

Und es gab noch etwas anderes, das ihn beschäftigte. Nachdem er als Jugendlicher ein großer Fan von Künstlern wie Jimi Hendrix und Joy Division gewesen war, hatte er mit The Cure immer schon ein makelloses, unvergleichliches Album einspielen wollen, das mit *Are You Experienced* oder *Still* mithalten konnte: ein echter Klassiker, der Musikgeschichte schrieb.

Das wollte er noch immer, mehr denn je, hatte aber das Gefühl, ihm liefe die Zeit davon. 1989 würde er dreißig werden.

„Ich wollte all das vor meinem dreißigsten Geburtstag getan haben", bekannte er später. „Es ist ein Paradox: Je jünger man ist, desto mehr macht einem das Älterwerden zu schaffen. Jedenfalls ist das bei mir so."

Ähnlich paradox war Smiths Entsetzen über den weltweiten Cure-Erfolg, von dem er immer mehr glaubte, ihn nur erreicht zu haben, weil er die Prinzipien der Band – oder eher: seine eigenen – verraten hatte. Er verkroch sich mit Mary Poole in London, und geplagt von nervöser Niedergeschlagenheit nahm er sogar wieder LSD, obwohl er das Stimulans seit der Zeit des Glove-Projekts mit Severin nicht mehr angefasst hatte.

Für ihn stand fest: Jetzt ging es um alles. Er wollte den großen Klassiker schreiben, nach dem er sich so sehnte. Er wollte, dass The Cure zu den Werten von *Seventeen Seconds*, *Faith* und *Pornography* zurückkehrten.

Während seine Kollegen sich ausruhten, Urlaub machten und ihren inzwischen stark gestiegenen Kontostand genossen, begann Smith, allein Songs zu schreiben: dunkle, nachdenkliche, teils aufwühlende, teils beseligende Sinfonien, die um seine aktuellen existenziellen Nöte kreisten. Es waren jedenfalls keine Songs, die zu Videos mit tanzenden Katzen oder verrückten Scharaden in irgendwelchen Schränken einluden.

Waren es überhaupt Cure-Songs?

Schon seit langer Zeit dachte Smith über ein Soloalbum nach. Vielleicht war das die einzige Möglichkeit, um die Essenz dessen einzufangen, was er ausdrücken wollte. War es jetzt, mit diesem Material, so weit?

Er beschloss, die Demos den anderen Bandmitgliedern vorzuspielen. Wenn sie angesichts der depressiven neuen Richtung erblassten, würde er die Songs allein aufnehmen.

Im Frühjahr 1988 trafen sich The Cure in Boris Williams' Haus in Südwest-England. Und zu Smiths Freude war die Band von seinen melancholisch-majestätischen Vorschlägen sehr angetan.

„Wir trafen uns bei mir in Devon, und Robert spielte uns ein Tape mit den Songs vor, die er geschrieben hatte", erinnert sich

> „Uns gefielen die Songs, aber es war von Anfang an klar, dass es ein sehr viel dunkleres und dichteres Album sein würde."
>
> BORIS WILLIAMS

GEGENÜBERLIEGENDE SEITE – „Oh nein! Wir sind eine Stadion-Rockband!"
OBEN – Auf der Bühne des Giants Stadium, New Jersey, August 1989

> Man erklärte mir, dass ich als Alkoholiker an einer Krankheit litt, die bedeutet, dass ich, wenn ich ein glückliches Leben führen wollte, nie wieder etwas trinken könnte.
>
> LOL TOLHURST

Williams. „Uns gefielen sie, aber es war von Anfang an klar, dass es ein sehr viel dunkleres und dichteres Album sein würde als *Kiss Me Kiss Me Kiss Me*, das, wenn man ehrlich ist, ja eine ziemlich bunte Mischung gewesen ist. Dieses hier ließ sich wesentlich ernsthafter an.

Ein Teil des Hauses bestand aus einer Scheune mit Blechdach, und wir hatten schon im Vorfeld beschlossen, ihn als Demo-Studio zu verwenden. Es war perfekt – abgesehen davon, dass Robert wie immer auf einem Pool-Tisch bestand, den wir dann im Eingangsbereich aufstellten."

Die Band nahm in Devon mehr als dreißig Demos auf, dann ging jeder wieder seiner Wege. Smith verbrachte den Sommer damit, Texte zu schreiben, und außerdem heiratete er am 13. August Mary Poole in Worth Abbey, wo Malice elf Jahre zuvor ihren ersten Gig gespielt hatten. Simon Gallup war Trauzeuge.

Im November fanden sich die Band und Smiths bevorzugter Koproduzent David Allen in den Hook End Studios bei Reading ein. Smith machte sofort klar, dass diese Platte, *Disintegration*, tatsächlich „ein wesentlich ernsthafteres Projekt" sein würde.

„Alle erwarteten, dass ich mehr Songs im Stil von ‚Just Like Heaven' schreiben würde", erklärte er, „und wir so weitermachten, locker und lustig mit einem kleinen bisschen Düsternis, aber wir gingen in die genau entgegengesetzte Richtung.

Ich beschloss bei diesen Aufnahmen, mich wie ein Mönch zurückzuziehen und mit niemandem zu reden. Rückblickend war das schon ein bisschen übertrieben, aber ich wollte eine leicht angespannte Atmosphäre erzeugen."

Boris Williams kann sich allerdings nicht daran erinnern, dass die Stimmung bei den Aufnahmen so frostig gewesen sei: „Es wurde viel gelacht, es wurden Witze gemacht, genau wie immer."

Lol Tolhurst war in Hook End wieder nur körperlich anwesend. Er hatte endlich akzeptiert, dass er unter einem Alkoholproblem litt, und im Sommer eine Entgiftung im Lister Hospital in London gemacht, das von den Anonymen Alkoholikern betreut wurde.

„Man erklärte mir, dass ich als Alkoholiker an einer Krankheit litt, die bedeutet, dass ich, wenn ich ein glückliches Leben führen wollte, nie wieder etwas trinken könnte", schrieb er in *Cured*. „Falls doch, würde ich entweder im Knast, einer Anstalt oder im Grab enden."

Allerdings brach Tolhurst den Klinikaufenthalt nach einer Woche ab und hatte nur zwei Wochen später einen Rückfall. Als er in Hook End ankam, war er wieder das alkoholumnebelte Wrack, das die anderen inzwischen so verachteten.

Er wurde weiterhin verspottet und provoziert. „Es war verdammt verrückt, wie wir ihn behandelten", überlegte Smith später. Aber während sie Tolhurst früher mit irgendwelchen Gehässigkeiten aufrütteln wollten, bis er doch noch etwas zu den Aufnahmen beisteuerte, wurde von ihm, seit O'Donnell Keyboards spielte, überhaupt kein Beitrag mehr erwartet.

„Robert ignorierte Lol schließlich weitgehend", erinnerte sich Williams. „Er kommunizierte überhaupt nicht mit ihm." Tolhurst verbrachte den größten Teil der Albumsessions damit, MTV zu gucken.

Smith beschäftigten wichtigere Dinge als sein suchtkranker Keyboarder. Er war in Hook End, um sein *Opus magnum* abzuliefern: das Album, das The Cure später einmal definieren würde. Als es fertig war, hätte nur ein harscher Kritiker behaupten wollen, dass er sein Ziel nicht erreicht hatte.

*Disintegration* war ein außergewöhnliches Dokument. Wie *Faith* und *Pornography* erforschte es trist und klaustrophobisch die dunkelsten und vorahnungsvollsten Winkel von Smiths Psyche. Aber während die früheren Werke noch die ungerichtete Suche eines Heranwachsenden nach Schwere und Ernsthaftigkeit verraten hatten, fühlte sich die existenzielle Verzweiflung jetzt authentisch an. Das hier war echt.

Eingebettet in O'Donnells vielschichtig aufgebaute Keyboards erwies sich *Disintegration* als wirbelndes, sinfonisches Geschoss, das aus Smiths persönlichem „Herz der Finsternis" herangeflogen kam, eine Platte, auf der The Cure ihre Botschaft offen vor sich hertrugen und nicht wie früher verschleierten. Hier war Robert Smith,

RECHTS – „Ich beschloss bei diesen Aufnahmen, mich wie ein Mönch zurückzuziehen und mit niemandem zu reden."

seufzte schwer und dachte laut nach, erfüllt von lavagleich brodelnden Gefühlen.

„Plainsong" eröffnete das Album, ein üppiges und gleichzeitig tieftrauriges Klagelied, bei dem Smith in den brandenden Synthesizern auftauchte wie ein Ertrinkender, der einem heftigen Sog zu entrinnen versucht. Er flüsterte vom Regen, vom Ende der Welt, und es passte: Diese Musik war unerbittlich, unversöhnlich, elementar.

Das melancholische „Pictures Of You" kam etwas schnelleren Schrittes daher – auf *The Head On The Door* oder *Kiss Me Kiss Me Kiss Me* wäre es von einer verspielten, schwebenden Melodie überhöht worden. Aber hier verströmte es schmerzhaften Verlust, während Smith vergilbte Fotos betrachtete und sich danach sehnte, die Leidenschaften wieder zu erwecken, die in ihnen eingeschlossen waren.

Die Platte öffnete sich in einem gemessenen, ruhigen Tempo, als ob sie sich mit dem emotionalen Leid abgefunden hätte, das sie vermittelte. Die unheimlichen Synthesizer von „Closedown" erinnerten an die geisterhafte Niedergeschlagenheit Joy Divisions, aber diese eigenwillige Traurigkeit wirkte unmittelbar, echt, *essenziell*.

„Lovesong", das eher ruhige Zufriedenheit als quälerische Selbstanalyse zu verströmen schien, war eine Ausnahmeerscheinung auf *Disintegration*: Es war genau das, was der Titel verhieß – eine Ode an Smiths frischgebackene Ehefrau und ewige Seelenverwandte, Mary Poole.

„Die Gefühle liegen offen", erklärte er. „Da ist nichts konstruiert. Ich habe zehn Jahre gebraucht, um mich mit einem direkten Liebeslied wohlzufühlen. Früher hatte ich stets das Bedürfnis, meine Gefühle in letzter Minute doch wieder zu verbergen."

Das pointierte „Lovesong" war der einzige Song der Platte, der kürzer als vier Minuten war. *Disintegrations* Würze lag nicht in der Kürze.

Das Album wirkte wie eine holistische, fein gesponnene ästhetische Einheit, aber dennoch gab es natürlich besonders herausragende Tracks. „Lullaby" gelang das Kunststück, gleichzeitig tiefschwarz und launig daherzukommen, wobei Smith wieder den alten Trick nutzte, eine Tierfigur mit einer gewinnenden Melodie zu verbinden – in diesem Fall eine Spinne, die ihn im Bett auffressen wollte (wie „Close To Me" ging auch diese Geschichte auf einen Albtraum zurück, den er gehabt hatte).

Das vibrierende, bassdominierte „Fascination Street" war mit seinem quälend undurchsichtigen, aber zweifellos bedrohlichen Text ein weiteres Highlight. Das hallende, wabernde „Prayers For Rain" wirkte wie dürre, zerbrechliche Poesie, die jemand am Ende seiner Nervenkraft verfasst hatte – wer war es, der da den bleichen Protagonisten im Würgegriff hielt und zu ersticken drohte?

Aber die entscheidenden Titel warteten weiter am Ende. Das über neun Minuten lange „The Same Deep Water As You" klang nach letzten Worten auf dem Sterbebett an eine Geliebte. Selten hatte Romantik so verloren, gequält und, ja, *gothic* geklungen. Bei Zeilen wie „Kiss me goodbye, pushing out before I sleep" hatte Smith mehr mit dem romantischen Dichter Shelley gemein als mit seinem gleichnamigen alten Helden von den Buzzcocks.

LINKS – Smith in New York, 1989: erfüllt von lavagleich brodelnden Gefühlen

> **„Ich stellte fest, dass Plattenfirmen null Ahnung haben, was The Cure machen und was The Cure bedeuten."**
>
> ROBERT SMITH

Der Titeltrack des Albums wiederum schien wie ein Sündenbekenntnis, eingerahmt von einer genialen Bassfigur und subtilen, atmosphärischen Keyboards. Aber was für Sünden waren das – ging es um Drogen oder Untreue („the kiss of treachery")? Wen ließ er mit „babies and everything" zurück, und warum weinte er Krokodilstränen? Der Text war phantastisch clever, ein Höhepunkt in Smiths Songwriting.

Es bestand kein Zweifel, *Disintegration* war das Werk eines morbide düsteren Genies – genau die Platte, die Robert Smith hatte machen wollen, seit er zum ersten Mal ein Aufnahmestudio betrat. Aber wie zugänglich war dieses Werk? Würde es auch jene Cure-Fans erreichen, die sich mehr Pop wie „Love Cats" oder „In Between Days" wünschten?

Natürlich gab es Leute, die das bezweifelten. Die Vertreter des amerikanischen Labels Electra, die extra nach London geflogen waren, um einen ersten Eindruck vom Album zu bekommen, verließen nach einer Hörprobe kommentarlos das Studio. In der Woche darauf schrieben sie an Smith, er wolle offenbar „absichtlich obskur" sein und kommerziellen Selbstmord betreiben.

Smith ließ sich davon nicht verunsichern: „Ich stellte fest, dass Plattenfirmen null Ahnung haben, was The Cure machen und was

# DISINTEGRATION

> „Dem Titel zum Trotz macht *Disintegration* einen wunderbar in sich geschlossenen Eindruck."
>
> MICHAEL AZZERAD

**TRACKLIST**

**SEITE 1**

Plainsong
Pictures Of You
Closedown
Lovesong
Last Dance
Lullaby
Fascination Street

**SEITE 2**

Prayers For Rain
The Same Deep Water As You
Disintegration
Homesick
Untitled

**Veröffentlichungsdatum** 2. Mai 1989

**Aufnahmeort** Hook End Recording Studios, Checkendon, Oxfordshire, England

**Produzent**
Produziert und abgemischt von Dave Allen & Robert Smith

**Line-up**
Robert Smith: Gesang, Gitarre, Keyboards, 6-Saiter-Bass
Lol Tolhurst: andere Instrumente; Porl Thompson: Gitarre
Simon Gallup: Bass, Keyboards; Boris Williams: Drums
Roger O'Donnell: Keyboards, Klavier

**Covergestaltung** Parched Art

**Label** Fiction FIXH 14, 839 353-1

**Höchste Chartposition bei Erstveröffentlichung**
D 2, CH 4, A 5, UK 3, US 12, AUS 9, CAN 9, FRA 3, NLD 3, NZ 6, NOR 7, SWE 10

**Bemerkungen**
Die Texte schrieb Robert Smith, die Musik stammte von Smith, Simon Gallup, Roger O'Donnell, Porl Thompson, Boris Williams und (offiziell laut Credits) Lol Tolhurst. Auf der Original-CD und der Cassette von *Disintegration* waren „Last Dance" und „Homesick" als Bonustracks aufgeführt, da sie auf der Vinylversion nicht enthalten waren. *Disintegration* fand Eingang in zahlreiche Bestenlisten. Unter den 2003 ermittelten „500 besten Alben aller Zeiten" des amerikanischen *Rolling Stone* kam es auf Platz 326, in der deutschen Ausgabe auf Platz 185. Der *Melody Maker* kürte das Album 1989 zur Platte des Jahres, bei den „40 besten Alben der Achtziger" des Magazins Q belegte es Platz 17 und im *Pitchfork* bei den „besten Alben der Achtziger" Platz 38.

THE CURE · DISINTEGRATION

seufzte schwer und dachte laut nach, erfüllt von lavagleich brodelnden Gefühlen.

„Plainsong" eröffnete das Album, ein üppiges und gleichzeitig tieftrauriges Klagelied, bei dem Smith in den brandenden Synthesizern auftauchte wie ein Ertrinkender, der einem heftigen Sog zu entrinnen versucht. Er flüsterte vom Regen, vom Ende der Welt, und es passte: Diese Musik war unerbittlich, unversöhnlich, elementar.

Das melancholische „Pictures Of You" kam etwas schnelleren Schrittes daher – auf *The Head On The Door* oder *Kiss Me Kiss Me Kiss Me* wäre es von einer verspielten, schwebenden Melodie überhöht worden. Aber hier verströmte es schmerzhaften Verlust, während Smith vergilbte Fotos betrachtete und sich danach sehnte, die Leidenschaften wieder zu erwecken, die in ihnen eingeschlossen waren.

Die Platte öffnete sich in einem gemessenen, ruhigen Tempo, als ob sie sich mit dem emotionalen Leid abgefunden hätte, das sie vermittelte. Die unheimlichen Synthesizer von „Closedown" erinnerten an die geisterhafte Niedergeschlagenheit Joy Divisions, aber diese eigenwillige Traurigkeit wirkte unmittelbar, echt, *essenziell*.

„Lovesong", das eher ruhige Zufriedenheit als quälerische Selbstanalyse zu verströmen schien, war eine Ausnahmeerscheinung auf *Disintegration*: Es war genau das, was der Titel verhieß – eine Ode an Smiths frischgebackene Ehefrau und ewige Seelenverwandte, Mary Poole.

„Die Gefühle liegen offen", erklärte er. „Da ist nichts konstruiert. Ich habe zehn Jahre gebraucht, um mich mit einem direkten Liebeslied wohlzufühlen. Früher hatte ich stets das Bedürfnis, meine Gefühle in letzter Minute doch wieder zu verbergen."

Das pointierte „Lovesong" war der einzige Song der Platte, der kürzer als vier Minuten war. *Disintegrations* Würze lag nicht in der Kürze.

Das Album wirkte wie eine holistische, fein gesponnene ästhetische Einheit, aber dennoch gab es natürlich besonders herausragende Tracks. „Lullaby" gelang das Kunststück, gleichzeitig tiefschwarz und launig daherzukommen, wobei Smith wieder den alten Trick nutzte, eine Tierfigur mit einer gewinnenden Melodie zu verbinden – in diesem Fall eine Spinne, die ihn im Bett auffressen wollte (wie „Close To Me" ging auch diese Geschichte auf einen Albtraum zurück, den er gehabt hatte).

Das vibrierende, bassdominierte „Fascination Street" war mit seinem quälend undurchsichtigen, aber zweifellos bedrohlichen Text ein weiteres Highlight. Das hallende, wabernde „Prayers For Rain" wirkte wie dürre, zerbrechliche Poesie, die jemand am Ende seiner Nervenkraft verfasst hatte – wer war es, der da den bleichen Protagonisten im Würgegriff hielt und zu ersticken drohte?

Aber die entscheidenden Titel warteten weiter am Ende. Das über neun Minuten lange „The Same Deep Water As You" klang nach letzten Worten auf dem Sterbebett an eine Geliebte. Selten hatte Romantik so verloren, gequält und, ja, *gothic* geklungen. Bei Zeilen wie „Kiss me goodbye, pushing out before I sleep" hatte Smith mehr mit dem romantischen Dichter Shelley gemein als mit seinem gleichnamigen alten Helden von den Buzzcocks.

Der Titeltrack des Albums wiederum schien wie ein Sündenbekenntnis, eingerahmt von einer genialen Bassfigur und subtilen, atmosphärischen Keyboards. Aber was für Sünden waren das – ging es um Drogen oder Untreue („the kiss of treachery")? Wen ließ er mit „babies and everything" zurück, und warum weinte er Krokodilstränen? Der Text war phantastisch clever, ein Höhepunkt in Smiths Songwriting.

Es bestand kein Zweifel, *Disintegration* war das Werk eines morbide düsteren Genies – genau die Platte, die Robert Smith hatte machen wollen, seit er zum ersten Mal ein Aufnahmestudio betrat. Aber wie zugänglich war dieses Werk? Würde es auch jene Cure-Fans erreichen, die sich mehr Pop wie „Love Cats" oder „In Between Days" wünschten?

Natürlich gab es Leute, die das bezweifelten. Die Vertreter des amerikanischen Labels Electra, die extra nach London geflogen waren, um einen ersten Eindruck vom Album zu bekommen, verließen nach einer Hörprobe kommentarlos das Studio. In der Woche darauf schrieben sie an Smith, er wolle offenbar „absichtlich obskur" sein und kommerziellen Selbstmord betreiben.

Smith ließ sich davon nicht verunsichern: „Ich stellte fest, dass Plattenfirmen null Ahnung haben, was The Cure machen und was

> **„Ich stellte fest, dass Plattenfirmen null Ahnung haben, was The Cure machen und was The Cure bedeuten."**
>
> ROBERT SMITH

LINKS – Smith in New York, 1989: erfüllt von lavagleich brodelnden Gefühlen

The Cure bedeuten." Er organisierte eine abschließende Session zum Abmischen und Anhören der fertigen *Disintegration* in den RAK Studios in London.

Es sollte Lol Tolhursts letzter Abend mit der Band werden. Er lauschte dem Playback mit gemischten Gefühlen.

„Es war und ist eine ziemlich wunderbare Platte, aber ich fühlte keine Verbindung dazu", schrieb er in *Cured*. Im Laufe der Abhörsession bediente er sich reichlich an den Biervorräten im Studiokühlschrank, bis er sich ziemlich betrunken bemüßigt fühlte, aufzustehen und seine persönliche Meinung kundzutun: *Das sei kein echtes Cure-Album*.

„Die eine Hälfte ist gut, aber die andere ist scheiße", lallte er. „Ich meine, ein paar Songs klingen nach The Cure, aber andere auch nicht." Dann fiel er wieder auf seinen Stuhl.

Peinliches Schweigen folgte, und als die Abhörsitzung vorbei war, ignorierten ihn seine Bandkollegen, bis er es nicht mehr ausgehalten habe, wie er in *Cured* schrieb: „Ich rannte in Tränen aufgelöst nach draußen."

Tolhursts Zeit in der Band war vorbei, daran war nichts zu rütteln. Selbst Smith, sein Freund seit Kindertagen, hatte keine Geduld mehr mit ihm. Drei Wochen später, im Januar 1989, schrieb der Sänger dem Mitbegründer der Band, er sei draußen.

„Das ist einer der schwersten Briefe, die ich je schreiben musste … entweder hatte ich das Gefühl, er sei zu hart oder zu zahm …", hieß es darin. „Alle in der Band sagen, wenn du auf der nächsten Tour dabei bist, kommen sie nicht mit. Also solltest du nicht dabei sein … Bitte lass deswegen keine Mauer zwischen uns entstehen, aber versuch auch nicht, mich umzustimmen. Meine Entscheidung ist unumkehrbar."

Daher heißt es immer wieder, dass die übrigen Cure-Mitglieder Smith ein Ultimatum gestellt hätten: sie oder Tolhurst. Boris Williams bestreitet das jedoch.

„Es gab ein Bandtreffen, bei dem auch Robert dabei war, und wir besprachen, wie es weitergehen sollte", sagt er. „Ich kann mich aber nicht daran erinnern, dass die ganze Band zu ihm gesagt hätte: ‚Wenn Lol weiter dabei ist, sind wir raus.' Ich glaube nicht, dass das so war."

So oder so – Tolhursts Abschied zwar zweifelsohne unvermeidlich und auch das Beste für alle Beteiligten. Das sah Tolhurst selbst nicht anders.

„Als ich den Brief las, dachte ich, okay, es war klar, dass er so handeln würde", räumte er in *Never Enough* ein. „Rückblickend war der Brief ziemlich nett."

Im April 1989 wurde „Lullaby" als Vorab-Single des angeblich so kommerziell selbstmörderischen und absichtlich obskuren Albums veröffentlicht und stieg in Großbritannien bis auf Platz 5, in Deutschland auf Platz 3, und war damit in beiden Ländern die bis heute erfolgreichste Cure-Single überhaupt.

Einen Monat später erschien *Disintegration* und führte bei den Kritikern zu reichlich Verwirrung.

**BUCHTIPP**

**Lullaby**
Inspiriert von Mary Howetts Gedicht *The Spider And The Fly*, besonders die Zeile „Will you rest upon my bed"

GEGENÜBERLIEGENDE SEITE – Desintegration auf der Bühne, 1989
OBEN – Das Cover der *Integration*-Box

Im *NME* lobte Barbara Ellen ein „überwältigendes und beeindruckend vollendetes Album". Chris Roberts vom *Melody Maker* war wenig angetan von der umfassenden Düsternis der Platte: „*Disintegration* macht ungefähr so viel Spaß wie eine Fußamputation. Wie kann eine Gruppe so verstörend und deprimierend und dennoch so beliebt sein?"

In den USA blieb Michael Azzerad vom *Rolling Stone* zwiegespalten. Seiner Meinung nach eroberten The Cure mit der Platte kein Neuland, machten aber das, was sie immer getan hätten, sehr gut, und er folgerte ganz richtig: „Dem Titel zum Trotz macht *Disintegration* einen wunderbar in sich geschlossenen Eindruck, indem es eine durch und durch selbstbezogene Düsterstimmung erschafft und aufrechterhält."

The Cure waren währenddessen auf der ausverkauften *Prayer*-Tour durch die Stadien und Festivals in Europa unterwegs; am Ende standen wieder die obligatorischen drei Konzerte in Wembley. Anschließend ging es in den USA im gleichen Stil weiter.

Smith und Gallup, die beide noch nie gern geflogen waren, hatten Fiction wissen lassen, dass sie nicht in Amerika auftreten würden, wenn sie dafür in ein Flugzeug steigen müssten. Das Label hatte der Band daraufhin eine Atlantikpassage auf der *Queen Elizabeth 2* gebucht.

„Leider herrschte Windstärke 9, als wir ausliefen, und die Stabilisatoren arbeiteten nicht richtig, so dass die nicht Seefesten unter uns erst einmal eine Spritze vom Bordarzt bekamen, die uns für die ersten 24 Stunden ausknockte", berichtet Boris Williams. „Als wir wieder zu uns kamen, stellten wir fest, dass es an Bord nicht viel zu tun gab, wenn man nicht gerade auf Glücksspiel oder Unterhaltungsshows stand. Nach der Ankunft in New York wurden wir mit einem Hubschrauber auf ein kleines Flugfeld mitten im Nirgendwo gebracht. Chris Parry sollte uns abholen, hatte sich aber in der Zeit versehen und versetzte uns. Damals gab es noch keine Handys, und wir konnten auch kein Taxi rufen, deswegen sind wir schließlich zum Hotel getrampt."

Nach dem Einchecken fuhr die Band ins Giants Stadium von New Jersey und spielte vor 44.000 Leuten – ihr bisher größter Gig. Dem *Rolling Stone* gefiel er: „The Cure gelingt bei ihren Stadion-Shows das Kunststück, Musik, die eigentlich dazu geschaffen wurde, sie allein im Dunkeln zu hören, noch intensiver wirken zu lassen." Aber wie fühlte es sich auf der Bühne an?

„Es war ziemlich einschüchternd", bekennt Williams. „Vorher hatte ich nur einmal in einem Stadion gespielt, mit den Thompson Twins in San Francisco, aber nur als Aufwärmer für The Police. Dieses Mal war da der Gedanke: *Diese Leute sind alle wegen uns gekommen?*"

LINKS – The Cure überleben den kommerziellen Selbstmord.

Smith bezeichnete es später als „einen der seltsamsten und besten Augenblicke seines Lebens", im Giants Stadium auf die Bühne zu gehen. Dennoch konnte er es nicht fassen, welches Ausmaß die Bewunderung erreicht hatte, die er auf der *Prayer*-Tour erlebte.

„Es war nie unsere Absicht gewesen, derart erfolgreich zu werden", sagte er einem Journalisten auf der Fahrt von einem Stadion zum nächsten. „Es ging eigentlich immer nur darum, bei dem, was wir machten, Spaß zu haben."

Die vielen hunderttausend Fans bekamen jedenfalls eine Menge Konzert fürs Geld. The Cure hatten sich noch nie gern kurzgefasst, und auf der *Prayer*-Tour dauerten ihre Sets gern mal zwei Stunden oder länger.

„Robert wollte, dass wir immer so lange wie möglich spielten", sagt Boris Williams. „Die Arenen und Stadien, in denen wir auftraten, waren alle gewerkschaftlich organisiert, deswegen war streng festgelegt, wann Schluss sein musste. Wenn man überzog, musste man 1000 Dollar Strafe pro Minute zahlen oder so. Wir überzogen immer."

> **„*Disintegration* macht ungefähr so viel Spaß wie eine Fußamputation. Wie kann eine Gruppe so verstörend und deprimierend und dennoch so beliebt sein?"**
>
> CHRIS ROBERTS, *MELODY MAKER*

> **Es war nie unsere Absicht gewesen, derart erfolgreich zu werden.**

ROBERT SMITH

Der steile Aufstieg der Band in den USA und anderswo in der Welt überwältigte Smith so sehr, dass er – nicht zum ersten Mal – erklärte, die aktuelle Tour würde die letzte sein. Falls die Fans ihm glaubten, was zu bezweifeln war, dann bestärkte es sie nur noch mehr darin, sich ihre Lieblingsband live anzusehen, solange das noch ging.

Ohnehin konnte sich Smith dem aktuellen Trend nicht entgegenstellen. Als The Cure im ausverkaufen Dodger Stadium in Los Angeles auftraten, warteten 50.000 Fans auf sie. *Disintegration*, das in Großbritannien auf den 3. und in Deutschland auf den 2. Platz gekommen war, erreichte in den USA Platz 12 und wurde schließlich mit Doppelplatin ausgezeichnet.

Noch unglaublicher war, dass „Lovesong", das in den USA einen Monat später als Single erschien, nur von Janet Jackson daran gehindert werden konnte, die Spitze der Charts zu erklimmen.

Wer hätte das gedacht? Robert Smith hatte – sogar noch, bevor er dreißig wurde – sein Meisterwerk abgeliefert, und es hatte The Cure nicht umgebracht und sie auch ihren Fans nicht entfremdet. Im Gegenteil, sie waren stärker als zuvor.

RECHTS – Die Cover von *Entreat* und *Songwords*
GEGENÜBERLIEGENDE SEITE – The Cure spielen wieder einmal mit Überlänge.

# „WIR SEHEN UNS VOR GERICHT"

**VORHERGEHENDE SEITE** – Auf der Bühne im Crystal Palace, London, August 1990
**UNTEN** – „Aha, Dance Music ist also das neue große Ding, ja?"

*Disintegration* war nicht nur Robert Smiths persönlichste Platte, sie hatte ihm auch das meiste abverlangt. 1989 waren The Cure kreuz und quer durch die Welt gereist und hatten ihren kathartischen Sound von den Bühnen großer Hallen zwei Stunden lang mehr als einer Million Jüngern entgegenschallen lassen. Als sie nach der *Prayer*-Tour nach London zurückkehrten, wusste Smith, was er jetzt am liebsten tun wollte.

So wenig wie möglich.

1990 ließen The Cure kaum von sich hören. Fiction, denen natürlich daran gelegen war, dass die Band im Gespräch blieb, veröffentlichten mit *Entreat* ein Live-Album mit Aufnahmen von den jüngsten Wembley-Gigs. Im Sommer gab es zudem einige Gigs bei europäischen Festivals, wozu auch ein zweiter Headliner-Auftritt in Glastonbury zählte.

Bei den Proben musste sich ein neues Line-up einspielen: Roger O'Donnell hatte die Band nach kurzer Zeit schon wieder verlassen; es hieß, dass er eine Solokarriere anstrebe. An den Keyboards ersetzte ihn Perry Bamonte.

Der war ein alter Bekannter: Seit sechs Jahren war er schon als Gitarren-Roadie mit der Band gereist. Lustigerweise hatte ihm Roberts Schwester (und Porl Thompsons Ehefrau) Janet bei ihrem Aufenthalt im Miraval das Keyboardspielen beigebracht.

Bamonte war schon mit dabei, als The Cure im Frühjahr eine EP mit dem Dance-Produzenten Mark Saunders aufnahmen, der als Koproduzent Neneh Cherrys Album *Raw Like Sushi* betreut hatte. Für Smith waren die Sessions offenbar eine gute Gelegenheit, um mit elektronischer Musik zu experimentieren, die damals in Großbritannien schwer angesagt war.

Daraus entstand die Single „Never Enough", die im September erschien und in Großbritannien und Deutschland in die Top 20 kam; in den USA schoss sie an die Spitze der Modern-Rock-Charts. Tim Popes Freakshow-Video, in dem The Cure sinnbildlich gegen die Zwänge der Unterhaltungsindustrie kämpften, die sie zu Millionären gemacht hatte, war dabei sicher hilfreich.

Nach den Festivalterminen im Sommer, die mit einer großen Party im Londoner Crystal Palace Park ihren Höhepunkt erlebten, führte Smiths Interesse an der Dance- und Acid-House-Kultur zu einem unerwarteten Nebenprojekt: Für *Mixed Up* ließ er eine Reihe bekannter Cure-Songs durch Techno-Größen wie Paul Oakenfold oder William Orbit remixen.

Es war ein mutiges Projekt, und natürlich warfen ihnen die Medien Trittbrettfahrerei vor, aber Smith erklärte zu seiner Motivation lapidar: „Nach der Düsternis von *Disintegration* hat es einfach Spaß gemacht." Passend zum Titel fielen die Kritiken „mixed" aus.

Der Winterschlaf der Band setzte sich 1991 fort; drei Gigs in London im Januar blieben die einzigen Liveshows für dieses Jahr. Im Sommer schlug dann jedoch eine Bombe bei ihnen ein.

Nachdem er aus der Band geflogen war, hatte Lol Tolhurst seinen Kummer zunächst weiterhin ertränkt, bevor er in der Londoner Reha-

Disintegration war nicht nur Robert Smiths persönlichste Platte, sie hatte ihm auch das meiste abverlangt. 1989 waren The Cure kreuz und quer durch die Welt gereist und hatten ihren kathartischen Sound von den Bühnen großer Hallen zwei Stunden lang mehr als einer Million Jüngern entgegenschallen lassen. Als sie nach der *Prayer*-Tour nach London zurückkehrten, wusste Smith, was er jetzt am liebsten tun wollte.

So wenig wie möglich.

1990 ließen The Cure kaum von sich hören. Fiction, denen natürlich daran gelegen war, dass die Band im Gespräch blieb, veröffentlichten mit *Entreat* ein Live-Album mit Aufnahmen von den jüngsten Wembley-Gigs. Im Sommer gab es zudem einige Gigs bei europäischen Festivals, wozu auch ein zweiter Headliner-Auftritt in Glastonbury zählte.

Bei den Proben musste sich ein neues Line-up einspielen: Roger O'Donnell hatte die Band nach kurzer Zeit schon wieder verlassen; es hieß, dass er eine Solokarriere anstrebe. An den Keyboards ersetzte ihn Perry Bamonte.

Der war ein alter Bekannter: Seit sechs Jahren war er schon als Gitarren-Roadie mit der Band gereist. Lustigerweise hatte ihm Roberts Schwester (und Porl Thompsons Ehefrau) Janet bei ihrem Aufenthalt im Miraval das Keyboardspielen beigebracht.

Bamonte war schon mit dabei, als The Cure im Frühjahr eine EP mit dem Dance-Produzenten Mark Saunders aufnahmen, der als Koproduzent Neneh Cherrys Album *Raw Like Sushi* betreut hatte. Für Smith waren die Sessions offenbar eine gute Gelegenheit, um mit elektronischer Musik zu experimentieren, die damals in Großbritannien schwer angesagt war.

Daraus entstand die Single „Never Enough", die im September erschien und in Großbritannien und Deutschland in die Top 20 kam; in den USA schoss sie an die Spitze der Modern-Rock-Charts. Tim Popes Freakshow-Video, in dem The Cure sinnbildlich gegen die Zwänge der Unterhaltungsindustrie kämpften, die sie zu Millionären gemacht hatte, war dabei sicher hilfreich.

Nach den Festivalterminen im Sommer, die mit einer großen Party im Londoner Crystal Palace Park ihren Höhepunkt erlebten, führte Smiths Interesse an der Dance- und Acid-House-Kultur zu einem unerwarteten Nebenprojekt: Für *Mixed Up* ließ er eine Reihe bekannter Cure-Songs durch Techno-Größen wie Paul Oakenfold oder William Orbit remixen.

Es war ein mutiges Projekt, und natürlich warfen ihnen die Medien Trittbrettfahrerei vor, aber Smith erklärte zu seiner Motivation lapidar: „Nach der Düsternis von *Disintegration* hat es einfach Spaß gemacht." Passend zum Titel fielen die Kritiken „mixed" aus.

Der Winterschlaf der Band setzte sich 1991 fort; drei Gigs in London im Januar blieben die einzigen Liveshows für dieses Jahr. Im Sommer schlug dann jedoch eine Bombe bei ihnen ein.

Nachdem er aus der Band geflogen war, hatte Lol Tolhurst seinen Kummer zunächst weiterhin ertränkt, bevor er in der Londoner Reha-

mixed up

# MIXED UP

**TRACKLIST**

**SEITE 1**

Lullaby (Extended Mix)
Close To Me (Closer Mix)
Fascination Street (Extended Mix)

**SEITE 2**

The Walk (Everything Mix)
Lovesong (Extended Mix)
A Forest (Tree Mix)

**SEITE 3**

Pictures Of You (Extended Dub Mix)
Hot Hot Hot!!! (Extended Mix)
Why Can't I Be You? (Extended Mix)

**SEITE 4**

The Caterpillar (Flicker Mix)
Inbetween Days (Shiver Mix)
Never Enough (Big Mix)

**Veröffentlichungsdatum** 20. November 1990

**Aufnahmeort** Outside Studios, England

**Produzent**
Produziert von Chris Parry, Dave Allen, Robert Smith & Mark Saunders

**Line-up**
Robert Smith: Gesang, Gitarre, 6-Saiter-Bass, Keyboards
Simon Gallup: Bass
Porl Thompson: Gitarre, 6-Saiter-Bass
Boris Williams: Drums
Roger O'Donnell: Keyboards
Lol Tolhurst: Keyboards auf „Close To Me", „Hot Hot Hot!!!", „Why Can't I Be You?" und „The Caterpillar"

**Covergestaltung** Maya

**Label** Fiction FIXLP 18, 847 099-1

**Höchste Chartposition bei Erstveröffentlichung**
D 19, CH 26, A 14, UK 8, US 14, AUS 12, FRA 7, NLD 51, NZ 16, SWE 31

**Bemerkungen**
Auf der CD fehlte „Why Can't I Be You? (Extended Remix)", da die Laufzeit von Compact Discs aus technischen Gründen auf 74 (später 80) Minuten Spielzeit beschränkt war. Da die Original-Mastertapes von „A Forest" und „The Walk" nicht auffindbar waren, wurden beide Titel nicht remixt, sondern neu eingespielt.

„Nach der Düsternis von *Disintegration* hat es einfach Spaß gemacht."

ROBERT SMITH

GEGENÜBERLIEGENDE SEITE – Robert Smith sinnt über die Rache des Lol Tolhurst nach.
RECHTS – Die Videocassette *Picture Show*

Klinik The Priory einen Entzug machte. Dieses Mal hielt er durch; Mitte 1991 war er seit über einem Jahr trocken und erholte sich zunehmend.

Mit dem alten Cure-Mitstreiter Michael Dempsey und Gary Biddles, dem Ex-Roadie, der auch bei Simon Gallups Truppe Fools Dance dabei gewesen war, hatte er zudem die Band Presence gegründet.

Auf der Suche nach einem neuen Plattenvertrag ließ sich Tolhurst von einem Londoner Fachanwalt beraten, ob noch rechtliche Verpflichtungen gegenüber The Cure oder Fiction Records bestanden. Die Antwort, die er erhielt, löste eine äußerst bedauerliche Kette von Ereignissen aus.

Der Anwalt erklärte zwar, alle Verpflichtungen seien eingelöst, aber er wies auf einen von Tolhurst unterschriebenen Vertrag aus dem Dezember 1986 hin, laut dem er von der vollwertigen Bandmitgliedschaft in ein Angestelltenverhältnis gewechselt hatte. Demzufolge hätten Smith und Chris Parry seitdem zu Tolhursts Lasten einen größeren Anteil Tantiemen abschöpfen können.

Tolhurst hatte die Vereinbarung 1986 freiwillig unterschrieben, argumentierte jetzt aber, er sei von Smith bedrängt worden und habe keine Rechtsberatung gehabt, daher habe man ihn getäuscht. Er willigte ein, dass der Anwalt diesbezüglich an Smith und Parry schrieb.

„In den Tiefen meiner Seele wusste ich, was ich eigentlich wollte … Rache!", gab er in *Cured* freimütig zu. „Richtig fiese, laute, finstere Rache. Man hatte mir übel mitgespielt, und jetzt wollte ich es ihnen heimzahlen, den Arschlöchern!"

Als der Anwalt der Band natürlich darauf hinwies, dass Tolhurst aus freien Stücken unterschrieben hatte, packte der geschasste Keyboarder eine größere Keule aus. Im Sommer gab er bekannt, dass er Smith und Parry wegen nicht ausbezahlter Tantiemen verklage – und einen Anteil an den Rechten am Bandnamen verlange.

Smith war entsetzt und bezeichnete Tolhursts Forderung als „dumm". *Select* sagte er: „Er wird verlieren und den Prozess bezahlen müssen, und das wird ihn mehr kosten, als er sich überhaupt davon

> „Richtig fiese, laute, finstere Rache. Man hatte mir übel mitgespielt, und jetzt wollte ich es ihnen heimzahlen, den Arschlöchern!"
>
> LOL TOLHURST

versprechen kann. Und wegen all dem, was dann zwangsläufig ans Licht kommt, wird er jede Glaubwürdigkeit hinsichtlich seiner Zeit bei The Cure einbüßen."

Dennoch gingen nun die Anwaltsschreiben zwischen Tolhurst und dem Cure-Lager hin und her – drei Jahre lang.

Vor allem für Smith war es psychologisch und emotional ein schwerer Schlag, aber die Show musste weitergehen. Im September begannen The Cure mit der Arbeit an einem neuen Album.

Die Band ging mit ihrem Standard-Produzenten David Allen ins Manor Studio, das Virgin-Records-Gründer Richard Branson in sein Tudor-Anwesen Shipton Manor in Oxfordshire hatte einbauen lassen und das eine ganz besondere Zierde aufwies.

„Im Haus gab es ein riesiges Wandgemälde mit vielen der Künstler, die Branson für Virgin unter Vertrag genommen hatte, wie Mike Oldfield, die Simple Minds und Boy George", berichtet Boris Williams.

„Phil Collins war auf dem Wandgemälde mit noch ziemlich üppiger Haarpracht abgebildet, und Perry Bamonte, der gut malen konnte, beschloss, Collins seine aktuelle Frisur zu verpassen. Er

## BUCHTIPP

**A Letter To Elise**
Inspiriert von Jean Cocteaus Roman *Kinder der Nacht*, Franz Kafkas *Briefe an Felice* und David Bowies Song „Letter To Hermione". Nachdem er *Briefe an Felice* gelesen hatte, sagte Smith: „Zum ersten Mal hatte ich das Gefühl, die Stimme des Erzählers sei meine eigene. Sein Einfluss auf meine Texte ist enorm."

LINKS – Robert Smith über Lol Tolhursts rechtliche Schritte: „Es ist dumm."
GEGENÜBER – Das Vorsprechen für *Edward mit den Scherenhänden* war kein Erfolg.

„Es war, als ob wir gar nichts Besonderes damit anstellten, sondern nur wieder so ein Album machten. Das war es wohl, was damit nicht stimmte."

ROBERT SMITH

**OBEN** – Das Cover von *Play Out*

**LINKS** – „Wir machten nichts weiter als ein neues Album."

retuschierte ihm die Haare weg und ließ seinen Kahlkopf viel weiter in den Hintergrund treten.

Dann kam eines Tages Richard Branson vorbei, um Hallo zu sagen, und wir saßen alle wie auf Kohlen, weil Collins' Kopf direkt in seinem Blickfeld war. Perry hatte aber so gute Arbeit abgeliefert, dass Branson gar nichts auffiel."

Derbe Späße dieser Art – Bamonte bewies auch ein gutes Händchen beim Zusammenbau und Zünden von Feuerwerksraketen – lockerten in Shipton Manor die Atmosphäre auf. Der Aufnahmeprozess an sich war alles andere als entspannt.

The Cure waren mit einem Stapel Songs angereist, die sie in London schon als Demos ausgearbeitet hatten. Aber die Fertigstellung erwies sich als unerwartet schwierig, wie Boris Williams berichtet:

*Es war ein ziemlich intimes Album. Normalerweise fingen wir nachmittags um vier mit den Aufnahmen an. Es war Winter, es wurde also schon dunkel. Dann arbeiteten wir die ganze Nacht und gingen bei Morgengrauen ins Bett.*

*Ursprünglich nahmen wir jede Menge Backing Tracks auf, machten Gitarren-Overdubs und so, aber Robert wirkte mit all dem nicht glücklich und war sich nicht sicher, ob die Richtung stimmte. Also verwarfen wir alles wieder und beschlossen, als Band zusammenzuspielen.*

*Es machte Klick, als wir bei „From The Edge Of The Deep Green Sea" gemeinsam jammten. Daraus ergab sich die Richtung für den Sound der übrigen Songs.*

Das Problem war zum Teil, dass sich Robert Smith nicht sicher war, was für eine Art von Album *Wish* eigentlich werden sollte. *Disintegration* war ein tiefer Blick in seine Seele gewesen, ein blutroter *cri de cœur.* Diese Intensität fehlte jetzt. Es kam ihm vor, als ob sie lediglich routinemäßig eine Platte ablieferten.

„Es war, als ob ich die Platte ganz allein machte und die anderen nur mitspielten", sagte er später dem *Rolling Stone*. „Manchmal lief es ganz toll, an anderen Tagen war es wirklich schrecklich. Es war, als ob wir gar nichts Besonderes damit anstellten, sondern nur wieder so ein Album machten. Das war es wohl, was damit nicht stimmte. Es war, als würden wir das bisher Erreichte lediglich konsolidieren."

Smiths Worte waren hart, trafen aber zu. *Wish* war kein schlechtes Album, aber auch kein Cure-Klassiker. Es gab Highlights.

Der knackige, klaustrophobische Opener „Open" war wesentlich faszinierender und hypnotischer, als man von einem Song über das

**RECHTS** – Smith trifft Andy Bell (links) und Mark Gardener von Ride, 1991

# WISH

**Veröffentlichungsdatum** 21. April 1992

**Aufnahmeort** The Manor, Oxfordshire, England

**Produktion**
Produziert und abgemischt von David M. Allen & Robert Smith

**Line-up**
Robert Smith: Gesang, Gitarre, Keyboards, 6-Saiter-Bass
Perry Bamonte: Gitarre, Keyboards, 6-Saiter-Bass, Klavier
Porl Thompson: Gitarre
Simon Gallup: Bass
Boris Williams: Drums, Percussion
Kate Wilkinson: Bratsche

**Covergestaltung** Parched Art

**Label** Fiction FIXH 20, 513 261-1

**Höchste Chartposition bei Erstveröffentlichung**
D 6, CH 8, A 14, UK 1, US 2, AUS 1, FRA 17, NLD 22, NZ 3, NOR 7, SWE 10

**Bemerkungen**
Alle Songs von The Cure (Perry Bamonte, Simon Gallup, Robert Smith, Porl Thompson, Boris Williams). Es war das letzte Studioalbum mit Boris Williams, das erste mit Perry Bamonte und für die nächsten 16 Jahre auch das letzte mit Porl Thompson. Am 16. November 1993 erschien eine limitierte EP mit dem Titel *Lost Wishes* auf Cassette, auf der vier neue Tracks enthalten waren.

## TRACKLIST

### SEITE 1
Open
High
Apart

### SEITE 2
From The Edge Of The Deep Green Sea
Wendy Time
Doing The Unstuck

### SEITE 3
Friday I'm In Love
Trust
A Letter To Elise

### SEITE 4
Cut
To Wish Impossible Things
End

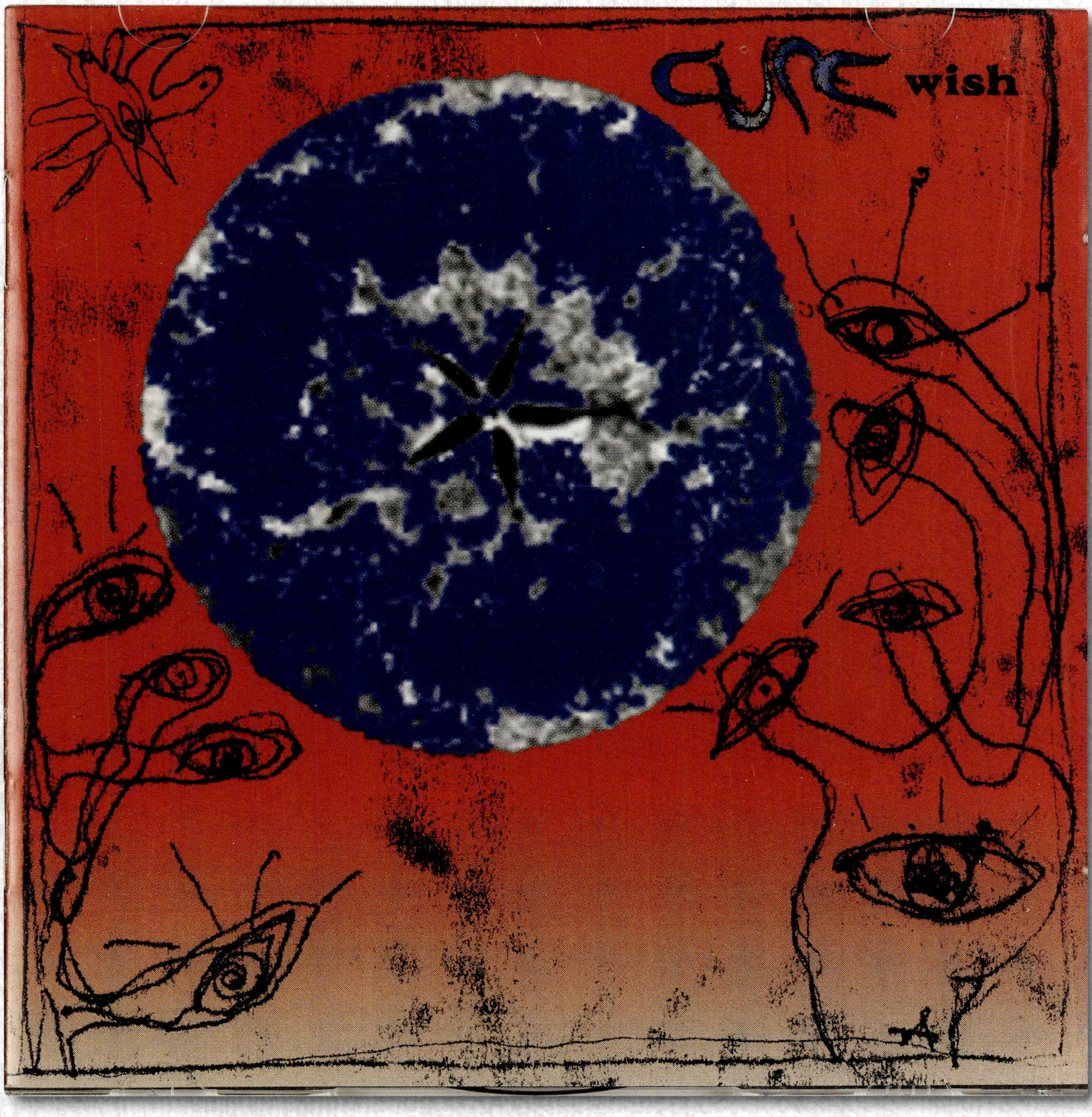
cure
wish

zögerliche Sich-Betrinken bei einer Aftershow-Party hätte erwarten können. Bei „From The Edge Of The Deep Green Sea“ behauptete Smith, es gehe um Drogen, jedenfalls war dieser siebeneinhalbminütige musikalische Trip der epischste und mutigste Track des Albums. Es sprach wohl auch Erfahrung mit heftiger Katerstimmung aus Smiths Worten: „Head in pain, hung in shame.“ „Wendy Time“ war ein kurioser, lockerer Song, in dem Smith mit seinen typischen Kieksern von einer Frau berichtete, die ihn als Beute betrachtet. „Doing The Unstuck“ hingegen war ein überraschend schwaches Stück – und der laute Ruf „Let's get happy!“ aus seinem Mund eine eher ungewöhnliche Aufforderung.

Der Höhepunkt von *Wish* war „Friday I'm In Love“. Ein herrlicher, extravagant schimmernder Song aus der „Love Cats“/„Why Can't I Be You?“-Schmiede herausragender Popsong-Kunst, wie geschaffen für MTV und das Tagesprogramm im Radio – ein Titel, den Smith nicht einmal in die Nähe von *Disintegration* gelassen hätte.

Der vielleicht interessanteste Track war jedoch der allerletzte, „End“, ein tristes, resigniertes Murmeln zu leiser, streng metrischer Musik, das klang, als ob Smith sich an die besonders besessenen unter den Cure-Fans wandte, die ihm das Leben vielleicht nicht schwer, aber doch komplizierter machten: „Please stop loving me“, bat er. „I am none of these things.“

*Wish* bot weder etwas von dem Pop-Goldstaub, wie man ihn auf *Kiss Me Kiss Me Kiss Me* fand, noch von der drogengeschwängerten Paranoia auf *Disintegration*, aber als Smith sich mit Stuart Maconie von *Q* über die Platte unterhielt, schien er die Stimmungs-Achterbahnfahrt seiner Band nicht weiter tragisch zu finden.

„Als wir *Disintegration* einspielten, war ich drei Monate lang fürchterlich schlecht drauf“, erklärte er. „Und das hört man der Platte an. Bei *Wish* hatte ich richtig gute Laune. Und das hört man auch. Wie du siehst, haben wir alle zwei oder drei Jahre mal eine Gute-Laune-Phase. Immer, wenn wir eine neue Droge entdecken. Dann sind wir eine Zeitlang glücklich. Und dann geht es wieder zurück in den Morast. Man muss für Ausgewogenheit sorgen“, schloss Smith und fügte hinzu: „Manchmal geht es um Intensität, und manchmal holt man die Pappnase raus.“

*Wish* mochte teilweise auf Autopilot eingespielt worden sein, aber viele Kritiken waren genauso reflexhaft. *Spin* gelang es wohl, die meisten Cure-Klischees in eine Rezension zu packen.

„Schluchz. Schluchz. Wimmer. Schnief“, begann die Rezension. „Entschuldigung, aber ich genieße gerade die neue Cure-Scheibe, und da macht man schließlich einen Kopfsprung in den tiefsten, hoffnungslosesten Abgrund der Verzweiflung. Oder etwa nicht?“

Ja und nein. *Spin* gab The Cure zumindest Punkte dafür, „viele verschiedene Möglichkeiten zum Ausdruck derselben Gefühle“ zu finden, kam aber zu dem Schluss: „Robert Smith ist nicht faul, aber extrem konservativ. Der Junge bräuchte mal etwas frische Luft. Oder einen Tritt in den Hintern. Egal, irgendwas, das ihn aufrüttelt.“

Nun hätte sich jedes Album, das dem überraschenden Erfolgsgiganten *Disintegration* folgte, gut verkauft, und entsprechend profitierte *Wish*, als es im April 1992 erschien, vom neuen Spitzenstatus der Band. In Amerika kam es hinter Def Leppard auf Platz 2 (auch wenn es sich weniger gut verkaufte als *Disintegration*); in Großbritannien wurde es die erste Nummer 1 der Band.

Die Tour zum Album war entsprechend gigantisch. Die *Wish*-Odyssee umfasste 111 Gigs, begann im April in Großbritannien und führte dann nach Nordamerika, Neuseeland, Australien, Europa und endete schließlich im Dezember in Dublin – ein anstrengender Terminplan, dem einer der langjährigen Reisegefährten nicht mehr gewachsen war.

RECHTS – Smith: „Please stop loving me.“
GEGENÜBERLIEGENDE SEITE OBEN: Die Picture Disc von „High“
GEGENÜBERLIEGENDE SEITE – Perry Bamonte und Robert Smith, Finsbury Park, London, 1993

„Robert Smith ist nicht faul, aber extrem konservativ. Der Junge bräuchte mal etwas frische Luft. Oder einen Tritt in den Hintern. Egal, irgendwas, das ihn aufrüttelt."

*SPIN*

„Simon Gallup war schon richtig dünn geworden, als wir *Wish* aufnahmen", erinnert sich Boris Williams. „Er aß kaum etwas und begeisterte sich immer mehr fürs Fahrradfahren. Die ganze Nacht arbeitete und trank er mit uns, hatte vielleicht zwei Stunden Schlaf und stand dann auf, um achtzig Kilometer über Land zu radeln. Das versuchte er auf Tour auch, und naja, wenig essen und viel Stress – das Tourleben kann einen fertigmachen."

Da er kaum aß, aber reichlich Alkohol trank, magerte Gallup während der *Wish*-Tour immer weiter ab und wurde im November in Italien richtig krank, bis er mit einer Rippenfellentzündung und chronischem Vitaminmangel nach Hause geschickt werden musste, um sich auszukurieren.

„Die Stimmung ging in den Keller, als Simon nicht mehr dabei war", sagt Williams. „Es war, als ob etwas fehlte. Glücklicherweise war Roberto Soave von Shelleyan Orphan ein Riesen-Cure-Fan, der Simons Parts in- und auswendig kannte, und er sprang für ihn ein, bis Simon wieder zu uns stoßen konnte."

Im Anschluss an die Tour kümmerte sich Smith um die Produktion von *Show*, einer Live-DVD, die an zwei Abenden in Auburn Hills, Michigan, aufgezeichnet worden war. Jedenfalls dann, wenn er nicht mit irgendwelchen Anwälten zusammensaß: Der Prozess gegen Lol Tolhurst hatte begonnen.

Noch einen Monat zuvor hatte Chris Parry bei Tolhurst angerufen: Es sei nicht zu spät, alles abzublasen, die Anwälte zu bezahlen und friedlich auseinanderzugehen. Doch Tolhurst wollte davon nichts hören: Er war fest entschlossen, die Sache durchzuziehen.

Das Verfahren wurde im Februar 1994 in London eröffnet und geriet zu einer peinlichen öffentlichen Schlammschlacht. Tolhurst behauptete wenig glaubhaft, er habe im Studio meist weniger getrunken als Smith und Gallup, die angeblich jeder fünf Flaschen Wein pro Nacht konsumiert hätten.

Allerdings berichtete er auch von seelischer Grausamkeit und gemeinen Streichen seitens der anderen Bandmitglieder, die beispielsweise die Studiowände mit „hässlichen Karikaturen" von ihm dekoriert oder ihm einmal sogar das Exoskelett eines Skorpions in seinen Waschlappen gepackt hätten.

„Ich wurde sehr krank und nahm über sechs Kilo ab", sagte er. „Es war ein Teufelskreis – ich versuchte, mir Selbstbewusstsein anzu-

trinken, und verlor später genau das, weil ich trank oder auch ständig gequält wurde, und schließlich war ich nicht mehr in der Lage, Musik zu machen."

In einem sechzig Seiten umfassenden Dokument schilderte Smith detailliert, wie sein Freund geistig und musikalisch abgebaut hätte. „Am Ende war er ein müder, torkelnder Schatten seiner selbst", sagte er. „Ich sagte ihm, er solle mit dem exzessiven Trinken aufhören und vernünftig Keyboardspielen lernen. Das versprach er auch."

Doch dem sei Tolhurst nicht nachgekommen, wie Smith vor Gericht sagte, und schließlich habe ihm die Band bunte Punkte auf die Keyboardtasten geklebt, damit er gewusst habe, welche er drücken müsse. „Für mich war es sehr schwer, dem rapiden Verfall eines Menschen zuzusehen, den ich seit meiner Schulzeit kannte und mochte."

„Wir Bandmitglieder mussten bei Gericht anwesend sein, falls wir als Zeugen aufgerufen worden wären", berichtet Boris Williams.

> „Es war ein Teufelskreis – ich versuchte, mir Selbstbewusstsein anzutrinken, und verlor später genau das, weil ich trank."
>
> LOL TOLHURST

OBEN – Soundcheck im The Spectrum, Philadelphia, Mai 1992
GEGENÜBERLIEGENDE SEITE – Im Tourbus, irgendwo in Kalifornien, 1992

cure
show

cure
paris

cure
sideshow

# SHOW & PARIS

## SHOW

**Veröffentlichungsdatum** 13. September 1993

**Aufnahmeort** The Palace Of Auburn Hills, Detroit, Michigan, 18.–19. Juli 1992

**Produktion**
Produziert von Robert Smith & Dave Allen

**Line-up**
Robert Smith: Gesang, Gitarre
Simon Gallup: Bass
Porl Thompson: Gitarre, Keyboards
Boris Williams: Drums
Perry Bamonte: Keyboards, Gitarre

**Covergestaltung** V

**Label** Fiction FIXCD25, 519 951-2

**Höchste Chartposition bei Erstveröffentlichung**
D 37, CH 37, A 16, UK 29, US 42, AUS 16, NLD 71, NZ 36, SWE 34

**Bemerkungen**
Alle Texte stammen von Robert Smith, die Musik von Smith, Simon Gallup, Roger O'Donnell, Porl Thompson, Boris Williams, Lol Tolhurst. Es gibt verschiedene Versionen mit abweichendem Tracklisting, aber *Show* wurde überwiegend als Doppel-CD veröffentlicht; nur die US-Version erschien als Einzel-CD. Die Titel, die darauf ausgelassen wurden („Fascination Street", „The Walk" und „Let's Go To Bed"), wurden auf der EP *Sideshow* veröffentlicht. Die CD-i enthält Extra-Titel.

**CD 1**
Tape
Open
High
Pictures Of You
Lullaby
Just Like Heaven
Fascination Street
A Night Like This
Trust

**CD 2**
Doing The Unstuck
The Walk
Let's Go To Bed
Friday I'm In Love
Inbetween Days
From The Edge Of The Deep Green Sea
Never Enough
Cut
End

## PARIS

**Veröffentlichungsdatum** 26. Oktober 1993

**Aufnahmeort** Le Zenith, Paris, 19.–21. Oktober 1992

**Produktion**
Produziert und abgemischt von Robert Smith & Brian „Chuck" Norris

**Line-up**
Robert Smith: Gesang, Gitarre
Simon Gallup: Bass
Porl Thompson: Gitarre
Boris Williams: Drums
Perry Bamonte: Keyboards, Gitarre

**Covergestaltung** V

**Label** Fiction FIXCD26, 519 994-2

**Höchste Chartposition bei Erstveröffentlichung**
UK 56, US 118, AUS 16

**Bemerkungen**
Alle Texte stammen von Robert Smith, die Musik von Smith, Simon Gallup, Roger O'Donnell, Porl Thompson, Boris Williams, Lol Tolhurst. *Paris* wurde sechs Wochen nach *Show* veröffentlicht, das in den USA aufgenommen worden war. 50 % der Einkünfte durch Tantiemen gingen an die Internationale Rotkreuz- und Rothalbmond-Organisation zur Unterstützung ihrer internationalen Hilfstätigkeit.

**TRACKLIST**
The Figurehead
One Hundred Years
At Night
Play For Today
Apart
In Your House
Lovesong
Catch
A Letter To Elise
Dressing Up
Charlotte Sometimes
Close To Me

„Für mich war es sehr schwer, dem rapiden Verfall eines Menschen zuzusehen, den ich seit meiner Schulzeit kannte und mochte."

ROBERT SMITH

„Ich fand die ganze Sache sehr unangenehm. Porl Thompson und ich saßen jeden Tag zusammen und kritzelten Cartoons."

Der Prozess beschädigte das Ansehen beider Parteien. Tolhursts Unfähigkeit wurde ausführlich dokumentiert, aber seine Schilderungen der Erniedrigungen und Quälereien durch die Band rückten The Cure in ein hässliches Licht. Alle waren erleichtert, als die Verhandlung nach drei Wochen endete; das Urteil sollte erst später gesprochen werden.

Smith nutzte diese Zwangspause im Sommer 1994 für einen Trip in die USA, um sich das Endspiel der Fußball-Weltmeisterschaft anzusehen. Am 16. September zur Urteilsverkündung war er zurück in London.

Für Tolhurst fiel es vernichtend aus. Der Richter wies alle seine Forderungen ab:

*Er hatte heftige Probleme aufgrund seiner Alkoholsucht, die er vielleicht zu überwinden hoffte, die aber zur damaligen Zeit seine Fähigkeiten als Musiker erheblich einschränkte.*

*Mir wurde überzeugend dargelegt, dass ihm die Möglichkeit, bei The Cure zu bleiben, größtenteils durch die Großzügigkeit Robert Smiths und aufgrund seines Status als Gründungsmitglied gewährt wurde. Seine musikalischen Beiträge an sich waren nicht erforderlich.*

*Nach meiner Ansicht konnte er sich damals glücklich schätzen, dass dieses Arrangement getroffen wurde ... Daher weise ich die hier von ihm gestellten Ansprüche ab.*

Vor dem Gerichtsgebäude bemerkte Tolhurst, er sei „sehr traurig" und überlege, in Berufung zu gehen, aber dazu konnte er sich letztlich nicht durchringen. Er wusste, dass die ganze betrübliche Angelegenheit erledigt war. Wenig später erfuhr er, dass sich seine Prozess- und Anwaltskosten auf fast 1 Million Pfund beliefen.

2003 gab Smith gegenüber *Mojo* einen spannenden Kommentar zu dem zermürbenden Gerichtsstreit ab: „Bei dem Prozess kam nichts heraus – wäre ich Lols Anwalt gewesen, hätte ich gewinnen können. Allein die seelische Grausamkeit ihm gegenüber. Er war die meiste Zeit so bedröhnt, dass er sich daran gar nicht mehr erinnerte."

Man muss es Tolhurst hoch anrechnen, dass er nach dem Prozess, finanziell angeschlagen und mit Eheproblemen, nicht wieder Trost im Alkohol suchte. Stattdessen wanderte er nach Kalifornien aus, wo er auch heute noch lebt.

Nun, da das belastende Gerichtsverfahren hinter ihm lag, wandte sich Robert Smith einem neuen Cure-Album zu. Dazu hatte er bereits einen neuen Produzenten angeworben, Steve Lyon, der lange mit Depeche Mode gearbeitet hatte. Was dem Sänger allerdings fehlte, war eine Band.

OBEN – Das Cover der Cassette *Lost Wishes*
GEGENÜBERLIEGENDE SEITE – Smith: „Ich hätte gewinnen können, wenn ich Lols Anwalt gewesen wäre."

„Allein die seelische Grausamkeit ihm gegenüber. Er war die meiste Zeit so bedröhnt, dass er sich daran gar nicht mehr erinnerte."

ROBERT SMITH

Während der langen Auszeit während des Prozesses hatten sich The Cure faktisch aufgelöst. Simon Gallup wurde zwar langsam wieder gesund, war mental aber immer noch stark angeschlagen. Porl Thompson, ein begeisterter Led-Zeppelin-Fan, hatte die Gelegenheit beim Schopf ergriffen, als Begleitmusiker mit Jimmy Page und Robert Plant auf Tour zu gehen.

Nach zehn Jahren und vier Alben hatte auch Boris Williams seinen Hut genommen – obwohl er das heute, mehr als zwanzig Jahre später, kaum erklären kann:

*Es war eine Frage des Selbstverständnisses. Wenn man in einer Band ist, erschafft man sich eine Persönlichkeit, die auch die anderen Mitglieder so akzeptieren. Ich hatte einfach das Gefühl, nicht mehr der zu sein, der ich bei The Cure war. Klingt das nach totalem Quatsch?*

*Mir war, als könnte ich in der Band nicht mehr authentisch sein. Ich stieg wegen meines eigenen Seelenfriedens aus. Streit hatte ich mit niemandem; ich betrachtete die Bandmitglieder als meine besten Freunde.*

**LINKS** – Wieder Headliner in Glastonbury, 1995
**GEGENÜBERLIEGENDE SEITE** – „St. Catherine's Court, meint ihr? Jane Seymour? Hmmm …"

*Vor allem bedaure ich, wie ich es tat. Ich rief Robert an, um es ihm zu sagen, und als er mich nach dem Warum fragte, konnte ich es ebenso wenig in Worte fassen wie jetzt. Deswegen sagte ich, ich wolle mich weiterentwickeln und Tabla lernen, was rückblickend ziemlich schnippisch geklungen haben muss!*

Allmählich bildete sich dann aber doch eine neue Besetzung heraus. Perry Bamonte hatte auf *Wish* bereits viel Gitarre gespielt und gab nun die Keyboards auf, um Thompson zu ersetzen. Gallup war genesen und kehrte zur Band zurück.

Mit dem Produzenten Steve Lyon – der ursprünglich als Tontechniker angeheuert worden war, während Smith die Produktion selbst übernehmen wollte – zogen The Cure in St. Catherine's Court ein, einem riesigen elisabethanischen Herrenhaus in der Nähe von Bath, das der Schauspielerin Jane Seymour gehörte, und begannen mit der Arbeit an ihrem zehnten Studioalbum, *Wild Mood Swings*.

Roger O'Donnell kehrte nach kurzer Auszeit wieder an die Keyboards zurück. Als Nachfolger von Boris Williams kamen einige Kandidaten in Frage; vor allem Mark Price von All About Eve war lange im Gespräch und ist sogar auf drei Songs der Platte zu hören.

Dann aber rekrutierte Robert Smith den neuen Vollzeitdrummer auf die traditionellste Art und Weise: Er schaltete eine Anzeige in den Printmedien.

*INTERNATIONAL*
*ERFOLGREICHE TOP-BAND*
*SUCHT DRUMMER*
*Sollte verschiedene Stilrichtungen beherrschen und mögen*
*(keine Metalheads)*

Auf diese Anzeige meldete sich unter anderem der talentierte, wenn auch vielleicht noch sehr junge und etwas unerfahrene Drummer Jason Cooper aus Bath, der zufällig ein großer Cure-Fan war und der Band anvertraute, er habe seine Teenagerzeit damit verbracht, „*Faith* zu hören und Cider zu trinken". Nach seinem Vorspielen beschloss Smith, dem Jungspund eine Chance zu geben: Er war dabei.

Mit *Wild Mood Swings* ging es zunächst langsam voran. Ähnlich wie bei *Wish* wusste Smith noch nicht genau, was für eine Art von Platte es werden sollte. Das letzte Cure-Album lag vier Jahre zurück, und nicht nur das Line-up hatte sich verändert. Die britische Musikszene wurde jetzt von Britpop und der Rivalität zwischen Blur und Oasis beherrscht; in den USA dominierte noch immer Grunge, und man trauerte um Kurt Cobain.

Bestand die Gefahr, dass es niemanden interessieren würde, wenn sich The Cure nach langer Zeit zurückmeldeten?

Lyon wurde schließlich zum Koproduzenten befördert, aber die Band unterbrach die Aufnahmen immer wieder für Auftritte bei euro-

päischen Festivals und eine Südamerika-Tour mit Page & Plant (und Porl Thompson). Chris Parry, dem das ewige Hinausschieben irgendwann zu dumm wurde, setzte der Band schließlich eine Frist.

*Wild Mood Swings* erschien im Mai 1996 und erwies sich als nettes, locker-leichtes und letztlich wenig substanzielles Album, das mitten in der Komfortzone der Band geschaffen worden war. Es war schon die zweite Platte, auf der The Cure klangen, als ob sie auf der Stelle träten.

Der Opener „Want", eine schmerzerfüllte Hymne auf die permanente Unzufriedenheit mit dem Leben, hätte auf jedem Cure-Album seit einschließlich *Seventeen Seconds* sein können. Den nächsten Song, „Club America", sang Smith mit bizarr gedehntem New Yorker Akzent, als wollte er Iggy Pop nachmachen.

Mit einem jazzigen Bläsereinsatz begann „The 13th", das mit seinen Mariachi-Anklängen als Vorab-Single eine bizarre Wahl darstellte – immerhin konnte man sagen, dass The Cure hier einmal etwas Neues versuchten. „Mint Car" klang nach dem kühnen Versuch, einen Chartstürmer nach „Friday I'm In Love"-Manier zu schreiben und war lustig, erreichte aber nicht die Qualität des letzten Hits.

„Jupiter Crash", das eine Weile auch als Albumtitel gehandelt worden war, erwies sich als gefällige, nachdenkliche Träumerei über den Weltraum und entfernte Planeten. Alles sehr nett, aber es war wohl verräterisch, dass die Songs auf *Wild Mood Swings* nur halb so lang waren wie die auf *Disintegration*. Nach Cure-Standard waren sie Appetithäppchen, Schnipsel, Krümel.

„Ursprünglich wollten wir das Album *Bare* nennen [nach dem letzten Track]", sagte mir Robert Smith, als ich sie in St. Catherine's

OBEN – The Cure beim Auftritt im Forum in Los Angeles am 11. August 1996
GEGENÜBERLIEGENDE SEITE – „Wir haben keine Ahnung, wer unser Publikum sein wird."

## LESETIPP

**Treasure**
Beeinflusst von der ersten Zeile des Gedichts „Remember" von Christina Rossetti: „Remember me when I am gone away."

Court kurz vor Ende der Aufnahmen besuchte. „Eigentlich sollte alles ganz schnell gehen, ein Wochenende und Schluss, wir alle in einem Raum mit akustischen Instrumenten, wie die Cowboy Junkies. Hätte vielleicht auch geklappt, aber dann stieg Boris aus, und ich beschloss, alles noch einmal zu überdenken." Damals wandte ich ein, dass das üppig instrumentierte, geschliffene Endprodukt so gar nicht nach diesem ersten Ansatz klinge, und Smith gab daraufhin zu, unsicher zu sein, wie The Cure gegenwärtig wahrgenommen würden.

„Wir wissen nicht so recht, wie man über uns denkt", sagte er. „Wir haben keine Ahnung, wer unser Publikum sein wird oder wie unsere alten Fans reagieren werden."

Der Titel *Wild Mood Swings* war zumindest passend – es gab launige, lockere Titel, aber auch düstere, und damit waren beide Cure-Lager versorgt.

„Einen fröhlichen Song zu schreiben, das ist für mich ein völlig anderer Prozess, als wenn es introspektiv oder melancholisch werden soll", sagte Smith. „Ich schreibe meistens, wenn ich unglücklich oder durcheinander bin. Dann trage ich meine Ängste nach außen und versuche, sie zu verstehen. Wenn ich unglaublich glücklich bin, versuche ich das nur zu genießen.

Bei ‚Mint Car' geht es um diese Vorfreude, wenn man denkt: Das wird jetzt richtig, richtig toll, etwas Besseres könnte gar nicht passieren! Aber so habe ich mich nicht gefühlt, als ich das schrieb; ich habe mich vielmehr aus der Erinnerung möglichst nahe an das Gefühl herangetastet."

Den Kritikern zufolge hatte die Band zwar versucht, ein klassisches Cure-Album abzuliefern, das aber nicht geschafft.

„Leider ist *Wild Mood Swings* nicht besonders wild", urteilte der *Rolling Stone*, „es ist so ziemlich das Gleiche wie immer. Zu viel auf dem Album basiert auf abgehangenen Cure-Mustern – düstere Meditationen über Verlust (‚Treasure') und fröhlich-schimmernde, mit Klischees spielende Popsongs (‚Mint Car'). Smith scheint in den eigenen Besessenheiten viel zu sehr gefangen, um zu erkennen, ob er sie in Kunst verwandelt hat oder ob er sie einfach nur äußert. Dazwischen verläuft ein schmaler Grat, den er früher weitaus überzeugender beschritten hat."

Natürlich war Robert Smith schon lange an lauwarme Kritiken gewöhnt. Normalerweise ignorierten die beinharten Fans sie ohnehin und kauften die Platten trotzdem millionenfach. Diesmal nicht.

In St. Catherine's Court hatte Smith mir stolz erzählt, er habe das Gefühl, The Cure hätten „die Achtziger hinter sich gelassen", im Gegensatz zu Weggefährten wie den Simple Minds oder Echo And The Bunnymen, und dafür das Experiment *Mixed Up* als Beweis angeführt.

Da war zwar etwas dran, aber dennoch war unübersehbar, dass The Cure in den Britpop-beherrschten Mittneunzigern zum ersten Mal Gefahr liefen, ein alter Hut zu sein.

Nach Erscheinen schoss *Wild Mood Swings* auf hohe Chartplätze in Großbritannien (Platz 9) und den USA (Platz 12), aber nur für kurze Zeit – abgesehen von den ganz ergebenen Fans konnte die Platte niemanden so recht begeistern.

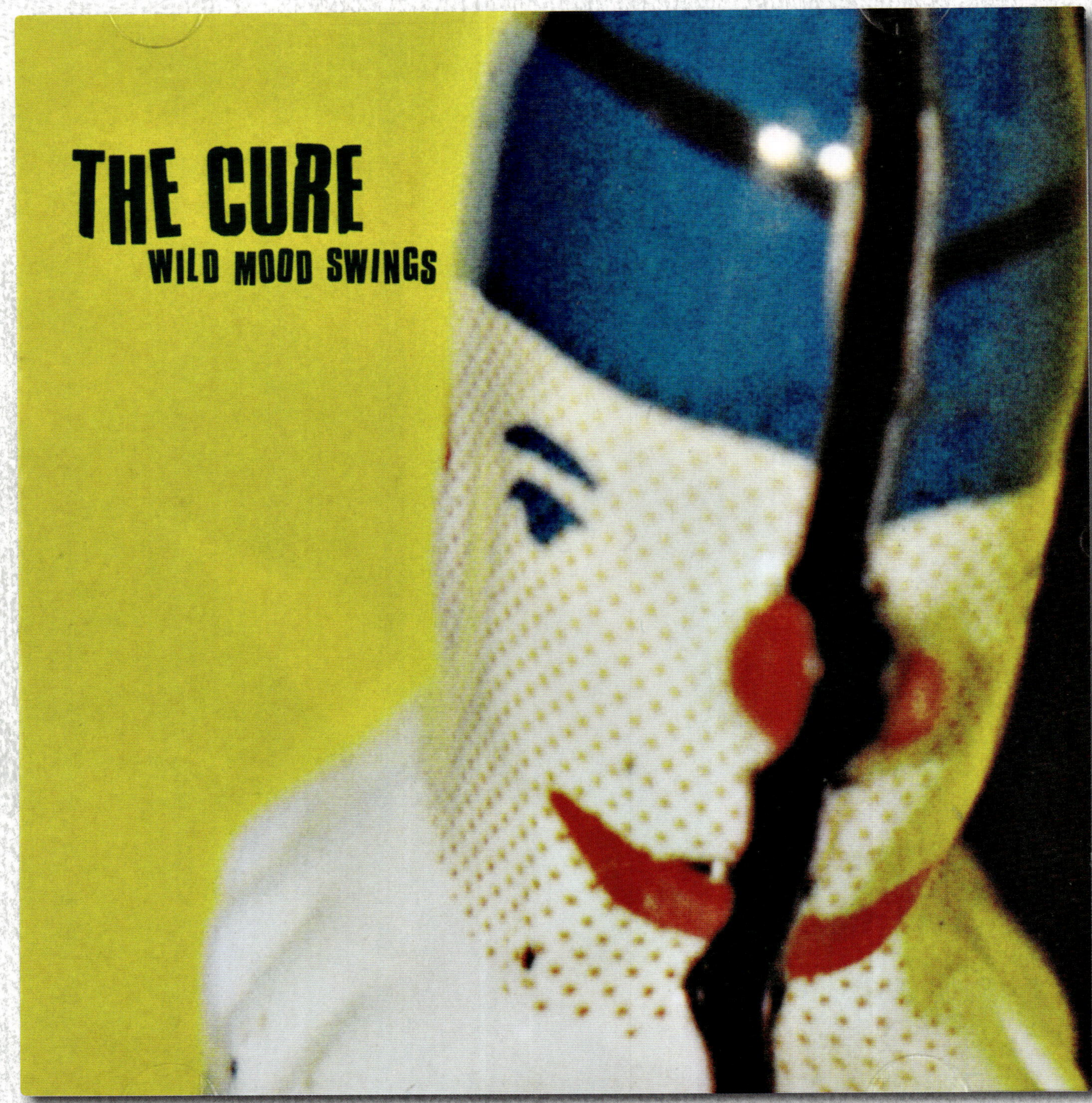
THE CURE
WILD MOOD SWINGS

# WILD MOOD SWINGS

**Veröffentlichungsdatum** 7. Mai 1996

**Aufnahmeort** St. Catherine's Court, Avon, sowie Haremere Court, Sussex, England

**Produktion**
Produziert und abgemischt von Robert Smith & Steve Lyon

**Line-up**
Robert Smith: Gitarre, 6-Saiter-Bass Fender VI, Gesang
Perry Bamonte: Gitarre, 6-Saiter-Bass Fender VI, Keyboards
Roger O'Donnell: Keyboards
Simon Gallup: Bass
Jason Cooper: Percussion, Drums

**Covergestaltung** Andy Vella & The Cure

**Label** Fiction FIXLP 28, 5317931

**Höchste Chartposition bei Erstveröffentlichung**
D 17, CH 9, A 12, UK 9, US 12, AUS 5, FRA 3, NLD 37, NZ 10, NOR 13, SWE 2

**Bemerkungen**
Alle Texte stammen von Robert Smith, die Musik von The Cure. Es ist das erste Album mit Drummer Jason Cooper, der auf 9 der 14 Tracks zu hören ist, da mehrere Schlagzeuger für den Job vorspielten, während die Platte entstand.

**TRACKLIST**

Want
Club America
This Is A Lie
The 13th
Strange Attraction
Mint Car
Jupiter Crash
Round & Round & Round
Gone!
Numb
Return
Trap
Treasure
Bare

Sie verkaufte sich weltweit nur knapp über eine Million Mal. Das war nicht einmal ein Viertel der Umsätze von *Wish*. Zum ersten Mal hatte ein Cure-Album seinen Vorgänger bei den Verkaufszahlen nicht übertroffen.

*Wild Mood Swings* war das erste Album, das in den Medien kaum stattfand. Robert Smith hat es stets standhaft verteidigt. 2004 sagte er dem *Rolling Stone*, es handle sich um einen seiner persönlichen Favoriten und es seien einige „ziemlich wahnsinnige Songs darauf". Er vermutete zudem, das exzentrische, untypische „The 13th" als erste Single könne dem Erfolg des Albums geschadet haben.

Ihr Stern stieg nicht mehr so dramatisch hoch am Firmament, aber es gab noch immer genug treue Cure-Fans, die sich zu den großen Welttourneen einfanden. Die *Swing*-Tour startete im Mai 1996 in London und führte durch 93 Arenen in Europa und Nordamerika, bevor sie kurz vor Weihnachten wieder in Großbritannien zu Ende ging.

The Cure zählten noch immer zu den größten Bands der Welt. Ob ihre vielen Millionen Fans allerdings den neuen Alben noch immer das gleiche Interesse entgegenbrachten wie den Klassikern, das war eine andere Frage.

GEGENÜBERLIEGENDE SEITE – The Cure ziehen durch die großen Arenen der Welt …
OBEN – … aber wer interessiert sich für die neuen Platten?

# KURIOS UND CURIOSA

Bei ihrer Rezension zu *Wild Mood Swings* war die *New York Times* zu einem Urteil gelangt, das möglicherweise vernichtender klang als beabsichtigt: „So heftig die inneren Qualen auch sein mögen, die Ängste wirken nicht so erschütternd wie zuletzt und all die Male vorher."

Das ließ sich allerdings nachvollziehen. Konnte es sein, dass Robert Smith, der ewig existenzialistische, unruhige Geist, dem alle Beschränkungen stets zuwider waren, der mit seinem Schicksal hadernd mehr vom Leben wollte, jetzt womöglich … zufrieden war? Oder sogar glücklich?

Und falls ja, was würde dann aus The Cure werden, seiner Plattform für Angst und Seelenpein?

Tatsächlich hatte Smith nach der *Swing*-Tour viele Gründe, sich entspannt zurückzulehnen. Er war glücklich verheiratet, hatte sich im Leben eingerichtet, besaß genug Geld, um sich seine Träume zu erfüllen, die Streitereien innerhalb der Band waren auch Geschichte – und nun, da er auf die vierzig zuging, entdeckte er, dass es ein Leben jenseits des Rock'n'Roll gab.

„Früher war ich am liebsten auf Tour oder mit The Cure im Studio", sagte er einem Journalisten, „und mein Leben spielte sich innerhalb der Band ab. Aber Alkohol, Drogen, die unvermeidlichen Spannungen – das ist nichts mehr für mich. Ich bleibe lieber zu Hause."

Inzwischen war er mit Mary von London nach Sussex gezogen und hatte sich in seinem Haus ein Studio eingebaut. Er genoss das Familienleben mit einer großen Schar von Nichten und Neffen, darunter die vier Kinder seiner Schwester Janet mit Porl Thompson. Nach zwanzig Jahren Cure wollte er die Dinge ruhig angehen.

Für besondere Ereignisse ließ er sich aber nach wie vor aus der Reserve locken, beispielsweise, als David Bowie bei ihm anrief. Smiths Jugendidol, wegen dem er überhaupt zum ersten Mal eine Gitarre in die Hand genommen hatte, plante am 9. Januar 1997 ein Konzert zur Feier seines 50. Geburtstags im Madison Square Garden und lud den Cure-Sänger dazu ein.

Smith flog nach New York für das Großereignis, an dem auch Lou Reed, Billy Corgan, Frank Black von den Pixies sowie Mitglieder von Sonic Youth und den Foo Fighters teilnahmen. Mit Bowie im Duett sang er „Quicksand" von *Hunky Dory* und „The Last Thing You Should Do" von Bowies jüngstem, Drum'n'Bass-beeinflusstem Album *Earthling*.

Bei der Aftershow-Party kam er mit dem in New York beheimateten Tontechniker und Cure-Fan Mark Plati ins Gespräch, der *Earthling*

VORHERIGE SEITE – Beim KRCQ Weenie Roast Concert, Los Angeles, 1997
RECHTS – Beim Konzert zu David Bowies 50. Geburtstag, Madison Square Garden, New York, 9. Januar 1997

Takamine

# GALORE

**TRACKLIST**

Why Can't I Be You?
Catch
Just Like Heaven (Bob Clearmountain Mix)
Hot Hot Hot!!! (François Kevorkian and Ron St. Germain Mix)
Lullaby
Fascination Street
Lovesong
Pictures Of You
Never Enough
Close To Me (Closest Mix)
High
Friday I'm In Love
A Letter To Elise
The 13th (Swing Radio Mix)
Mint Car
Strange Attraction
Gone!
Wrong Number

„Bestätigt The Cure nachdrücklich als eine der besten und experimentierfreudigsten Achtziger-Bands."

STEPHEN THOMAS ERLEWINE, *ALLMUSIC*

**Veröffentlichungsdatum** 28. Oktober 1997

**Remastert** von Metropolis Mastering

**Covergestaltung** Andy Vella

**Label** Fiction FICCDDJ30

**Höchste Chartposition bei Erstveröffentlichung**
D 51, UK 37, US 32, AUS 45, NLD 81, NZ 31, SWE 54

**Bemerkungen**
Die Tracks 1–3 erschienen ursprünglich auf *Kiss Me Kiss Me Kiss Me*, die Tracks 5–8 auf *Disintegration*, 12 und 13 auf *Wish* und 14–17 auf *Wild Mood Swings*. *Galore* enthielt Remix-Versionen von 11 dieser 14 Tracks. „Wrong Number" war der einzige bisher unveröffentlichte Song. Das Model auf dem Albumcover ist Isabel Caroline Slark.

THE CURE GALORE
THE SINGLES 1987-1997

gerade mit Bowie koproduziert hatte. Man verstand sich auf Anhieb, und Smith hatte für Plati gleich etwas zu tun.

Smith war dabei, eine Greatest Hits der Jahre 1987–1997 zusammenzustellen, *Galore*. Dazu sollte eine neue Single erscheinen, „Wrong Number“, und er bat Plati dafür um Unterstützung. Der Tontechniker flog nach London, half Smith, den Track neu zu arrangieren, und brachte zudem Bowies Gitarristen Reeves Gabrels ins Studio mit, der ein paar Riffs beisteuerte.

Zwar war Smith mit dem Ergebnis sehr zufrieden, aber „Wrong Number“ ging sang- und klanglos unter und verzeichnete nirgendwo nennenswerte Charterfolge. Auch *Galore* verkaufte sich enttäuschend: Hatte *Standing On A Beach* zehn Jahre zuvor in den USA noch Doppelplatin geholt, blieb die neue Compilation trotz Hits wie „Why Can't I Be You?“, „Friday I'm In Love“ oder „Lovesong“ hinter den Erwartungen zurück.

Dieser kommerzielle Misserfolg brachte Smith ins Nachdenken. Vielleicht, überlegte er, wollte niemand mehr The Cure als Popband sehen.

Vielleicht war es an der Zeit, zu dem zurückzukehren, was die Band eigentlich war.

Zunächst aber ging bei Smith ein Angebot ein, das er, so sehr er mit seiner Berühmtheit zuweilen haderte, nicht ablehnen konnte. Ende 1997 baten ihn die *South Park*-Schöpfer Trey Parker und Matt Stone um einen Gastauftritt in der Kultserie: Er würde sich als Zeichentrickfigur in eine riesige Motte verwandeln, Smithra, um das böse Barbra-Streisand-Monster Mecha-Streisand zu vernichten, das in South Park sein Unwesen trieb. Von der Geschichte hatte Smith allerdings noch keine Ahnung, als er die verlangten Sätze übers Telefon für Parker und Stone einlas. Die Folge wurde im Februar 1998 ausgestrahlt.

Den Spätsommer 1998 waren The Cure auf europäischen Festivals unterwegs; ein Auftritt im Londoner Forum im November war ihr letzter für dieses Jahr. Nun war es an der Zeit, sich einem neuen Album zuzuwenden.

OBEN – Backstage beim runden Geburtstag: Billy Corgan, Bowie, Lou Reed, Robert Smith
GEGENÜBERLIEGENDE SEITE – Als Headliner beim Bizarre Festival in Köln, 1998

„Alle dachten, ich sei wirklich schrecklich. War ich wahrscheinlich auch, weil ich wollte, dass sich alle nur auf die Platte konzentrieren."

ROBERT SMITH

RECHTS – Smith, allein in seiner Ecke
GEGENÜBERLIEGENDE SEITE – „Erkennbar an The Cure orientiert": Mogwai

Über dieses Werk hatte Smith vorab ausführlich nachgedacht. Es würde ihr elftes Studioalbum und das letzte im Rahmen ihres Vertrags mit Fiction in Großbritannien und Elektra in den USA sein, und er hatte beschlossen, sich mit einer finalen Geste der Unangepasstheit zu verabschieden.

Während des ganzen Jahres hatte Smith immer wieder Songs geschrieben, in seinem Heimstudio Demos aufgenommen und dabei ein bestimmtes Ziel verfolgt. Er dachte an ein neues Album, das den Titel *Bloodflowers* tragen und eine Trilogie mit *Pornography* und *Disintegration* bilden sollte.

Es würde keine atemlosen Popmelodien, keine launigen Spielereien, keine kalkulierten Hits, keine Niedlichkeiten geben. Robert Smith wollte wieder genau in den Blick nehmen, was er immer schon als Cure-Kernkompetenz betrachtet hatte: dunkle, erhabene Sinfonien über den Sinn des Lebens, die Tragik des Alterns, die Unvermeidlichkeit des Todes.

Als sich die Band mit einem neuen Produzenten zusammensetzte – Paul Corkett, der bei *Wild Mood Swings* als Tontechniker dabei gewesen war –, machte Smith das unmissverständlich deutlich: Auf sein Betreiben hin hörten sie sich alle zusammen *Pornography* und *Disintegration* an.

Anschließend gab es eine Kabinenansprache. „Damit dieses Line-up als das beste aller Zeiten in die Geschichte eingehen kann, müsst ihr ein Album erschaffen, das eine solche emotionale Wirkung hat", sagte er. „Das sind die Alben, die einem einfallen, wenn man an The Cure denkt."

Smith versuchte zudem, den Geist von *Disintegration* erneut heraufzubeschwören (was sicher auch besser war, als sich an der drogengeschwängerten Anarchie von *Pornography* zu orientieren), indem er sich wieder so stark wie möglich von allen anderen abschottete. Jeder, der nicht direkt an den Aufnahmen von *Bloodflowers* beteiligt war, hatte Studioverbot.

„Alle dachte, ich sei wirklich schrecklich", gab er später zu. „War ich wahrscheinlich auch, weil ich wollte, dass sich alle nur auf die Platte konzentrieren."

*Bloodflowers* entstand bei einem Block von Aufnahmen vor Weihnachten 1998 und einem weiteren im folgenden Frühling. Wie *Disintegration* entsprach auch diese Platte sehr Smiths persönlicher Vision: Nur zwei Songs waren Bandkompositionen, bei den übrigen war er allein als Urheber angegeben.

„Etwa drei Monate lang blendete ich den Rest der Welt weitgehend aus und kümmerte mich nur um die Platte", sagte er. „So habe ich es seit etwa zehn Jahren nicht mehr gemacht."

Auf *Pornography* hatte Smith versucht, die Dichte und Intensität der Psychedelic Furs nachzuempfinden. Beinahe zwanzig Jahre später orientierte er sich an eher zeitgenössischer Musik.

„Nachdem ich das erste Mal *Young Team* [das Debüt der schottischen Noise-Pop-Band Mogwai von 1997] gehört hatte, wollte ich gern auch etwas mit einer solchen Power machen", erklärte er dem *Uncut*, als *Bloodflowers* erschien. „Ich denke, Mogwai haben sich recht erkennbar daran orientiert, was The Cure über die Jahre machten, und ich stehe in ihrer Schuld, weil sie mich daran erinnert haben, was man erreichen kann, wenn man eine extreme Idee bis zum Letzten ausreizt."

Aber wie extrem war *Bloodflowers*? Beim ersten Anhören war klar, dass Smith zur ursprünglichen Blaupause seiner Band zurückgekehrt war – grüblerische Melodien, hallende, sorgsam ausgearbeitete Melancholie, lange Songs, die sich in ihrem eigenen Tempo unheilvoll entfalteten –, und dennoch hatte sich inzwischen etwas geändert. Robert Smiths Triebfeder war nicht mehr die brennende Intensität der Jugend.

BLOODFLOWERS

# BLOODFLOWERS

„Es sind hässliche Songs, durchdrungen von einer entsetzlichen, besessenen Schönheit."

APRIL LONG, *NME*

**Veröffentlichungsdatum** 15. Februar 2000

**Aufnahmeort** St. Catherine's Court, Avon, sowie RAK Studios, London, England

**Produktion**
Produziert und abgemischt von Robert Smith & Paul Corkett

**Line-up**
Robert Smith: Gesang, Gitarre, Keyboards, 6-Saiter-Bass
Roger O'Donnell: Keyboards
Perry Bamonte: Gitarre, 6-Saiter-Bass
Simon Gallup: Bass
Jason Cooper: Drums, Percussion

**Covergestaltung** Stylorogue & smART

**Label** Fiction FIXCD31, 543 123-2

**Höchste Chartposition bei Erstveröffentlichung**
D 5, CH 3, A 22, UK 14, US 16, AUS 11, FRA 3, NLD 50, NZ 41, NOR 5, SWE 5

**Bemerkungen**
Alle Texte stammen von Robert Smith, die Musik von The Cure. Es ist das letzte Album, auf dem ausgiebig mit Keyboards gearbeitet wurde. Auf der 2004 erschienenen *The Cure* kamen sie weitaus sparsamer zum Einsatz, und nach dem Ausstieg von Roger O'Donnell nach Abschluss der dazugehörigen Tournee bestand die Band nur noch als Quartett und verzichtete ganz auf einen Keyboarder.

**TRACKLIST**

Out Of This World
Watching Me Fall
Where The Birds Always Sing
Maybe Someday
The Last Day Of Summer
There Is No If …
The Loudest Sound
39
Bloodflowers

> „Heute akzeptiere ich, dass The Cure einen typischen Sound haben, und dieses Album bringt ihn auf den Punkt.“
>
> ROBERT SMITH

Die Songs zeigten einen älteren Mann, der statt voller Zorn in den vor ihm liegenden Abgrund rückwärtsgewandt auf ein Leben blickte, das hart und wild und nicht immer weise gewesen war. Smith zürnte nicht mehr angesichts des verlöschenden Lichts, sondern seufzte lediglich.

Von daher entfaltete sich der erste Track, das nachdenkliche „Out Of This World“, sanft über einer in mittlerem Tempo gespielten Gitarre, während Smith darüber nachdachte, wo er sich befand und wo er gewesen war: „When we look back on it all, as I know we will / You and I, wide-eyed / I wonder / Will we really remember how it feels to be this alive?“

Der Song war von genau dem Geist erfüllt, der einst die Three Imaginary Boys aus Crawley angetrieben hatte, von einem unverdorbenen Staunen über das Wunder der bloßen Existenz. Aber die Ängste der Teenagerjahre waren lange schon vergangen: Die hier eingefangene Emotion ging eher in Richtung Beschaulichkeit.

Das folgende elfminütige „Watching Me Fall“ fiel dunkler aus; Smith sah sich selbst zu, wie er verblich. Der Text schien auch auf eine sexuelle Episode in Tokio anzuspielen, aber wer konnte das schon genau sagen? Das kryptische Bedauern des Songs blieb vage und quälend.

*Bloodflowers* behielt die reflektierende Stimmung bei: „The world is neither fair nor unfair“, behauptete Smith in „Where The Birds Always Sing“.

Musikalisch war das Album nachdenklich gehalten, wie in gedämpften Pastelltönen, und mit einigen blutroten Verletzungsnarben versehen, getragen und melancholisch. Tempowechsel gab es nicht.

Es war ein Beispiel für vollendete Handwerkskunst, und die Gefühle in Smiths Texten kamen offenbar von Herzen. An *Bloodflowers* war wenig auszusetzen – höchstens vielleicht, dass mitreißende Hooks oder Melodien, die zwischen den eleganten, ineinander übergehenden Tracks für erkennbare Höhepunkte gesorgt hätten, (bewusst) fehlten.

Smith hatte „39“ über sein eigenes Leben geschrieben, als ihm klar wurde, dass ein runder Geburtstag nahte, aber es war ein selbstkritischer Blick: „The fire is almost out and there's nothing left to burn / I've run right out of thoughts and I've run right out of words …“ Das vorherrschende Gefühl entsprach jedoch eher Resignation als Verzweiflung.

Wie auch immer die Welt darüber dachte, Robert Smith war mit *Bloodflowers* hochzufrieden – und überzeugt, wie beabsichtigt den neben *Pornography* und *Disintegration* noch fehlenden Teil einer dunklen Trilogie geschaffen zu haben.

„Es gehört zu den drei klassischen Cure-Alben“, sagte er dem *Uncut* über die Platte. „Heute akzeptiere ich, dass The Cure einen typischen Sound haben, und dieses Album bringt ihn auf den Punkt. Inzwischen gefällt mir diese Vorstellung. Ich mag die Tatsache, dass man innerhalb von dreißig Sekunden weiß: Das sind The Cure. Es zeigt, was wir inzwischen erreicht haben.“

Dennoch war *Bloodflowers* wohl ein Album geworden, das man eher bewunderte als liebte. Dementsprechend fielen die Kritiken respektvoll, aber uneinheitlich aus. „*Bloodflowers* ist bis ins Detail ein Cure-Album“, erklärte *Q*. „Gut, es gibt keine offensichtliche Hitsingle oder einen dieser plötzlichen Ausbrüche poppiger Verrücktheit – aber dafür wird man anderweitig entschädigt.“

Der *NME* brachte es gut auf den Punkt. „Statt einen letzten Nagel in den Sarg der 23-jährigen, dem Tode geweihten Cure-Karriere zu schlagen, klappt *Bloodflowers* den Deckel auf und stellt fest, dass sich die Wiederbelebung lohnt“, kommentierte April Long. „Was uns bleibt, ist der dunkle, intensive Kern von Smiths Psyche und eine Erinnerung daran, dass The Cure immer am besten sind, wenn sie Soundlandschaften aus Unsicherheit und Furcht heraufbeschwören. Es sind hässliche Songs, durchdrungen von einer entsetzlichen, besessenen Schönheit. Sie haben keine echte Struktur, sondern breiten sich ausufernd in alle Richtungen aus.“

Bei seiner Veröffentlichung im Februar 2000 stieg *Bloodflowers* in Großbritannien und den USA in die Top 20 ein, ohne jedoch beim Umsatz zu früheren Höhen zurückzukehren. Als die Band das Album Anfang des Jahres auf einer kurzen Tour in Europa und Nordamerika vorstellte, kam es zu einer berührenden Versöhnung.

Lol Tolhurst war seit seinem Umzug nach Kalifornien 1994 trocken und hatte nach seiner Scheidung die Amerikanerin Cindy Levinson geheiratet, mit der er als Duo Levinhurst träumerisch-elektronische

GEGENÜBERLIEGENDE SEITE – „The fire is out and there's nothing left to burn …“

# GREATEST HITS

**Veröffentlichungsdatum** 13. November 2001

**Aufnahmeort** St. Catherine's Court, Avon, sowie Haremere Court, Sussex, England

**Remastert** von Metropolis Mastering

**Covergestaltung** Stylorogue

**Label** Fiction FIXCDL32, 589 435-2

**Höchste Chartposition bei Erstveröffentlichung**
D 22, CH 24, A 34, UK 33, US 58, AUS 27, FRA 9, NZ 17, NOR 24, SWE 48

**Bemerkungen**
*Greatest Hits* enthält ausgewählte Singles aus den 25 Karrierejahren der Band, außerdem die beiden neuen Titel „Cut Here" und „Just Say Yes". Sämtliche Songs wurden remastert. Um den Hardcore-Fans, die das bereits erschienene Material schon besaßen, etwas Besonderes zu bieten, ließ Robert Smith die Band und Ex-Schlagzeuger Boris Williams Akustikversionen der *Greatest Hits* aufnehmen. Die Bonus-CD *Acoustic Hits* war jedoch nur der Erstauflage von *Greatest Hits* beigelegt.

**TRACKLIST**

Boys Don't Cry
A Forest
Let's Go To Bed
The Love Cats
The Caterpillar
In Between Days
Close To Me
Why Can't I Be You?
Just Like Heaven
Lullaby
Lovesong
Pictures Of You
Never Enough
High
Friday I'm In Love
Mint Car
Wrong Number
Cut Here
Just Say Yes

Popmusik aufnahm. Nun war er bestrebt, sich mit seiner Vergangenheit auszusöhnen. In einem Brief hatte er sich bei Robert Smith für sein Verhalten in seinen letzten Jahren ihrer Zusammenarbeit entschuldigt und gefragt, ob ein persönliches Gespräch möglich sei, und Smith hatte seinen alten Bandkollegen eingeladen, sich beim Cure-Konzert im Hollywood Palace am 19. Februar mit ihm zu treffen.

In *Cured* beschrieb Tolhurst bewegend, wie er Smith vor dem Gig in der Garderobe wiedersah – zum ersten Mal seit dem Gerichtsprozess. Die beiden umarmten sich, bevor Smith alle Anwesenden bat, sie allein zu lassen, damit sie sich unterhalten könnten.

Tolhurst entschuldigte sich stotternd für die Probleme, die er der Band bereitet habe, aber Smith legte ihm die Hand auf die Schulter: „Hey, langsam, es ist alles okay. Wir haben viel Zeit."

„Ich begriff, dass mir bereits verziehen worden war", berichtete Tolhurst in *Cured*. „Der verlorene Sohn konnte endlich nach Hause kommen."

Tolhurst sah sich erst das Konzert an, dann ging er mit der Band noch in einen Club (wobei er ausschließlich Wasser trank), bevor er Smith in sein Hotel am Sunset Boulevard begleitete und die beiden bis zum Morgengrauen redeten. Es war viel Zeit vergangen, aber das machte die Wiederannäherung umso kostbarer.

Zurück in England verließen The Cure nach 23 Jahren ihr Label Fiction. Chris Parry hatte sein Unternehmen an den Branchenriesen Universal Music verkauft, und damit lief der Vertrag mit ihnen aus. Mit dem Erlös kehrte Parry ins heimische Neuseeland zurück, wo er seine alte Band Fourmyula reaktivierte.

Die vorletzte Aktion, von der das Label noch profitierte, war die ausgedehnte *Dream*-Tour im Jahr 2000, auf der die Band *Bloodflowers* in 57 Hallen und Arenen in Europa, Nordamerika und Australien vorstellte. Smith, der stets The Cures ideelles Vermächtnis im Blick behielt, stellte zudem noch zwei Abschieds-Compilations für Fiction zusammen: 2001 das konventionelle Doppelalbum *The Cure Greatest Hits* und 2004 das vier CDs und siebzig Songs umfassende Box-Set *Join The Dots* mit B-Seiten und Raritäten.

Als die *Dream*-Tour endete, standen The Cure zum ersten Mal seit 1978 ohne Plattenvertrag da.

Es stand ernsthaft in Frage, ob sie überhaupt weitermachen wollten. Das Ende der langjährigen Geschäftsbeziehung mit Fiction hätte einen natürlichen Schlusspunkt setzen können, zumal Smith *Bloodflowers* als einen Höhepunkt und auf gewisse Weise auch als Resümee ihrer Karriere betrachtete.

Die Plattenverkäufe waren weiter rückläufig (wobei das in den Zeiten digitaler Piraterie nicht nur The Cure betraf), und verständlicherweise fragte sich Smith angesichts dessen, ob noch Interesse an The Cure bestand – und ob er noch Lust hatte, mit der Gruppe Musik zu machen.

RECHTS – Bei einem intimen Gig im Londoner Astoria, Juni 2000

> „Ich begriff, dass mir bereits verziehen worden war. Der verlorene Sohn konnte endlich nach Hause kommen."
>
> LOL TOLHURST

Auf der Bühne beim Livid
Festival, 21. Oktober 2000
in Brisbane

> „Ich hatte noch nie jemanden mit so viel Lebenshunger kennengelernt."
>
> ROBERT SMITH

Nach der *Dream*-Tour begab sich die Band zunächst in Winterschlaf – 2001 gab es nur zwei kleine Privatgigs in Paris, einer davon mit Boris Williams, der kurz als Percussionist auf die Bühne kam. Im Jahr darauf absolvierten The Cure eine Reihe lukrativer Headliner-Auftritte bei Festivals in Europa, aber neues Material war nicht in Sicht.

Tatsächlich blickte die Band 2002 vor allem zurück. Im Berliner Tempodrom spielte sie am 11. und 12. November die Alben *Pornography, Disintegration* und *Bloodflowers* in ganzer Länge; die Shows erschienen später auf der DVD *Trilogy*.

Dann, gegen Ende 2002, entdeckte Robert Smith einen Artikel in einem Musikmagazin, der unerwartet sein Interesse weckte.

Es handelte sich um ein Interview mit dem amerikanischen Produzenten Ross Robinson, dessen bisherige Karriere in völlig anderen Bahnen verlaufen war als die Smiths. Robinson wurde vor allem mit Nu-Metal in Verbindung gebracht, einem Amalgam aus demonstrativ vor sich her getragener Seelenqual und rohem Testosteron, das sich rund um die Jahrtausendwende in der US-Rockszene breitgemacht hatte.

Robinson hatte als Thrashmetal-Gitarrist angefangen, war 1994 für die Produktion von Korns Debütalbum und dessen mit Platin ausgezeichnetem Nachfolger *Life Is Peachy* an die Regler gewechselt und hatte mit *Three Dollar Bill, Y'All* das Debüt von Limp Bizkit betreut. Zwischen Robinson und The Cure schien es keine Verbindung zu geben … aber in besagtem Artikel sprach Ross Robinson über seine favorisierten Gitarrensounds und nannte Smith seinen absoluten Lieblingsgitarristen.

„Daraufhin machte ich mich über ihn schlau", berichtete Smith dem *Spin*. „Das erste Korn-Album besaß ich zwar, hatte es aber schon lange nicht mehr gehört, also legte ich es mal wieder auf. Und nachdem ich wusste, was er machte, dachte ich: Hey, das ist wirklich verrückt, dass wir ihm gefallen, weil er sonst so völlig andere Musik macht."

Smiths Interesse wuchs, als er feststellte, dass Robinson *Start With A Strong And Persistent Desire*, das erste (und bisher einzige) Album der kaum bekannten britischen Rockband Vex Red produziert hatte, die er sehr mochte. Er beschloss, sich mit ihm in Verbindung zu setzen.

Robinson reagierte begeistert auf die Anfrage, und die beiden trafen sich im Sommer backstage bei einem Festival. „Wir verstanden uns sofort", staunte Smith. „Ich hatte noch nie jemanden mit so viel Lebenshunger kennengelernt … Irgendwo hatte ich gelesen, dass er wahnsinnig gern das nächste Cure-Album produziert hätte, aber ich hatte nicht erwartet, dass wir auf einer Wellenlänge liegen würden."

Zunächst schlug Smith vor, dass Robinson das Soloalbum betreuen solle, von dem der Cure-Sänger seit *Disintegration* sprach, aber davon brachte ihn sein neuer Mitstreiter wieder ab: „Er sagte: ‚Die Zeit ist reif für ein neues Cure-Album, das habe ich im Gefühl!'"

Robinson blieb äußerst hartnäckig und überschüttete Smith in den kommenden Monaten mit Mails und Faxnachrichten – bis der sich Anfang 2003 bereit erklärte, Robinson nicht nur für das neue Cure-Album zu engagieren, sondern auch einen Dreijahresvertrag mit dessen Plattenlabel I Am abzuschließen.

„The Cure sind schon seit Jahren meine Lieblingsband", verkündete Robinson anlässlich dieser Vereinbarung. „Sie haben meine Produktionsweise entscheidend geprägt. The Cure haben mir eine empfindsamere, sensiblere Art von Musik nahegebracht, und dieses Gefühl habe ich in jedes meiner Projekte einfließen lassen."

Ein Zyniker hätte vielleicht angemerkt, dass in Robinsons Arbeiten für Künstler wie Limp Bizkit, Sepultura oder Slipknot vielleicht nicht übertrieben viel Empfindsamkeit durchschimmerte, aber die Zusammenarbeit war beschlossene Sache, und Robinson und The Cure beschnupperten sich im Frühjahr 2004 in den Londoner Olympic Studios.

Von Anfang an war klar, dass Robinson lauter, überschwänglicher, ernster und *amerikanischer* war als jeder andere Produzent, mit dem The Cure bisher gearbeitet hatten. Die erste Session geriet spektakulär.

„Am ersten Studiotag bauten wir alles auf und begannen mit einem Song", berichtete Smith. „Er ließ uns etwa eine Stunde spielen, dann kam er raus und fing an, Sachen durch die Gegend zu treten und total auszuflippen: ‚Ihr seid doch The Cure, was macht ihr da, verdammte Scheiße?' Dieser Typ rannte durch die Gegend, schmiss irgendwelche Sachen um und brüllte: ‚Verfickte Kacke, kapiert das denn keiner von euch?'"

GEGENÜBERLIEGENDE SEITE – „Nu-Metal, meint ihr? Na klar, warum nicht?"

Er mochte ein Riesenfan der Band sein, aber Robinson fasste The Cure bei der Produktion nicht mit Samthandschuhen an und legte fest, dass die Band pro Tag einen Song aufnehmen sollte. Während die Band gemeinsam für die Musik verantwortlich zeichnete, schrieb Smith als Einziger die Texte, und Robinson drängte ihn bei jeder Session, den anderen ihren Inhalt genau zu erläutern.

„Ich dachte: Das gibt's ja wohl nicht, dass ich mich hier erklären soll!", gab Smith zu. „Aber dann dachte ich auch: Okay, ich mache das jetzt mal mit, wir wollten die Dinge ja bewusst anders angehen."

Nachdem er jahrelang im Studio als Einziger für Motivation und Disziplin zuständig gewesen war, kam Smith überraschend gut damit zurecht, dass ihm der ruppige, hyperaktive Amerikaner das ein wenig abnahm. „Ich weinte fast vor Freude", sagte er *Spin*. Einige seiner Bandkollegen waren von Robinsons Arbeit allerdings weniger begeistert.

„Mir kann keiner erzählen, dass er so ein toller Produzent ist", sagte Simon Gallup. „Für mich war er ein Albtraum. Von mir wird niemand etwas Positives über ihn hören. Er ist einfach nur ein Idiot."

Roger O'Donnell zeigte sich auch nicht beeindruckt. Als er sich anfangs Robinsons gleichzeitig konfrontativer und hochemotionaler Herangehensweise verweigerte, baute sich der Produzent gern direkt vor ihm auf, um dann in ein irres, gackerndes Gelächter auszubrechen.

Die Sessions hätten eine Katastrophe werden können. Aber irgendwie kam doch etwas dabei heraus, wobei es sicher hilfreich war, dass Robinson nicht versuchte, The Cure wie Slipknot klingen zu lassen.

„Als wir uns mit Ross Robinson zusammentaten, wollte ich die härteste Platte machen, zu der The Cure in der Lage waren", sagte Smith auf MTV. „Aber Ross steht auch sehr auf die melodische, poppige Seite der Band, und auf die emotionalere."

Wahrscheinlich konnten die Fans erst einmal dankbar sein, dass es überhaupt ein neues Cure-Album gab. „Hätte ich Ross nicht kennengelernt, hätten wir diese Platte nicht gemacht", sagte Smith dem *Spin*. „Ohne jemanden mit seiner Begeisterung hätte ich unsere Karriere einfach auslaufen lassen. Für mich wäre *Bloodflowers* ein toller Abschluss gewesen."

Nach zwölf Alben taten The Cure nun das, was viele Bands bei ihrem Debüt tun: Sie wählten den eigenen Bandnamen als Titel. „Ich habe aus gutem Grund beschlossen, sie *The Cure* zu nennen", erklärte Smith vollmundig. „Ich denke, es ist die beste Platte, die wir je gemacht haben."

Altgediente Fans mussten aber nicht befürchten, dass Robinson eine grobschlächtige Nu-Metal-Band aus ihren Helden gemacht hatte. Gut, hin und wieder grollten die Gitarren eher bedrohlich, statt ätherische Klangwälle zu bilden, aber *The Cure* war trotzdem durch und durch ein Cure-Album.

Im Opener „Lost" klagte Smith über den Verlust der eigenen Identität, der mit dem Verliebtsein einhergeht, und klang dabei wie kurz

> „Er ließ uns etwa eine Stunde spielen, dann kam er raus und fing an, Sachen durch die Gegend zu treten und total auszuflippen."
>
> ROBERT SMITH

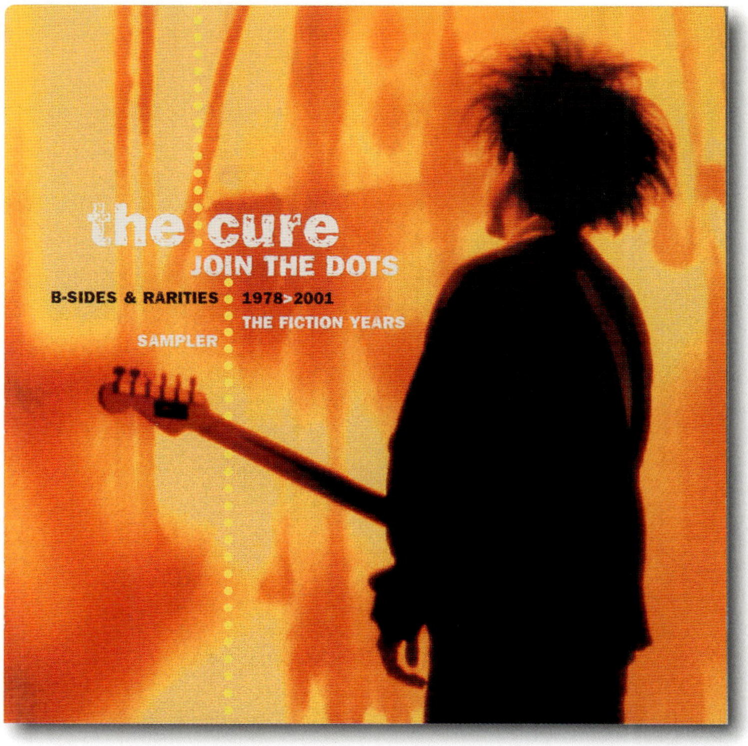


GEGENÜBERLIEGENDE SEITE – Smith über die Aufnahmen mit Ross Robinson: „Ich weinte fast vor Freude."
OBEN – Promo-Cover von *Join The Dots*

# THE CURE

**Veröffentlichungsdatum** 29. Juni 2004

**Aufnahmeort** Olympic Studios, London, England

**Produktion**
Produziert und abgemischt von Robert Smith & Ross Robinson

**Line-up**
Robert Smith: Gesang, Gitarre
Roger O'Donnell: Keyboards
Perry Bamonte: Gitarre
Simon Gallup: Bass
Jason Cooper: Drums

**Covergestaltung** Stylorogue & smART

**Label** Geffen B0002870-12

**Höchste Chartposition bei Erstveröffentlichung**
D 3, CH 5, A 12, UK 8, US 7, AUS 28, FRA 4, NLD 37, NZ 32, NOR 10, SWE 10

**Bemerkungen**
Alle Texte stammten von Robert Smith, die Musik von The Cure. Die Coverzeichnungen hatten Robert Smiths jüngere Nichten und Neffen angefertigt, ohne zu wissen, dass ihre Bilder später die Platte zieren würden. Sie hatten jeweils einen „guten Traum" und einen „bösen Traum" malen sollen.

**TRACKLIST**

Lost
Labyrinth
Before Three
Truth Goodness And Beauty (auf den nordamerikanischen und brasilianischen Pressungen nicht enthalten)
The End Of The World
Anniversary
Us Or Them
Fake (auf der japanischen CD-Version enthalten)
Alt. End
(I Don't Know What's Going) On
Taking Off
Never
The Promise
Going Nowhere (auf den nordamerikanischen Pressungen nicht enthalten)
This Morning (auf der CD-Version nicht enthalten)

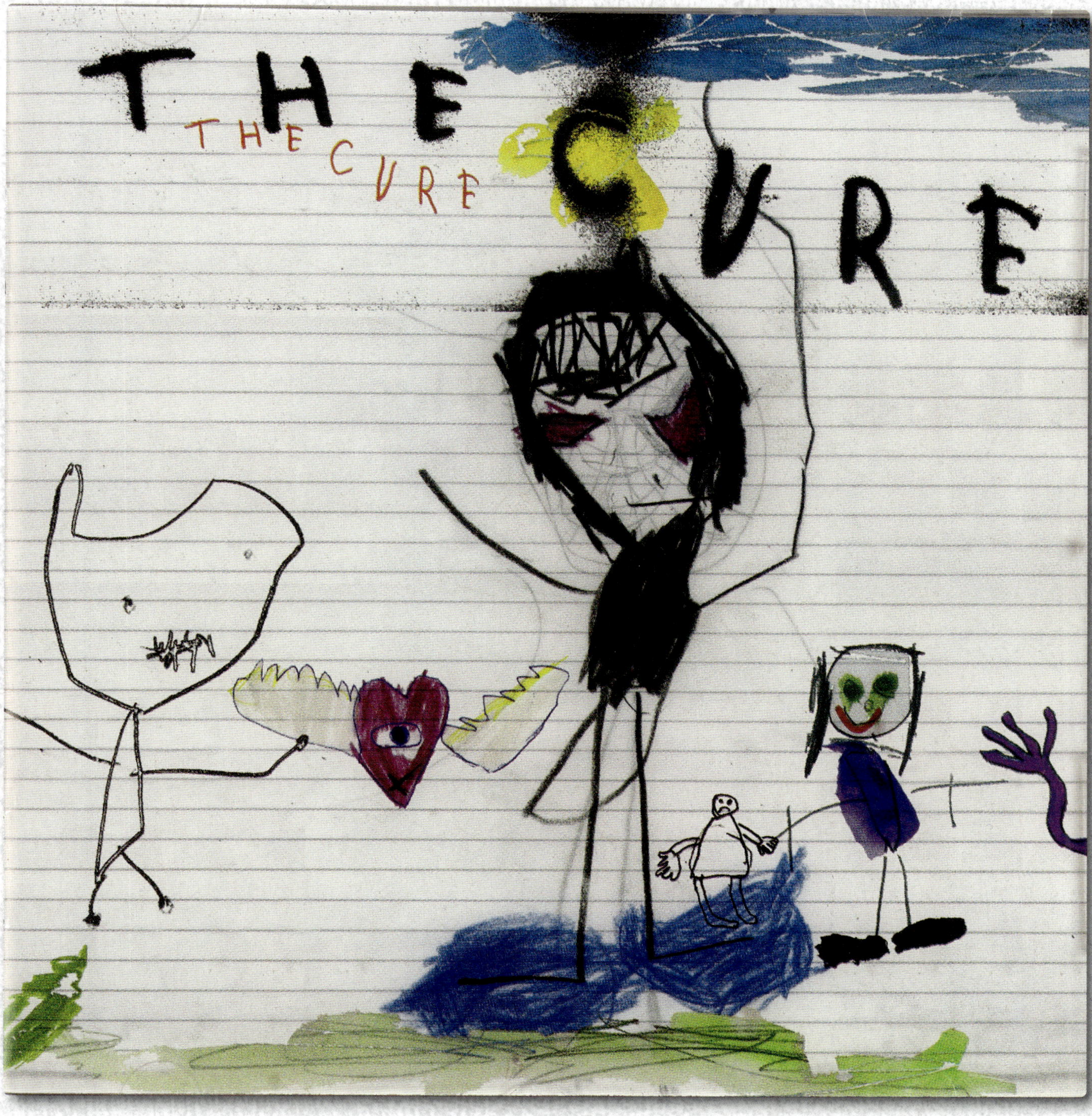
THE CURE
THE CURE

vor einem Zusammenbruch – was vielleicht kein Wunder war, wenn man bedachte, dass Robinson sich beim Aufnehmen der Gesangsspuren gern vor ihm aufgebaut und gebrüllt hatte: „Na los! Bring mich zum Weinen!"

In „Labyrinth" gab sich Smith nach altvertrautem Muster unspezifischen Ängsten hin, einer vertrauten Verzweiflung, die beinahe etwas Beruhigendes hatte. „Truth Goodness And Beauty" war ähnlich gelagert, wobei der Titel schon fast parodistisch die Neigung der Band erfasste, sich den ganz großen Fragen des Lebens zu widmen.

„The End Of The World" fiel auf, weil es sich mit seiner relativ lebhaften Gitarre und Smiths ungewöhnlich engagiertem Gesang von den übrigen, teilweise sehr Cure-typischen Songs abhob. „Us Or Them" wiederum kam mit kantigen Gitarrensounds daher, die The Cure wesentlich grimmiger und entschlossener klingen ließen als sonst.

Unter den überwiegend zwar intensiven, aber kurzen Tracks bildete „The Promise" mit seinen mehr als zehn Minuten Länge die große Ausnahme. Smith setzte sich darin mit einer treulosen Ex-Geliebten auseinander, und der tiefempfundene Zorn, den er vermittelte, ließ eine bewundernswerte Vorstellungskraft erkennen, wenn man bedachte, dass er seit vierzig Jahren in einer festen Beziehung lebte.

*The Cure* war ein mächtiges, kraftvolles Ungeheuer, unter dessen makelloser, siedender Oberfläche blutrote Zähne und Klauen lauerten. Allerdings litt es – wie seine beiden Vorgänger – darunter, dass jegliche Popmagie oder radiotaugliche Melodie einer düsteren Distanziertheit geopfert worden waren. Die langjährigen Fans waren damit sicher glücklich, neue ließen sich damit vermutlich nicht gewinnen.

Aber das schien Robert Smith inzwischen gerade recht zu sein.

Als die Platte im Juni 2004 erschien, fielen die Kritiken größtenteils positiv aus, auch wenn einige Journalisten bemängelten, dass die Band auf ausgetretenen Pfaden wandelte. „The Cure klingen mal wieder sehr nach The Cure", bemerkte *Q*. „Was nie schlecht ist, eben nur vertraut."

Das einflussreiche Webportal *Pitchfork* meinte, das Album klinge gar nicht nach den klassischen Cure, sei aber besser als die vorherigen Werke: „Es wäre albern, *Disintegration* als Vergleich heranzuziehen, aber *The Cure* ist um einiges aufregender als die letzten gitarrenlastigen Werke der Band." So freundlich man im Allgemeinen urteilte, Robert Smiths Einschätzung, es sei das beste Cure-Album aller Zeiten, teilte wohl niemand.

Wie seine Vorgänger stieg auch *The Cure* hoch in die Charts ein – in Großbritannien, den USA und Deutschland kam es sofort in die Top 10 –, fiel aber auch schnell wieder heraus. The Cure liefen Gefahr, wieder das zu werden, was sie in ihren Anfangstagen gewesen waren: eine Kultband.

Allerdings eine, die noch immer große Hallen füllte – und auch, wenn *The Cure* musikalisch kein Neuland erschlossen hatte, wurde es zumindest höchst innovativ vorgestellt.

Nach einer Reihe von Festivalauftritten in Europa reisten The Cure im Juli in die USA und begannen mit den Vorbereitungen für *Curiosa:* ein Wander-Festival mit einer Vielzahl von Bands, die Smith selbst ausgewählt hatte.

Es mochte Zufall sein oder auch nicht, jedenfalls waren zahlreiche Gruppen dabei, die deutlich von The Cure beeinflusst worden waren. Neben Smiths Lieblingen Mogwai spielten Interpol und The Rapture aus New York, und auf einer drehbaren zweiten Bühne traten Muse, The Cooper Temple Clause und die frühere Hole-Bassistin Melissa Auf Der Maur auf.

*Curiosa* zog durch die Vereinigten Staaten, von West Palm Beach am 24. Juli bis Sacramento am 29. August – und das zu einer Zeit, in der Festivals in den USA ein echtes Risiko darstellten: Das ehrwürdige Lollapalooza war im Sommer aufgrund des schleppenden Vorverkaufs abgesagt worden.

Auch beim *Curiosa* wurde es gelegentlich kritisch; in einigen Städten wie Atlanta oder Cincinnati war die Nachfrage enttäuschend. Aber insgesamt gesehen erschienen die langjährigen, treuen Cure-

Fans ebenso zahlreich wie jüngere aus der Hipster-Szene, und damit rentierte sich das Unternehmen am Ende doch.

Smith selbst fand das ganze Abenteuer herrlich. „Ich hatte schon seit Ewigkeiten nicht mehr so viel Spaß auf einer Tour", schwärmte er gegenüber einem MTV-Journalisten, der sie *on the road* begleitete. „Es hat all meine Erwartungen übertroffen. Jeder achtet auf den anderen. Vorher und hinterher wird untereinander viel geredet – und alle bleiben richtig lange auf."

Auf Tour mit einem überwiegend positiv bewerteten Album, noch dazu im Rahmen eines selbst zusammengestellten Festivals, machte Robert Smith den Eindruck, ganz untypisch zufrieden zu sein. Nach all den früheren harten Zeiten ließ sich die Lage im Team Cure auf den ersten Blick als glücklich, geordnet und harmonisch beschreiben.

Doch der Schein trog.

„Ich hatte schon seit Ewigkeiten nicht mehr so viel Spaß auf einer Tour."

ROBERT SMITH

GEGENÜBERLIEGENDE SEITE – Live beim KRCQ Inland Invasion Festival, 2003
UNTEN – Bei MTV Icon of 2004 – The Cure, Old Billingsgate Market, London, September 2004

SCHLAFEN!

VIELLEICHT

AUCH

TRÄUMEN!

**VORHERIGE SEITE** – Im Traum, Juli 2005
**OBEN** – Beim Live 8 Paris, Juli 2005

Anfang 2005 war die aktuelle Cure-Besetzung bereits seit zehn Jahren zusammen. Die Achse aus Smith, Gallup, Bamonte, O'Donnell und Cooper hatte länger gehalten als das „klassische" Line-up der Pophit-Jahre. Robert Smith schien sein Dream-Team gefunden zu haben.

Doch dann war plötzlich ausgeträumt.

Im April tauchten auf der Cure-Fan-Seite Chain Of Flowers Gerüchte auf, laut denen Perry Bamonte und Roger O'Donnell nicht länger in der Band wären, die wieder zu einem Trio schrumpfen solle, während Smith faktisch auch den Posten des Bandmanagers übernehme.

Als Quelle wurde ein Cure-Insider genannt. Robert Smith schoss auf der offiziellen Band-Webseite heftig gegen Chain Of Flowers, während ein völlig verblüffter O'Donnell erklärte, überhaupt nicht zu wissen, was los sei.

Nach sieben Wochen klärte es sich dann: The Cure bestätigten offiziell, dass die beiden draußen wären – wovon sie selbst offenbar per E-Mail erfahren hatten.

Bamonte zeigte Größe und veröffentlichte lediglich eine Erklärung, in der er den Cure-Fans für ihre Unterstützung dankte und der Band für die Zukunft alles Gute wünschte. O'Donnell war weniger zurückhaltend.

„Seit Dienstag dieser Woche gehöre ich nicht mehr zu The Cure", schrieb er auf seiner eigenen Webseite. „Es war traurig, das nach fast zwanzig Jahren auf diese Weise erfahren zu müssen; aber anders war es wohl auch nicht zu erwarten."

Der Keyboarder wollte nicht viel mehr dazu sagen, aber 2009 vertraute er dem Webmagazin *Side-Line* an, dass es mit The Cure seiner Meinung nach in den letzten Monaten vor seinem Ausscheiden stark bergab gegangen sei: „Es herrschte keine kreative, aufbauende Atmosphäre mehr, es dominierten Egotrips und Dummheit."

Als er zu Nine Inch Nails befragt wurde, die den großen Major Labels den Rücken kehrten, um ihre Musik selbst zu vertreiben, schoss O'Donnell einen Giftpfeil auf seinen früheren Sänger ab: „The Cure könnten das auch tun, aber Robert Smith hat dazu nicht genug Selbstbewusstsein und findet es zu schön, von seinem Label als Star hofiert zu werden."

Dass The Cure als Trio weitermachen wollten, stimmte allerdings nicht: Einen Monat nach dem Rausschmiss von O'Donnell und Bamonte kehrte Porl Thompson wieder einmal zur Band zurück. Zu viert trat man im Sommer bei einigen Festivals auf.

Anschließend folgte eine Phase der Inaktivität. 2006 gaben The Cure nur ein Konzert; am 1. April bei einer AIDS-Benefizveranstaltung zugunsten des Terence Higgins Trusts in der Londoner Royal Albert Hall. Aber hinter den Kulissen hatte die Band mit der Arbeit an einem neuen Album begonnen.

An den Reglern saß neben Smith diesmal Keith Uddin, der als Tontechniker bei *The Cure* und ansonsten mit Chartpoppern wie

> „Ich hatte ganz naiv gedacht, mein Standing als Künstler würde alle Bedenken ausräumen."
>
> ROBERT SMITH

Blue, Atomic Kitten und dem Ex-Spice-Girl Emma Bunton gearbeitet hatte. Es erwies sich jedoch zunächst als qualvoll schwierig, sich auf ein Konzept für die Platte zu einigen.

Smith hatte ursprünglich angekündigt, dass *4:13 Dream* – so der Titel – ein Doppelalbum werden würde. Im Juli 2007 nahm er das im *Billboard* allerdings zurück.

„Vermutlich wird das Doppelalbum, abgemischt von mir, als Limited Edition erscheinen", sagte er. „Und zusätzlich wird eine Einzel-Disc, deren Material die Plattenfirma auswählt, von jemand anderem gemixt, damit noch einmal etwas ganz Neues dabei herauskommt."

Bei besagter Plattenfirma handelte es sich um Geffen, denen Robinson sein I-Am-Label verkauft hatte, und Smith klang nicht besonders beeindruckt von seinen neuen Zahlmeistern.

„Ich habe eingewilligt, das Doppelalbum zum Preis eines Einzelalbums zu verkaufen", behauptete er. „Heutzutage ist es beinahe unmög-

lich, ein Doppelalbum durchzusetzen. Ich hatte ganz naiv gedacht, mein Standing als Künstler würde alle Bedenken ausräumen, aber die Welt wird einfach immer kommerzieller."

Seine Verhandlungen mit Geffen verliefen dann offenbar nicht erfolgreich, jedenfalls kürzte Smith *4:13 Dream* auf ein Einzelalbum herunter. Er erklärte, dass es die etwas fröhlicheren Titel der 33 Tracks enthalten werde, die die Band aufgenommen hatte, während man das „düsterere" Material für ein nicht näher bezeichnetes späteres Projekt zurückhielt.

Durch dieses Hin und Her verzögerte sich die Veröffentlichung, bis The Cure sich in der unangenehmen Lage sahen, dass die Termine der *4Tour* anstanden, noch bevor der Tonträger erhältlich war. Im Juli und August zogen sie durch Asien und Australien, ohne etwas von der angekündigten Platte zu spielen.

Die für September und Oktober geplanten Konzerte in Nordamerika verschob die Band, um in England erst einmal das Album fertigzustellen, und gab im November nur drei gefeierte Gigs im Palacio de los Deportes in Mexiko-Stadt.

Geffen griff tief in die Promotion-Trickkiste, als *4:13 Dream* 2008 erschien. Vorab wurden vier Singles veröffentlicht, alle am 13. eines Monats (in Ländern, in denen das nicht möglich war, suchte man zumindest ein möglichst nahes Datum). „The Only One" erschien in Großbritannien am 13. Mai, „Freakshow" am 13. Juni, „Sleep When I'm Dead" am 13. Juli und „The Perfect Boy" am 13. August.

OBEN – Teenage Cancer Trust Show, Royal Albert Hall, London, April 2006
GEGENÜBERLIEGENDE SEITE – Smith und Gallup beim Benicàssim International Festival in Spanien, August 2005

THE CURE
4:13 DREAM

# 4:13 DREAM

**Veröffentlichungsdatum** 27. Oktober 2008

**Aufnahmeort** Parkgate Studios, England

**Produktion**
Produziert und abgemischt von Robert Smith & Keith Uddin

**Line-up**
Robert Smith: Gesang, Gitarre, 6-Saiter-Bass, Keyboards
Porl Thompson: Gitarre
Simon Gallup: Bass
Jason Cooper: Drums, Percussions, Loops

**Weitere Mitwirkende**
Smud: zusätzliche Percussion
Catsfield Sub Rhythm Trio: Händeklatschen

**Covergestaltung** Parched Art

**Label** Geffen B00010913-02

**Höchste Chartposition bei Erstveröffentlichung**
D 21, CH 15, A 28, UK 33, US 16, AUS 30, FRA 8, NLD 38, NZ 32, NOR 17, SWE 36

**Bemerkungen**
Alle Texte stammten von Robert Smith, die Musik von The Cure. Es wurden mindestens 26 weitere Songs aufgenommen, die es nicht auf das Album schafften. Ursprünglich hatte Smith ein Doppelalbum geplant, aufgrund verschiedener Pläne wurden dann aber nur 13 Titel auf einer Einzel-CD veröffentlicht. Smith sagte dazu: „Eine einzelne CD zusammenzustellen erforderte eine ganz andere Herangehensweise; es war z. B. keine Zeit mehr, sich ‚auszubreiten' und Übergänge zwischen den verschiedenen Stimmungen zu schaffen, und daher blieben einige der langsameren Songs (meine Favoriten!) und Instrumentalstücke unvollendet und wurden nicht veröffentlicht."

**TRACKLIST**

Underneath The Stars
The Only One
The Reasons Why
Freakshow
Siren Song
The Real Snow White
The Hungry Ghost
Switch
The Perfect Boy
This. Here And Now.
With You
Sleep When I'm Dead
The Scream
It's Over

„Einige der langsameren Songs (meine Favoriten!) und Instrumentalstücke blieben unvollendet und wurden nicht veröffentlicht."

ROBERT SMITH

Kommerziell hinterließ keine Single großen Eindruck, außer seltsamerweise in Spanien, wo die ersten drei auf Platz 1 und die letzte auf Platz 2 landeten.

Darauf folgte im September die Remix-EP *Hypnagogic States* mit neuen Versionen der vier Singles, erstellt von verschiedenen Künstlern aus der amerikanischen Emo-Alternative-Rock-Szene, darunter Jared Leto von 30 Seconds To Mars, Gerard Way von My Chemical Romance oder Pete Wentz und Patrick Stump von Fall Out Boy, von denen aber vermutlich keine Paul Oakenfold schlaflose Nächte bereitet hätte.

*Hypnagogic States*, eine Benefizveröffentlichung zugunsten des Internationalen Roten Kreuzes, wurde von Geffen in Großbritannien ursprünglich für 7,99 Pfund angeboten, woraufhin Smith dem Label schrieb, das sei „ein total beschissen falscher Preis". Die Plattenfirma entschuldigte sich mit dem Hinweis, die EP sei irrigerweise als Album berechnet worden, und senkte den Preis bei iTunes.

Jedenfalls erscholl rund um *4:13 Dream* eine Menge Marketing-Getöse. Was aber bot die Platte wirklich?

Die Vorab-Singles stützten Smiths Behauptung, das Album werde „fröhlicheres" Material enthalten, und schienen eine Rückkehr zu den

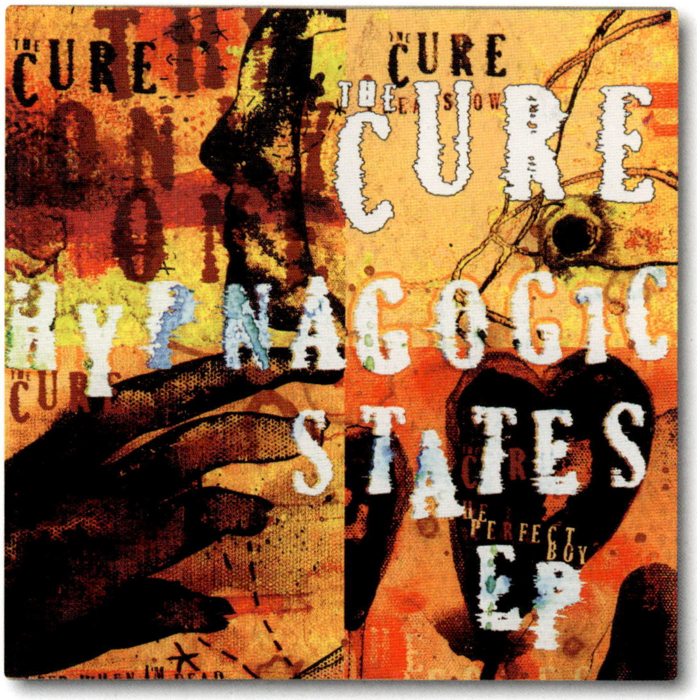


OBEN – Das Cover von *Hypnagogic States*
GEGENÜBERLIEGENDE SEITE – Smith erfährt von der eher bescheidenen Chartplatzierung von *4:13 Dream.*

poppigeren, charttauglicheren Cure von *The Head On The Door* und *Wish* anzudeuten.

„The Only One" war funkelnd, liebenswert und knackig; über wabernde, an „Friday I'm In Love" erinnernde Gitarren sang Smith von romantischer Hingabe. „Freakshow" war schief und exzentrisch, aber trotzdem wie geschaffen für Radioeinsätze und die Charts. Beim ebenfalls poppigen „The Perfect Boy" vermittelte Smiths atemloser Gesang den Eindruck, als sei er von einer unendlichen Faszination erfüllt. „The Reasons Why" war zwar nicht als Single veröffentlicht worden, hätte aber eine schöne sein können, trotz der selbstironischen ersten Zeile „I don't want to bring you down about my suicide".

Obwohl es viele Elemente eines klassischen, mainstreamtauglichen Cure-Albums besaß, machte *4:13 Dream* dennoch den Eindruck, als sei es als Ganzes weniger als die Summe seiner Teile. Smith hatte zwar eine hübsche Sammlung munterer, luftig-leichter Popliedchen zusammengestellt, aber sie klangen zu kalkuliert, um ein ähnlich lebensfrohes Funkeln auszustrahlen wie einst „The Love Cats" oder „Just like Heaven".

Es war eine spektakuläre Richtungsänderung im Vergleich zu *Bloodflowers* und *The Cure*, aber die streckenweise durchaus faszinierende *4:13 Dream* schaffte es nicht, auf ganzer Länge zu überzeugen. War Smith wirklich noch mit dem Herzen dabei?

Die Kritiker erkannten die Schwachpunkte zwar durchaus, urteilten aber größtenteils freundlich, wahrscheinlich aus Erleichterung über die melodische, positive Grundstimmung. Der *Guardian* pries *4:13 Dream* als „straff und lebendig", und die irische *Hot Press* freute sich darüber, dass der Spaß zurückgekehrt zu sein schien: „Wenn etwas nicht kaputt ist, dann reicht's vielleicht, wenn man roten Lippenstift draufschmiert und es wild toupiert – bloß nicht reparieren!"

Der *Rolling Stone* zeigte sich mit dem Album vorsichtig zufrieden, bemerkte aber: „Smith klingt im innersten, von Looping-Riffs und verschlingendem Echo erfüllten Kern der Platte weniger wie ein liebeskranker Fürst, sondern eher wie der rachelüsterne mittelalte Roger Waters auf Pink Floyds *Animals*" (ein Vergleich, den Smith mit seinen Punk-Wurzeln vermutlich wenig schmeichelhaft fand).

Zu den großen Zeiten von The Cure, in den späten Achtzigern, wurden ihre Alben von der Presse eher kritisch beäugt, während die Fans sie, davon völlig unbeeindruckt, millionenfach kauften. Im 21. Jahrhundert verhielt es sich leider umgekehrt.

Trotz der größtenteils wohlmeinenden Bewertung schaffte es auch *4:13 Dream* nicht, die absteigende Tendenz der Albumverkäufe zu korrigieren. In Großbritannien erreichte es nur Platz 33 – die mit Abstand niedrigste Chartplatzierung seit *Three Imaginary Boys* 1979.

In den USA kroch das Album zumindest bis in die Top 20, aber falls Smith und Geffen beabsichtigt hatten, The Cure mit *4:13 Dream* als poppige Chartstürmer neu zu erfinden, dann war ihnen das nicht gelungen. Diese Zeiten schienen – vielleicht endgültig – vorbei.

So wie gewöhnlich schob Smith einen Teil der Schuld dem Plattenlabel zu und kritisierte Geffen dafür, seinen ursprünglichen Plan, ein ehrgeiziges, breit angelegtes Doppelalbum herauszubringen, nicht unterstützt zu haben.

„Eine einzelne CD zusammenzustellen erforderte eine ganz andere Herangehensweise; es war z. B. keine Zeit mehr, sich ‚auszubreiten' und Übergänge zwischen den verschiedenen Stimmungen zu schaffen", erklärte er später auf der Webseite der Band.

Aber auch, wenn The Cure die Popcharts nicht mehr eroberten, die großen Hallen füllten sie weiterhin. 2008 führten sie die *4Tour* weiter, jetzt endlich auch durch Nordamerika, und konnten dabei nun auch Songs von der neuen Platte spielen.

Am 11. Oktober präsentierten sie *4:13 Dream* für MTV in voller Länge auf der Piazza San Giovanni in Rom – vor 75.000 Zuschauern und einem Fernsehpublikum von etwa zehn Millionen Zuschauern, wie die Band (vielleicht etwas geschönt) verlauten ließ.

Aber dennoch, The Cure mussten ihre Situation überdenken und sich die Frage gefallen lassen, ob sie inzwischen zu jenen Bands gehörten, deren neuere Veröffentlichungen auf kein großes Interesse mehr stießen, die aber noch immer Hallen oder sogar Stadien ausverkauften und dann vor ihren alten Fans die gewünschten alten Hits spielten oder ihr Publikum bei den großen Festivals bedienten.

Gerade für Postpunk-Bands, für die frische Ideen, ständige Erneuerung und der Schock des Ungewohnten besonders große Bedeutung hatten, musste eine solche Einordnung schmerzhaft sein, und Robert Smith, der sich große Mühe gegeben hatte, die letzten beiden Alben der Band zu promoten, hätte die Vorstellung gehasst, mit The Cure als „altgedienter" Rock-Act zu gelten. Und dennoch, als sich der Staub rund um das kommerziell gefloppte *4:13 Dream* wieder legte, verhielt sich seine Band genau so.

2009 gaben The Cure lediglich vier Konzerte. Am 25. Februar spielten sie in der Londoner Brixton Academy zehn Songs bei der Verleihung der NME Awards, bei denen sie als „Godlike Genius" für ihr Lebenswerk ausgezeichnet wurden. Am Abend darauf traten sie in der O2 Arena in London auf.

Im April schaffte es Smith irgendwie, sich bei einem Aufwärm-Gig für das Coachella Festival die Hand zu brechen. Das hielt die Band allerdings nicht davon ab, dort zwei Tage später fast drei Stunden lang zu spielen und die ihnen zugebilligte Zeit so heftig zu überschreiten, dass ihnen die Veranstalter schließlich den Strom abstellten.

Nach der Coachella-Show stieg Porl Thompson wieder aus – offenbar genoss er als Smiths Schwager das Privileg, nach Belieben kommen und gehen zu können, und wer wollte sagen, ob er nicht in Zukunft wieder zurückkehren würde?

2010 wurde es noch ruhiger um The Cure: In diesem Jahr gab es keinen einzigen Auftritt. Smith war damit beschäftigt, eine remasterte Version von *Disintegration* vorzubereiten und das digitale Remastering sämtlicher bisheriger Cure-Werke zu überwachen.

Auszeichnungen fürs Lebenswerk, Wiederveröffentlichungen … es waren größtenteils Nostalgie-Aktionen, mit denen die Band von sich reden machte, und 2011 gingen The Cure noch einen Schritt weiter und beschäftigten sich ausdrücklich mit den Klassikern aus den frühsten Tagen ihrer Karriere.

Lol Tolhurst hatte an Smith geschrieben und seinen alten Freund daran erinnert, dass sich die Veröffentlichung von *Faith* zum 30. Mal jähre – das müsse doch eigentlich gefeiert werden? Smith hatte dazu eine wirklich extravagante Idee: Die Band würde die ersten drei Alben in ganzer Länge spielen.

Die *Reflections*-Shows sollten als Teil des Vivid-Festivals im Sydney Opera House stattfinden. Zu diesem Anlass kehrte auch Roger

OBEN – Die von Schester für Smith designte RS-1000 Akustikgitarre, die er auf der Welttournee 2008 spielte, wurde signiert für den guten Zweck versteigert.
GEGENÜBERLIEGENDE SEITE – Gottgleiche Genies? Bei den NME Awards mit Regisseur Tim Burton, London, 2009

SHOCK WAVES
NME
AWARDS
2009
OXBOW

O'Donnell, der seinen Rauswurf offenbar verziehen hatte, zu The Cure zurück.

Bei den Konzerten am 31. Mai und 1. Juni spielten Smith, Gallup und Cooper *Three Imaginary Boys*, für *Seventeen Seconds* stieß O'Donnell hinzu, und bei *Faith* war schließlich sogar Tolhurst mit dabei.

Während er backstage darauf wartete, zum ersten Mal seit 23 Jahren wieder mit The Cure auf die Bühne zu gehen, kamen dem Drummer die Tränen.

„Es war einfach zu viel für mich", bekannte er in *Cured*. „Und als mir die salzigen Tränen über die Wangen liefen, merkte ich, dass ich die Flut von Emotionen in mir nicht zurückhalten konnte."

Seine Nervosität legte sich, als er die Bühne betrat und mit seinem Perkussionshammer die Glocke schlug, die *Faith* einläutete. („Bei den Göttern! Ich kam mir vor wie Thor!", schrieb er in *Cured*.) The Cure spielten danach noch im September beim Bestival-Festival auf der Isle of Wight (dabei wurde ein Livealbum aufgezeichnet) und beendeten das Jahr mit *Reflections*-Shows in London, Los Angeles und New York.

Inzwischen konnten sie sich ihre Engagements aussuchen, und genau das taten sie auch: 2012 spielten sie als Headliner bei den renommiertesten europäischen Festivals, darunter Pinkpop, Primavera und Roskilde sowie in England in Reading und Leeds; auch gaben sie ihr erstes Livekonzert überhaupt in Russland.

Für diese Gigs bekamen sie zusätzliche Unterstützung: durch Bowies langjährigen Gitarristen Reeves Gabrels, der sie schon auf der wenig erfolgreichen Single „Wrong Number" begleitet hatte. Smith hatte per E-Mail bei ihm angefragt, ob er ihm im Sommer den Rücken freihalten wolle, und Gabrels spielt noch heute bei The Cure.

Inzwischen hatte sich die Band eine angenehme Routine angewöhnt: Im Sommer spielte man bei den großen, lukrativen Festivals, im Winter nahm man sich frei. Da konnte man auch schnell einmal einen Abstecher in südlichere Gefilde machen.

Im April 2013 begleitete Tim Pope The Cure mit seiner Kamera bei ihren neun Stadion-Shows in Südamerika; unter anderem traten sie auch erstmals seit den von Ausschreitungen begleiteten Gigs 1987 in Argentinien auf. Die Minitour endete mit einem vierstündigen, 50 Songs umfassenden Konzert im Foro Sol Stadion von Mexiko-Stadt am 21. April, Smiths 45. Geburtstag.

Im Sommer spielten The Cure als Headliner auf Festivals in Südkorea, Japan und Montreal, reisten erstmals nach Hawaii und

GEGENÜBERLIEGENDE SEITE – „Er ist dabei! Er ist ausgestiegen! Er ist wieder dabei!" Porl Thompson mit The Cure beim Coachella, April 2009
UNTEN – Soundcheck beim Vivid-Festival, Sydney Opera House, Mai 2011

beschlossen das Lollapalooza in Chicago. Das Jahr ging mit weiteren Festival-Auftritten und einer Rückkehr nach Mexiko zu Ende.

Bei all den enorm lukrativen Live-Aktivitäten war jedoch keine Rede von neuen Aufnahmen. Dann aber gab Smith nach zwei Konzerten für den Teenage Cancer Trust in der Royal Albert Hall im März 2014 dem Londoner Radiosender XFM ein seltenes Interview.

Er offenbarte darin, dass er immer noch darüber nachdenke, das „düsterere" Material aus den Sessions zu *4:13 Dream* als eigenständiges Album zu veröffentlichen, obwohl er seine Zweifel habe:

„Ich würde mich gern davon überzeugen lassen, dass ich etwas veröffentlichen solle, was effektiv die zweite Hälfte einer Platte ist, die schon 2008 erschien", überlegte er. „Das ist, ehrlich gesagt, noch immer ein wunder Punkt."

OBEN – Beacon Theatre, New York, November 2011
LINKS – *Bestival Live 2011*
GEGENÜBERLIEGENDE SEITE OBEN – In Barcelona beim Primavera Sound
GEGENÜBERLIEGENDE SEITE UNTEN – Reeves Gabrels hält Smith den Rücken frei, Texas 2013.

„Es war einfach zu viel für mich. Mir liefen die salzigen Tränen über die Wangen."

LOL TOLHURST

„Das Projekt war am Ende nicht so, wie es hätte sein sollen, da 16 der ursprünglich 33 Songs ‚im Regal liegenblieben'."

ROBERT SMITH

**OBEN** – Als dreiköpfiges Ungeheuer: Lollapalooza, Chicago, August 2013
**GEGENÜBERLIEGENDE SEITE** – Gabrels, Smith, Cooper und Gallup bei der Teenage Cancer Trust Show in der Royal Albert Hall im März 2014

Einige Tage später erschien auf der offiziellen Cure-Webseite ein langer, leidenschaftlicher, größtenteils in Großbuchstaben geschriebener Blog-Eintrag unter dem irreführenden Titel „SO KLAR UND DEUTLICH ICH HIER SEIN KANN ...", in dem Smith das Thema noch einmal aufgriff.

Er wiederholte, dass *4:13 Dream* seiner Meinung nach „ein exzellentes Cure-Album" gewesen sei, kam dann aber zu dem Schluss: „Das Projekt war am Ende nicht so, wie es hätte sein sollen, da 16 der ursprünglich 33 Songs ‚im Regal liegenblieben'."

The Cure, erklärte er, würden jetzt *4:26 Dream* veröffentlichen, eine limitierte Doppel-CD, und ein neues Album, *4:14 Scream*, mit 14 bisher unveröffentlichten Songs dieser Sessions. Die, verkündete er vollmundig, könnten binnen drei Monaten erscheinen.

Sechs Jahre später war davon allerdings noch immer nichts zu sehen – ganz zu schweigen von der „*neuen* neuen Musik", die er am Ende des Blog-Eintrags versprach.

Stattdessen machten The Cure so weiter wie bisher. Im Mai 2014 spielten sie als Headliner beim BottleRock Napa Valley Festival in Kalifornien, im September beim Riot Fest in Toronto, Chicago und Denver. Das Jahr schloss mit drei Weihnachtsshows im Londoner Hammersmith Odeon, bei denen die Setlists von wie üblich epischer Länge auch die komplette *The Top* umfassten.

Nach so viel Anstrengung war 2015 eine ausgiebige Pause angesagt. Im darauffolgenden Jahr unternahmen sie allerdings eine 76 Gigs umfassende Welttournee, die zunächst durch die Hallen Nordamerikas führte, darunter auch jeweils drei Nächte in der Hollywood Bowl und im Madison Square Garden, sowie einen weiteren Abstecher nach Hawaii.

Danach ging es nach Neuseeland und Australien, und nach einem zweiten Headliner-Auftritt beim britischen Bestival folgten Konzerte in Europa, bis das Unternehmen mit drei Shows in der Londoner Wembley Arena endete – ganz wie früher.

2016 erschien außerdem nach zwei Jahren Recherche und Schreibarbeit Lol Tolhursts Autobiografie *Cured: The Tale Of Two Imaginary Boys*.

Das liebenswerte, oft auch bewegende Buch war für alle Cure-Fans natürlich Pflichtlektüre: Tolhurst schilderte, wie er seinen Weg von den ersten Erfahrungen The Cures als Provinzband bis zu ihrem

unerwarteten Welterfolg erlebte, bis er durch den Alkoholismus, den er von seinem Vater geerbt hatte, einen traurigen Abstieg erfuhr. Dennoch gab es ein Happy-End: Tolhurst lebt glücklich verheiratet und seit zwanzig Jahren trocken in Kalifornien, und mit Smith und The Cure hat er sich wieder versöhnt.

Tatsächlich ist es ihm hoch anzurechnen, dass er in *Cured* stets sehr fair und wohlmeinend mit seinen ehemaligen Kollegen umgeht, obwohl sie ihm aus Frustration über seinen Alkoholkonsum das Leben wirklich schwergemacht hatten.

„Lol ist in *Cured* wirklich sehr nett zu allen", sagt auch Boris Williams. „Ich war überrascht, aber ich denke, er wollte zeigen, dass er für sein damaliges Verhalten die Verantwortung übernimmt. Eine Offenheit, wie er sie hier zeigt, ist sehr mutig, auch wenn er damit, dass er unseren Respekt verlor, weniger offen umgeht.

Als er in Großbritannien Promotion für sein Buch machte, traf ich mich in Bath mit ihm, und wir gingen essen. Es war das erste Mal, dass ich ihn seit der Gerichtsverhandlung sah, und es war schön: Es ging ihm gut, er war fröhlich und positiv, und man merkte, dass ihm das Buch viel Auftrieb gab."

Als Tolhurst *Cured* beim britischen Latitude Festival im Juli 2017 vorstellte, verriet er dem Journalisten Peter Paphides zudem, dass er sich mit seinem besten Schulfreund Robert nicht nur wieder vertragen, sondern dass der ihm das gesamte Geld gegeben habe, das Tolhurst bei dem unglücklichen Prozess 1994 verloren hatte.

Tolhurst schreibt jetzt ein zweites Buch, auf das man durchaus gespannt sein darf.

The Cure unternahmen 2016 eine lange Welttournee, und bei der Eröffnungsshow am 10. Mai in der Lakefront Arena von New Orleans stellten sie zwei neue Songs vor: „Step into the Light" und „It Can Never Be the Same". Beide Titel tauchten bei den folgenden Gigs sporadisch wieder auf, stets als Zugaben.

2019 rückte das 30-jährige Jubiläum des Albums *Disintegration* in den Mittelpunkt, das bei den 36 Konzerten der Tour in jenem Jahr in voller Länge gespielt wurde. Und die Band würde in die Rock And Roll Hall Of Fame eingeführt. Aber wie stand es mit neuem Material? Robert Smith verkündete erneut, dass ein neues Album geplant sei; 2020 versprach er das wieder, ohne dass etwas geschah. Das letzte liegt 13 Jahre zurück – wird es je ein neues Cure-Album geben?

Das kann man wohl nur abwarten. Tatsächlich blicken The Cure nach vier Jahrzehnten, in denen sie uns einige der dunkelbuntesten Songs der Popgeschichte geschenkt haben, auf ein beeindruckendes Vermächtnis zurück.

Es gibt einige Künstler – Björk ist ein gutes Beispiel –, die trotz ihrer Großartigkeit nur selten andere beeinflussen. Ihre Kunst ist so intuitiv, so eigenwillig und typisch, dass es sich für andere auch nicht empfiehlt, sie nachzuahmen oder zu kanalisieren.

The Cure gehören zweifelsohne zu dieser Kategorie, aber trotzdem gibt es zahllose Wave- oder Alternative-Rock-Bands, die in ihrem

OBEN – Beim BottleRock Napa Valley Festival, Kalifornien, Mai 2014
MITTE – Simon Gallup in Mailand, November 2016
GEGENÜBERLIEGENDE SEITE – Beim BottleRock Napa Valley Festival, Kalifornien, Mai 2014

CITIZENS NOT SUBJECTS

Live in Rom, 2008

# TORN DOWN: MIXED UP EXTRAS

**Veröffentlichungsdatum** 21. April 2018

**Remixed** von Robert Smith

**Label** Fiction 6709992

**TRACKLIST**

Three Imaginary Boys (Help Me Mix)
M (Attack Mix)
The Drowning Man (Bright Birds Mix)
A Strange Day (Drowning Waves Mix)
Just One Kiss (Remember Mix)
Shake Dog Shake (New Blood Mix)
A Night Like This (Hello Goodbye Mix)
Like Cockatoos (Lonely In The Rain Mix)
Plainsong (Edge Of The World Mix)
Never Enough (Time To Kill Mix)
From The Edge Of The Deep Green Sea (Love In Vain Mix)
Want (Time Mix)
The Last Day of Summer (31st August Mix)
Cut Here (If Only Mix)
Lost (Found Mix)
It's Over (Whisper Mix)

Schatten aufgewachsen sind und ihre mal düsteren, mal fröhlichen Sounds wissentlich oder unwissentlich als musikalische oder philosophische Blaupause übernommen haben.

Die Smashing Pumpkins wurden zwar ursprünglich mit der Grunge-Szene in Verbindung gebracht, waren aber deutlich von The Cure beeinflusst, was sich in ihren späteren, eher schrägen Werken stärker zeigte. Billy Corgan hat aus seiner Begeisterung für die Band nie einen Hehl gemacht.

Unübersehbar ist die direkte Verbindung zwischen Robert Smith und Außenseiter-Ikone Marilyn Manson, der 2004 eine *MTV Icon*-Show moderierte, die The Cure gewidmet war. „Sie sind eine der, wenn nicht sogar DIE Band, wegen der ich vom Gitarrenrock zum Alternative-Rock kam, oder wie auch immer man das nennt", erklärte Manson.

Bei besagter Fernsehshow traten amerikanische Bewunderer wie Blink 182, AFI und Deftones sowie die britischen Düster-Rocker Razorlight auf und gaben ihre eigenen Versionen von Cure-Songs zum Besten (bei Blink 182 hatte Smith 2003 sogar schon an dem Song „All Of This" mitgewirkt).

Welch bestimmenden Einfluss The Cure auf Nine Inch Nails hatten, ist weniger an Trent Reznors kantig-elektronischem Sound zu

„Eine Offenheit, wie er sie hier zeigt, ist sehr mutig, auch wenn er damit, dass er unseren Respekt verlor, weniger offen umgeht."

BORIS WILLIAMS

UNTEN – Gabrels und Smith, Madison Square Garden, New York City, Juni 2016

UNTEN LINKS – Beeinflusst von The Cure: die Smashing Pumpkins
OBEN LINKS – … Marilyn Manson
OBEN RECHTS – … Nine Inch Nails
UNTEN RECHTS – … Interpol

erkennen als vielmehr an der extrem düsteren Gesamtentwicklung der Band. Reznor, der sich stets vor allem textlich von The Cure beeinflusst zeigte, beschrieb sich selbst einmal als „Robert Smith mit Kopfgrippe".

Bevor sie sich der schrägen Electronica zuwandten, waren Radiohead große Cure-Jünger: Thom Yorke toupierte sich sogar die Haare zu einem ähnlich wilden Vogelnest. Und eine curemäßig düster-wabernde Atmosphäre findet man auch in den Songs der längst große Hallen füllenden Placebo.

Rund um die Jahrtausendwende machte eine ganz neue Generation von Rockbands von sich reden, die The Cure mehr oder weniger stark als Inspiration anführten – neben Mogwai beispielsweise Rapture oder Death Cab For Cutie; Hot Hot Heat aus Kanada hätten ebenfalls als Tribute-Band durchgehen können.

Den dräuenden New Yorker Hipstern Interpol gelang der Sprung vom Kultstatus zum Mainstream-Erfolg, und Leadsänger Paul Banks bekannte sich ganz offen: „The Cure haben uns bei Interpol alle beeinflusst … mehr als jede andere Band vielleicht. The Cure sind legendär."

Die britischen Electro-Rocker Foals haben einen ähnlichen Weg zwischen grüblerischer Ichbezogenheit und melodiösem Chart-Pop beschritten. Gerard Way von den inzwischen aufgelösten Emo-Giganten My Chemical Romance war in seiner Highschool-Zeit ein großer Cure-Fan, was sich in seiner Musik deutlich zeigte, und ähnlich verhält es sich mit Crystal Castles und ihrem schrägen Goth-Synth-Rock.

Sicherlich haben The Cure mit ihren launigeren Popjuwelen auch Spuren im glatten Stadionrock der Killers hinterlassen; jedenfalls sagte Frontmann Brandon Flowers 2013 dem *NME*: „‚Just Like Heaven' von The Cure lernte ich bei meinem Bruder kennen, der sehr auf Alternative-Rock stand. Ich schlich mich manchmal in sein Zimmer und sah mir staunend die Poster an … The Cure, Robert Smith mit vollem Make-up und so. Und irgendwann lief bei ihm ‚Just Like Heaven', und diese schöne Melodie prägte sich sofort bei mir ein."

Ein Platz in der Musikgeschichte ist The Cure also sicher. Aber … wie sieht ihre Zukunft aus?

Das lässt sich kaum sagen. Robert Smith, der die Band inzwischen selbst managt, lebt die meiste Zeit sehr zurückgezogen und zieht in regelmäßigen Abständen um die Welt, um mit einigen großen Konzerten und Festivalauftritten das Konto wieder aufzufüllen. The Cure sind heute wieder eine Kultband – allerdings eine, die fast dreißig Millionen Alben verkauft hat.

Inzwischen hat Smith die 60 überschritten, ist verheiratet und zufrieden und kann sich ein relativ faules Leben leisten. Das war es schließlich, was er sich als widerspenstiger, arbeitsscheuer Teenager in den Siebzigern von einem Dasein als Rockmusiker erhofft hatte.

Aber andererseits weiß man bei The Cure nie.

Als 2018 das vierzigjährige Bandjubiläum anstand, spielten The Cure beim SummerTime-Festival im Londoner Hyde Park, Robert Smith übernahm die Rolle des Kurators beim Meltdown-Festival, mit *Torn Down* erschien ein neues Remix-Album, während das alte – *Mixed Up* – für den Record Store Day als Vinyl neu aufgelegt wurde. Zudem kündigte der langjährige Cure-Vertraute Tim Pope an, dass er an einer Cure-Dokumentation von Spielfilmlänge arbeite, „von den Siebzigern bis heute: Robert wird die Geschichte selbst erzählen".

OBEN – Madison Square Garden, 18. Juni 2016

Dennoch war Nostalgie niemals ihre Motivation. Bei The Cure ging es immer um Selbstdefinition, um idealistische, exotische Launen, um sturen Widerspruchsgeist.

Davon abgesehen machte es 2018 den Anschein, als hätte die Band kreativ nichts Neues mehr zu bieten. Sie würde weiter existieren, sich ein lockeres Leben machen und alle zwei Jahre einmal wieder als Headliner auf Festivals auftreten, aber mehr nicht. Die Fans hofften zwar immer noch, The Cure würden plötzlich mit irgendeinem unerwarteten, schillernden Pop-Hit daherkommen oder vielleicht sogar ein neues Album produzieren, das in monotoner Herrlichkeit tief in die Abgründe der Seele schaute … doch wahrscheinlich war das nicht.

Aber dann dachte Robert Smith noch im selben Jahr laut darüber nach, ob nicht vielleicht doch ein neues Album kommen würde. Das weckte natürlich Hoffnung in der Fangemeinde, obwohl man diese Ankündigungen inzwischen mit gesunder Skepsis betrachtete. Immerhin waren seit *4:13 Dream* schon zehn Jahre vergangen. Und Smith hatte schon oft genug neues Material versprochen, das dann nie gekommen war.

Nein, für Außenstehende sah es so aus, als seien die dunkelbunten Jahre allmählich vorbei. Die Geschichte von The Cure war zu Ende.

Oder vielleicht doch nicht?

# SONGS AUS EINER VERLORENEN WELT

Zum Ende der Zehnerjahre lief bei The Cure alles so wie immer: Es wurde ein neues Album angekündigt, das dann nie kam. Im März 2019 berichtete Robert Smith dem *Rolling Stone*, die Band sei „zum ersten Mal seit 20 Jahren" ins Studio gegangen und habe 19 Songs aufgenommen, allesamt um die zehn Minuten lang.

„Tja, und wie es jetzt weitergeht, da habe ich keine Ahnung", gab er zu. „Wann es veröffentlicht wird? Im Oktober vielleicht? Zu Halloween? Wäre doch ein Witz!"

Nachdem sie neben Künstlern wie Stevie Nicks, Radiohead und Roxy Music in die Rock And Roll Hall Of Fame aufgenommen worden waren, gaben The Cure im Sydney Opera House vier Konzerte zum 30-jährigen Jubiläum von *Disintegration*. Anschließend spielten sie auf einigen Sommerfestivals in Europa und traten zum vierten Mal als Headliner in Glastonbury auf.

Aber gleichzeitig schien das ominöse neue Album Smith sehr zu beschäftigen. Dem *NME* sagte er: „Ich würde es nur zu gern noch 2019 veröffentlichen und wäre wirklich sauer, wenn das nicht klappte." Dennoch wurde daraus nichts. Stattdessen gaben The Cure weitere Festival-Gigs, unter anderem in Japan und Russland, und tourten dann durch die großen Hallen in den USA.

Ein neues Jahrzehnt brach an, und bei The Cure ... tat sich wenig.

2020 brachte die Corona-Epidemie die Welt zum Stillstand, aber im Juni 2021 verkündete Smith dann überraschend, die Band habe nicht nur eins, sondern gleich *zwei Alben* fertiggestellt. „Das eine ist sehr, sehr düster, das andere nicht. Ich muss nur noch entscheiden, wer sie abmischen soll."

Möglicherweise waren nicht alle Bandmitglieder glücklich über das Schneckentempo, mit dem es voranging. Im August verkündete Simon Gallup auf Twitter „schweren Herzens" seinen Ausstieg bei The Cure. „Ich wünsche ihnen allen viel Glück." Auf die Frage eines Fans, ob er das aus gesundheitlichen Gründen tue, gab Gallup etwas kryptisch zurück: „Mir geht es gut ... ich habe nur keine Lust mehr, verraten zu werden."

Weder The Cure noch Smith persönlich kommentierten Gallups Bombe auf irgendeine Weise, nur Roger O'Donnell bemerkte sarkastisch: „Gerade hat mir jemand erzählt, Lol habe sich im Guitar Centre einen Bass gekauft?????" Mr. Tolhurst hüllte sich in vornehmes Schweigen, und nur zwei Monate später bestätigte Gallup in den sozialen Medien, er sei nach wie vor in der Band.

Aber allmählich ging es mit der neuen Platte voran. Im März 2022 gab Robert Smith bekannt, dass das erste der geplanten Alben den Titel *Songs Of A Lost World* tragen solle. Zwei Monate später hieß

VORIGE SEITE – „Kommt das neue Album denn nun bald? Nee ..." Robert Smith
RECHTS – „Was soll's, wir gehen trotzdem auf Tour!" The Cure beim ACL Music Festival, Austin/Texas, 2019

Schecter

> „Ich finde das genauso zum Kotzen wie ihr …“

UNTEN – Er stieg nun doch nicht aus: Simon Gallup
RECHTS – Und er stieg wieder ein: Perry Bamonte

es, die neue Platte werde im Herbst erscheinen, noch vor der Europatour, die schon als „Shows Of A Lost World“ angekündigt war.

Aber das Album kam nicht.

Perry Bamonte stieß erneut zur Band, und dann ging es mit den Shows Of A Lost World am 6. Oktober in Riga los. Immerhin spielten The Cure bei den Gigs in Europa bereits zwei Songs von der neuen Platte: „Alone“ bildete den Anfang und „Endsong“ den Abschluss des Hauptprogramms.

2023 ging es weiter in die USA. Es gab zwar noch immer kein neues Material zu kaufen, aber live konnte man mit „A Fragile Thing“, „And Nothing Is Forever“ und „I Can Never Say Goodbye“ weitere Kostproben hören. Nebenbei legte sich Robert Smith mit dem mächtigen Event-Dienstleister Ticketmaster an.

Smith, der die Band de facto weiterhin selbst managte, hatte Ticketmaster den Kartenverkauf für die US-Tournee übertragen, in der Hoffnung, die Schwarzmarkthändler daran zu hindern, die Fans abzuzocken. Allerdings hatte er dem Unternehmen weder gestattet, sogenannte Platinum-Tickets anzubieten, noch der „dynamischen Preisgestaltung“ zugestimmt, bei der sich die Preise bei hoher Nachfrage enorm erhöhten. Smith legte Wert auf erschwingliche Tickets und wollte garantieren, dass es für jede Show ein gewisses Kontingent für nur 20 Dollar gab. Entsprechend entsetzt war er, als

wütende Cure-Fans Screenshots der Zusatzgebühren posteten, die Ticketmaster veranschlagte: Mit einer „Bereitstellungsgebühr“ von 11,65 Dollar, einer „Hallengebühr“ von 10 Dollar und einer „Bearbeitungsgebühr“ von 5,50 Dollar waren die günstigen Tickets plötzlich mehr als doppelt so teuer.

Wie es seine Gewohnheit war, meldete sich Smith mit festgestellter Großschreibtaste in einem Post zu Wort: „ICH FINDE DAS GENAUSO ZUM KOTZEN WIE IHR ... ICH HABE NACHGEFRAGT, WIE DAS ZUSTANDE KOMMT. SOBALD ICH EINE HALBWEGS VERSTÄNDLICHE ANTWORT BEKOMME, GEBE ICH SIE AN EUCH WEITER.“

Sein Protest hatte auf ganzer Linie Erfolg: Angesichts der öffentlichen Empörung eines einflussreichen Künstlers gab Ticketmaster zu, einige der Gebühren seien „unangemessen hoch“ gewesen; die Käufer der günstigsten Tickets sollten daher 10 Dollar erstattet bekommen, die Käufer teurerer Tickets immerhin noch 5 Dollar.

Aber auch abgesehen von diesem bemerkenswerten Sieg war die US-Tournee ein Riesenerfolg. Für die 35 Shows wurden über eine halbe Million Tickets verkauft, und der Erlös von 37,5 Mio. Dollar war der höchste der bisherigen Bandkarriere. Anschließend gaben The Cure drei Hallen- und Stadionkonzerte in Südamerika, gefolgt von vier Festivalauftritten.

Und dann ... geschah es doch. Im September 2024 gingen The Cure mit einer neugestalteten Webseite an den Start und schickten allen Fanclub-Mitgliedern schlichte schwarze Postkarten mit der geprägten Aufschrift SONGS FOR A LOST WORLD, I-XI-MMXXIV, dem Datum 1.11.2024 in römischen Zahlen. Das seit einer gefühlten Ewigkeit angekündigte Werk war endlich fertig.

Am Tag nach Halloween erschien das neue Album von The Cure.

Das Cover zeigte eine 1975 von dem slowenischen Künstler Janez Pirnat geschaffene Skulptur, die an eine fossilisierte Totenmaske erinnerte, und die Songs stammten ausnahmslos von Robert Smith,

„‚Alone‘ war der Track, der den Schlüssel zur Platte lieferte. Als wir den im Kasten hatten, wusste ich, dass es der Opener wird, und plötzlich sah ich das ganze Album vor mir.“

ROBERT SMITH

wie zuletzt 1985 bei *The Head On The Door.* Es war zudem das erste Album, an dem Reeves Gabrels mitwirkte (der ja erst zwölf Jahre zuvor zur Band gestoßen war).

Die Produktion übernahm Smith zusammen mit Paul Corkett, dem Produzenten von *Bloodflowers.* Mit acht Titeln fiel die Platte für The Cure ungewöhnlich kurz, fast schon minimalistisch aus; allerdings kamen die durchschnittlich sechs Minuten langen Songs allesamt im Breitwandformat und in eher gemessenem Tempo daher.

Zeitgleich mit dem Album erschien ein Video-Interview, in dem Smith die außergewöhnlich lange Schaffenspause zu erklären versuchte. Er sprach von unproduktiven Aufnahmesessions, deren Früchte er komplett verworfen habe, entschuldigte sich dafür, trotz seiner Ankündigungen nichts geliefert zu haben, und sprach von den persönlichen Schicksalsschlägen in der letzten Zeit. Nicht nur seine Eltern waren verstorben, auch sein Bruder Richard.

Verluste dieser Art hätten bei jedem Menschen von melancholischer Natur existenzielle Ängste auslösen können, und mit Melancholie kannte sich kaum jemand besser aus als Robert Smith. „Alone", der Opener des Albums und zugleich die erste Single, war ein vollendetes, aus vielen Soundschichten aufgebautes Klagelied.

Für Smith war es „der Track, der den Schlüssel zur Platte lieferte. Als wir den im Kasten hatten, wusste ich, dass es der Opener wird, und plötzlich sah ich das ganze Album vor mir." Er hatte eine Eröffnungszeile schreiben wollen, in der „das schlichte Konzept des Alleinseins" zum Ausdruck kam.

Die Poesie des britischen Dekadenzdichters Ernest Dowson, besonders dessen 1899 erschienenes Gedicht „Dregs", hatte Smith geholfen, seine Schreibblockade zu überwinden. In Dowsons kurzen Strophen ging es um Verlust, Verfall und die Unausweichlichkeit des Todes.

Das sprach den Cure-Frontmann natürlich an. Nach der Hälfte des fast siebenminütigen „Alone" meldete er sich mit seinem unverkennbaren Gesang, der Dowsons Trauerrede auf die Menschheit anklingen ließ: „This is the end of every song we sing." Vögel fielen vom Himmel, und ein Junge und ein Mädchen träumten davon, dass die Welt weiter nichts sei als ein Traum.

„Where did it go? Where did it go?", fragte Smith, als wollte er herausfinden, wieso plötzlich der größte Teil seines Lebens hinter ihm lag. Das führte ein wichtiges Thema ein: ein letzter Seufzer angesichts ersterbenden Lichts. Es war ein düsteres Leitmotiv, eine morbide Fixierung, die *Songs Of A Lost World* in Gänze prägte.

Noch deutlicher war die direkte Auseinandersetzung mit der eigenen Sterblichkeit im nächsten Track, „And Nothing Is Forever". Nach einer langen sinfonischen Einleitung, die einen Großteil der Titel auf dem Album prägte, flehte Smith eine nicht näher bezeichnete Person (höchstwahrscheinlich Mary Poole) um ewigen Beistand an: „Promise you'll be with me, in the end."

Für sich genommen hätte es auch ein romantisches Liebesbekenntnis sein können, aber es war offensichtlich, dass es in Smiths Psyche dunklere Strömungen gab: Mit Schrecken hatte er realisiert, wie die Zeit verstrichen war – seine Jugend war unwiederbringlich vorbei. „I know that my world has grown old", räumte er erschüttert ein, um dann hinzuzusetzen: „But it really doesn't matter if you say we'll be together."

Auf *Songs For A Lost World* erinnerte nichts an einen unwiderstehlichen Popsong nach „Love Cats"-Manier; es war unübersehbar ein gewichtiges Album, das sich mit gewichtigen Themen auseinandersetzte. Einzig die lebhafte, bittersüße Melodie von „A Fragile Thing", das als zweite und letzte Single ausgekoppelt wurde, ging als Zugeständnis an entspanntere Zeiten durch. Wenn „And Nothing Lasts Forever" der ewigen Liebe huldigte, ging es hier um das genaue Gegenteil. Smith sang: „‚Every time you kiss me, I could cry', she said", und erzählte die Geschichte einer erkalteten Leidenschaft aus weiblicher Perspektive. Seine Protagonistin beschrieb genau, wie diese Liebe verdorrt war: „And there's nothing you can do to change it back."

Schon nach den ersten drei Songs war klar, dass *Songs Of A Lost World* eine tiefgründige Auseinandersetzung mit dem menschlichen

LINKS – „Hurra! Endlich ist das Album draußen!"
OBEN – Existenzielle Angst, mit Totenmaske dekoriert: *Songs Of A Lost World*

Dasein bot, ähnlich wie zuvor *Faith* und *Disintegration*. Dabei war das neue Album den beiden älteren Werken durchaus ebenbürtig; die Tatsache, dass Smith die Songs nun im fortgeschrittenen Alter sang, gab ihm zusätzliches Gewicht.

Der nächste Track, „Warsong", begann mit einer keuchenden, atemlosen Orgel. Dazu gesellte sich eine ebenso abgekämpfte Gitarrenfigur, die wie aus den Tiefen eines Waldes (vielleicht aus einem „Forest"?) heranschallte. Es entsprach genau dem Bild, das sich viele, die mit der Band nichts anfangen konnten, immer von The Cure gemacht hatten. Die düster-grüblerische Stimmung hellte sich auch nicht auf, als Smith nach dem langen Intro klagend die erste Zeile sang: „Oh, it's misery the way we fight!" Dabei blieb unklar, ob er sich in dem Text mit einer Welt auseinandersetzte, die von Krieg und Zerstörung zerrissen war, oder ob es um eine scheiternde Beziehung ging. Beides hätte gepasst.

„Drone: Nodrone" war ein verwirrendes, merkwürdiges Stück, angeblich davon inspiriert, dass Smith in seinem Garten von einer Drohne gefilmt worden war. Die Reaktion auf die ungebetene Überwachung fiel Smith-typisch bissig und solipsistisch aus: „I'm trying to make some sense of it … I can't any more, if I ever really could."

Der nächste Song war wohl der ergreifendste von *Songs Of A Lost World*, mit deutlich erkennbarem persönlichen Bezug. Nach Smiths eigenem Bekunden handelte „I Can Never Say Goodbye" vom Tod seines Bruders Richard, den er in seiner Jugend wegen seines unfehlbaren Musikgeschmacks und seines enormen Wissens „den Guru" genannt hatte.

Richard war kurz vor der Corona-Pandemie verstorben, und Smith schrieb auf erschütternd ehrliche Weise über seinen Verlust. Unterlegt von kargen Klängen flüsterte er: „I'm whispering his name/he has to wake up." Innerlich leer und auf Knien konnte er Richards Tod nur als das ultimative Böse begreifen: „Something wicked this way comes/To steal away my brother's life."

Smith hatte sich von Anfang an in der Musik von The Cure mit tiefgründigen, existenziellen Themen auseinandersetzen wollen – und ein einschneidenderes Erlebnis als den Tod des geliebten Bruders war kaum vorstellbar. Im Gespräch mit dem Radiomoderator Matt Everitt auf der eigens für *Songs Of A Lost World* eingerichteten Webseite berichtete Smith, der Song habe ihm geholfen, mit seiner Trauer zurechtzukommen.

„Ich habe viele verschiedene Herangehensweisen ausprobiert, um meine Gefühle auszudrücken, bis ich auf die ganz schlichte Schilderung dessen kam, was in der Nacht geschah, in der er starb", sagte er. „Zuerst hatte ich einfach viel zu kompliziert gedacht. Letztlich wurde eine düstere kleine Vignette daraus.

LINKS – „Ich glaube, auf gewisse Weise ist die Musik wichtiger als das, was ich singe …"

Die Musik an sich atmete genau das, was ich vermitteln wollte. Ich wollte nicht, dass der Text dominiert ... Für mich ist die Musik entscheidender. Der Song war sehr schwer zu singen. Das Wort ‚kathartisch' wird allgemein zu oft bemüht, doch hier trifft es zu. Aber so konnte ich damit umgehen, und ich glaube, es hat mir enorm geholfen.

Wenn man jünger ist, romantisiert man den Tod, weiß aber gar nichts darüber. Wenn er dann auf einmal die eigene Familie oder Freunde betrifft, ist es plötzlich etwas ganz anderes. Das war nicht einfach. Wie setzt man so etwas textlich um? Ich habe das Gefühl, heute ein anderer zu sein als noch bei unserem letzten Album. Das wollte ich rüberbringen."

„I Can Never Say Goodbye" war eine bewegende Meditation, ein gemessener Abschied von einer geliebten Person in Smiths Leben. An einen solchen Titel anzuschließen, stellte keine leichte Aufgabe dar, aber tatsächlich war der nächste Song ebenso kraftvoll: Smith blickte tief in sein Innerstes und sorgte sich, ob er sein Leben damit verschwendet hatte, sich in Melancholie zu suhlen.

„I think too much of all that's gone", überlegte er über den üppigen Synthesizer-Klängen und den unruhigen Drums von „All I Ever Am", in dem er sich der grundlegendsten aller Fragen stellte: Habe ich mein Leben gut gemeistert? Der von Selbstgeißelung besessene Sänger glaubte das offenbar nicht: „I lose all my life like this, reflecting time and memories."

Simon Gallups Bass sorgte für ein beständiges anklagendes Pochen, während Smith über die Unfähigkeit nachsann, seine Gedanken von allen Geistern und Träumen zu befreien, und zu einer dunklen, leeren Bühne schlich.

Das erbarmungslose Thema von *Songs Of A Lost World*, das unaufhaltsame Ende allen irdischen Strebens, wurde noch intensiver, je näher das Album seinem eigenen Ende entgegenging. Den Gipfel der Schwermut bildete der überragende letzte Track. „Endsong" war ein passender Höhepunkt einer selbst für Cure-Verhältnisse langen und dunklen Nacht der Seele.

Der zehnminütige Monster-Song, gleichzeitig trist und verschwenderisch arrangiert, entfaltete sich in einer majestätischen Monotonie, die an Joy Division zu ihren gebieterischsten Zeiten erinnerte. Etwas Ruhiges, Stilles lag in der hypnotischen Verschmelzung aus zart gezupfter Gitarre, wabernden Keyboards und Totentrommeln. Es klang wie eine Liturgie für das Ende der Welt.

LINKS – Wartet eine „dark and empty stage"? The Cure live in Mailand
OBEN – Reeves Gabrels zupft ganz zart

„2029 werde ich 70. Wenn ich es bis dahin schaffe – dann war's das!"

ROBERT SMITH

Dann, nach mehr als sechs Minuten, erhob sich noch einmal Robert Smiths klagende Stimme, schwer von Sterblichkeit durchdrungen. Er dachte an seine Kindheit, an den Jungen von damals, und er fragte sich, wie er bis zum Hier und Jetzt gelangt war: „I'm wondering how I got so old." Und was hatte er auf dem Weg verloren?

Alles, so schien es. „It's all gone, it's all gone!", rief er. „Nothing left of all I loved." Dabei klang er ehrlich fragend und schmerzerfüllt: „It all feels wrong … no hopes, no dream, no world." Und diese schrecklichen Überlegungen brachten ihn zu dem unausweichlichen Schluss: „I don't belong here." Ich gehöre hier nicht hin.

Für Cure-Fans, die sich besonders gothic-düster fühlen, war „Endsong" möglicherweise wirklich das ultimative Klagelied aus dem Hause Cure. Zum Ende hin verliert sich der Song in einer Spirale der Verzweiflung und wirbelt in die große Leere, getragen von dem wiederholten Mantra „nothing, nothing, nothing".

*Songs Of A Lost World* war anspruchsvoll und herausfordernd, eine kompromisslose Wiederaufnahme jener einzigartigen, querköpfigen Ästhetik, von der sich The Cure nie verabschiedet haben, auch nach einem halben Jahrhundert nicht. Das Album erhielt einige der besten Kritiken, die sich die Band je verdient hatte.

Der *NME* feierte die Platte für „ihr düsteres Herz und ihren opulenten Sound" und setzte etwas unelegant hinzu: „Auch wenn überall das Ende lauert, birgt das Schwarz doch bunte Farben, und Blumen liegen auf dem Grab." Die *Times* zeichnete es mit fünf von fünf Sternen aus und bemerkte: „Robert Smith verarbeitet den Tod lieber Menschen und seine eigene Sterblichkeit, indem er Musik von ausufernder Ausgereiftheit erschafft."

Im *Guardian* schwärmte Alexis Petridis, *Songs Of A Lost World* klinge verdächtig „nach dem besten Cure-Album seit *Disintegration*. […] Es ist kraftvoll, durchdrungen von einer dunklen Schönheit und oft auf eine Art und Weise bewegend, die anders ist als alles, was sie zuvor veröffentlicht haben."

Die Band freute sich sicherlich über die begeisterten Kritiken, aber der kommerzielle Erfolg der Platte bestärkte sie sicherlich noch mehr. Die enorm hohen Verkaufszahlen in der ersten Woche nach Erscheinen ließen erkennen, wie ungeduldig viele langjährige Cure-Fans auf dieses heißersehnte Lebenszeichen ihrer Lieblingsband gewartet hatten.

*Songs Of A Lost World* schoss in Großbritannien sofort an die Spitze der Albumcharts und wurde damit The Cures erste Nummer 1 in ihrer Heimat seit *Wish* 32 Jahre zuvor. In der ersten Wochenhälfte verkaufte es sich sogar besser als alle anderen Alben in den Top 10 zusammen.

Die 51.362 in Großbritannien abgesetzten Exemplare mochten sich neben den Verkaufszahlen aus der Zeit vor Streaming bescheiden ausnehmen. Ungewöhnlich war jedoch, dass es sich dabei überwiegend um physische Tonträger handelte: 23.182 Vinyl-Alben und 19.838 CDs. Nur 7000 Käufer hatten sich für ein digitales Format entschieden. Offenbar waren die Fans Hörer der alten Schule.

Der Erfolg war jedoch nicht auf Großbritannien beschränkt. *Songs Of A Lost World* schoss in zehn europäischen Ländern auf Platz 1, beispielsweise in Deutschland, Frankreich, den Niederlanden, Dänemark, Schweden und der Schweiz. In Italien und Spanien kam es bis auf Platz 2.

Auch in den USA kam das Album gut an. In der ersten Woche nach Erscheinen erreichte es Platz 4 der Billboard Charts – auch hier war es die höchste Chart-Platzierung für The Cure seit *Wish*, und die traditionsbewussten Fans griffen zu den altvertrauten For-

maten: Bei 53.000 der 57.000 verkauften Exemplare handelte es sich um Vinyl oder CDs.

*Songs Of A Lost World* war unbestreitbar die unerwartete Wiederauferstehung von The Cure, ein spätes Karriere-Crescendo – in ästhetischer und kommerzieller Hinsicht. Aber war es nun ein einzelner Trommelwirbel, der mit Verve und Stil eine einzigartige Karriere beschloss, oder kündigte er weitere Großtaten an?

Zumindest versprach Robert Smith schon rund um das Erscheinen der neuen Platte verschmitzt die nächste mit weiterem Material der letzten Sessions. „Ernsthaft, ich muss jetzt das zweite Album fertigstellen", sagte er Matt Everitt in einem auf der Webseite der Band veröffentlichten Interview und sprach dann mit der ihm eigenen Widerborstigkeit über die aktuelle Lage der Gruppe. Ihm hatte es beispielsweise gut gefallen, dass The Cure zuletzt nur als Live-Band unterwegs gewesen waren, ohne neue Musik zu promoten.

„Ich fand es herrlich. Die letzten zehn Jahre waren konzertmäßig die besten in meiner ganzen Bandkarriere. Dagegen können sich die 30 Jahre zuvor verstecken! Wir haben uns zu einer Live-Band gewandelt, die sich bestens aus ihrem Katalog bedient. Wir können losziehen und Konzerte geben und dabei jeden Abend zwei Stunden Material mit 30 verschiedenen Songs präsentieren."

Smith ging davon aus, der Nachfolger zu *Songs Of A Lost World* würde fertig sein, bevor The Cure im Herbst 2025 ihre Welttournee beginnen würden. Dann kam er auf den nächsten großen Meilenstein für The Cure zu sprechen: das 50-jährige Band-Jubiläum.

„Wahrscheinlich werden wir bis zu unserem Jahrestag 2028 ziemlich regelmäßig auftreten", meinte er. „Vor unserem Vierzigsten hatte ich 2016 noch überlegt, ach, ich habe ja noch eineinhalb Jahre Zeit, da mache ich mir keinen Stress – und dann habe ich nichts geschafft. Jetzt denke ich: ‚2028 – ich muss jetzt was auf die Reihe bekommen'. Zum Beispiel den Dokumentarfilm [von Tim Pope] und solche Sachen.

2029 werde ich 70, und die Veröffentlichung des ersten Cure-Albums liegt dann 50 Jahre zurück. Wenn ich es bis dahin schaffe – dann war's das! Bis dahin würde ich neben allem anderen, was wir so planen, gern weiter Konzerte geben."

Eine neue Platte, drei oder vier Jahre voller Gigs, und dann mit 70 in den Ruhestand? Es klingt nach einem sinnvollen Plan, aber wer The Cure kennt, der hat in den letzten Jahren gelernt, dass auf Robert Smith kein Verlass ist, wenn es darum geht, die Zukunft der Band vorherzusagen. Da kann man vermutlich nur eins tun:

abwarten.

OBEN LINKS – Roger O'Donnell denkt über die unwahrscheinliche Rückkehr von Lol Tolhurst nach
OBEN RECHTS – Jason Cooper: „Also, Boss, was kommt als Nächstes?"

# SONGS OF A LOST WORLD

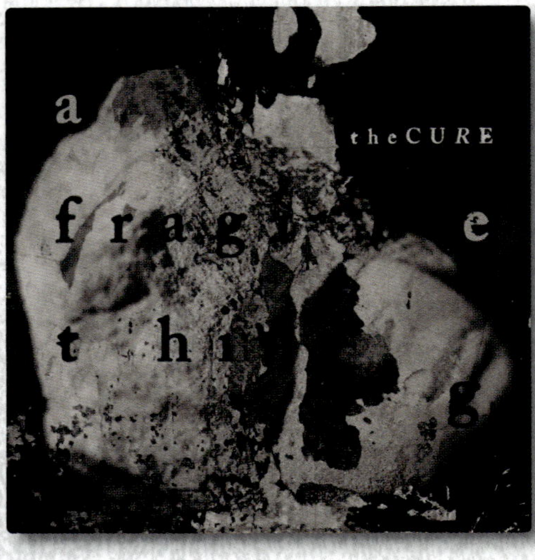

**Veröffentlichungsdatum** 1. November 2024

**Aufnahmeort** Rockfield Studios, Wales

**Produzent** Produziert und abgemischt von Robert Smith & Paul Corkett

**Line-up**
Robert Smith: Gesang, Gitarre, 6-Saiten-Bass, Keyboards
Reeves Gabrels: Gitarre
Simon Gallup: Bass
Roger O'Donnell: Keyboards
Jason Cooper: Schlagzeug, Percussion

**Covergestaltung** Andy Vella (unter Verwendung von „Bagatelle", einer Skulptur von Janez Pirnat aus dem Jahr 1975)

**Label** Polydor B0DHHKW8NF

**Höchste Chartposition bei Erstveröffentlichung**
D 1, CH 1, A 1, UK 1, US 4, AUS 5, FRA 1, NLD 1, NZ 3, NOR 5, SWE 1

**Bemerkungen**
Texte und Musik schrieb Robert Smith. *Songs Of A Lost World* entstand bei Aufnahmesessions, die laut Smith genug Material hervorgebracht hätten, dass es für zwei Alben reiche: Eines sei „sehr düster", das andere nicht. Wann und ob dieses zweite Album erscheint, wird die Zeit zeigen. *Songs Of A Lost World* sollte ursprünglich 2019 veröffentlicht werden, kam dann aber erst fünf Jahre später, hauptsächlich, weil Smith, wie er sagte, ständig noch einmal etwas an den Songs verändern wollte. Trotzdem – oder vielleicht auch gerade deswegen? – feierten The Cure damit den größten Charterfolg seit 30 Jahren.

**TRACK LIST**

Alone
And Nothing is Forever
A Fragile Thing
Warsong
Drone: Nodrone
I Can Never Say Goodbye
All I Ever Am
Endsong

theCURE
SONGS OF A LOST WORLD

# DANKSAGUNG, QUELLEN, BILDNACHWEIS


## DANKSAGUNG

Mein Dank gilt Boris Williams für die britisch-französische Allianz und Robert Smith für den sehr angenehmen Abend vor langer Zeit, den wir in Jane Seymours Haus bei Bath verbrachten. Vielen Dank auch an Indie-Legende Pete Stennett von Small Wonder Records und Neil Meads, der uns miteinander bekannt gemacht hat. Danke an die Redakteure, die mir über die Jahre immer wieder den Auftrag gaben, über The Cure zu schreiben: Allan Jones, Everett True, Paul Lester, Craig McLean und Shaun Phillips, danke auch an Chris Roberts für wertvolles Recherchematerial. Vielen Dank an Rod Green, dass er mich bat, dieses Buch zu schreiben, an meinen Lektor Rob Nichols für seine Unterstützung und sein Verständnis, und an Woolly Bully für das Sortieren der Papiere.

Dieses Buch ist für jemanden, der einmal Cure-Fan war, und für einen, der es noch werden wird: Helen und Spike.


## QUELLEN

**Zeitungen und Zeitschriften:** NME, Melody Maker, Sounds, Record Mirror, Q, Mojo, Uncut, Select, Blah Blah Blah, The Guardian, Rolling Stone, Spin, New York Times, Billboard, CMJ, Trouser Press, Hot Press, ikon

**TV, Radio und Internet:** MTV, Top Of The Pops, The Oxford Road Show, BBC Radio 1, XFM, thecure.com, Pitchfork (pitchfork.com), Chain Of Flowers (craigjparker.blogspot.co.uk), The Cure Concerts Guide (cure-concerts.de)

**Bücher**


Apter, Jeff, Never Enough: The Story Of The Cure: Omnibus Press, 2005 / deutsche Ausgabe: Bosworth, 2006

Carman, Richard, The Cure & Wishful Thinking: Independent Music Press, 2005

Reynolds, Simon, Rip It Up And Start Again – Schmeiß alles hin und fang neu an (Postpunk 1978–1984): Hannibal Verlag, 2006

Sutherland, Steve, Smith, Robert und Barbarian, The Cure: Ten Imaginary Years: Zomba Books, 1992

Tolhurst, Lol, Cured: The Tale of Two Imaginary Boys: Quercus, 2016

Interviews des Autors mit Robert Smith, Boris Williams und Pete Stennett


## BILDNACHWEIS

**Mit freundlicher Genehmigung von Alamy** S.I.N./Alamy Stock Photo, 6; Philippe Gra /Alamy Stock Photo, 15; Pictorial Press Ltd/Alamy Stock Photo, 17 unten r; Pictorial Press Ltd/Alamy, 20; MARKA/Alamy Stock Photo, 21; Pictorial Press Ltd/Alamy Stock Photo, 22; Everett Collection, Inc./Alamy Stock Photo, 32 unten; Pictorial Press Ltd/Alamy Stock Photo, 85; Pictorial Press Ltd/Alamy Stock Photo, 108; Mairo Cinquetti/Alamy Stock Photo, 234 unten, 240, 245, 250, 251, 252; Michele Eve Sandberg/Sipa USA, 244; Richard Beland, 248–9; Associated Press, 253

**Mit freundlicher Genehmigung von Avalon** Paul Slattery/Photoshot/Retna, 12; Paul Slattery/Photoshot/Retna, 14; Michael Putland/Photoshot/Retna, 16; Richard Mann/Retna/Photoshot, 18; Paul Slattery/Photoshot/Retna, 19; Kees Tabak/Sunshine/RetnaUK, 24; STARSTOCK/Photoshot, 25 oben; Richard Mann/Retna/Photoshot, 28; Paul Slattery/Photoshot/Retna, 30; LFI/Photoshot, 35; Kees Tabak/Sunshine, 40; Paul Slattery/Photoshot/Retna, 47; Photoshot/Retna, 65; Peter Mazel/Sunshine /Retna/Photoshot, 86; Idols/Photoshot, 88; Lawrence Lowry/LFI/Photoshot, 93; Hamon/Idols/Photoshot, 94; Eugene Adebari/LFI/Photoshot, 95; Eugene Adebari/LFI/Photoshot, 96; Dalle/Idols/Photoshot, 101; MediaPunch Inc/Alamy Stock Photo, 110; Paul Cox/LFI/Photoshot, 117; Fryderyk Gabowicz/Picture Alliance/Photoshoot, 118; Dalle/Idols/Photoshot, 122; Jayne Houghton/Retna/Photoshot, 128; Dalle/Idols/Photoshot, 130; Fryderyk Gabowicz/Picture Alliance/Photoshot, 136; Michael Putland/Retna Ltd., 141; Ross Marino/LFI/Photoshot, 145 rechts; Paul Cox/Idols/Photoshot, 146; Ronnie Randall/Retna UK, 149; Jayne Houghton/Retna Pictures/Photoshot, 154; Ronnie Randall/Retna/Photoshot, 169; Dalle/Idols/Photoshot, 185; Dalle/Idols/Photoshot, 189; Paul Cox/LFI/Photoshot, 198

**Mit freundlicher Genehmigung der BBC** BBC, 60

**Mit freundlicher Genehmigung von Camera Press** Gentlelook/Sunshine, 70; Gentlelook/Sunshine, 79; Gentlelook/Sunshine, 83; Sunshine/Sunshine, 90

**Mit freundlicher Genehmigung von Getty Images** Samir Hussein/Getty Images, 1; Michael Putland/Getty Images, 4; Fin Costello/Redferns, 8; Jorgen Angel/Redferns, 17 oben l; Gijsbert Hanekroot/Redferns, 17 oben r; GAB Archive/Redferns, 23; Chalkie Davies/Getty Images, 25 unten; Chris Walter/WireImage, 32 oben; Lex van Rossen/MAI/Redferns, 33; Gabor Scott/Redferns, 34; Kevin Cummins/Getty Images, 36; Erica Echenberg/Redferns, 37; David Corio/Redferns, 46; Ebet Roberts/Redferns, 55; Ebet Roberts/Redferns, 57; Allan Tannenbaum/Getty Images, 58; Ebet Roberts/Redferns, 59; Rob Verhorst/Redferns, 61; Ebet Roberts/Redferns, 62; Ebet Roberts/Redferns, 64; David Corio/Redferns, 69; Fin Costello/Redferns, 99; Lynn Goldsmith/Corbis/VCG über Getty Images, 102; Rob Verhorst/Redferns, 124; Andy Freeberg/Getty Images, 125 rechts; Nick Elgar/Corbis/VCG über Getty Images, 131; Dave Hogan/Hulton Archive/Getty Images, 143; POP-EYE/Ullstein Bild über Getty Images, 144; Ebet Roberts/Redferns, 147; L. Busacca/WireImage, 150; Peter Still/Redferns, 156; L. Busacca/WireImage, 159; Mick Hutson/Redferns, 160; Frans Schellekens/Redferns, 162; Martyn Goodacre/Getty Images, 171; Ebet Roberts/Redferns, 174; Peter Still/Redferns, 175 unten; Paul Harris/Getty Images, 176; Ebet Roberts/Redferns, 177; John Stoddart/Getty Images, 181; Martyn Goodacre/Getty Images, 183; Jim Steinfeldt/Michael Ochs Archives/Getty Images, 184; Scott Harrison/Archive Photos/Getty Images, 188; SGranitz/WireImage, 190; KMazur/WireImage, 193; KMazur/WireImage, 196; Brill/ullstein bild über Getty Images, 197; Nigel Crane/Redferns, 199; Paul Bergen/Redferns, 203; Brian Rasic/Getty Images, 208; Liam Nicholls/Newsmakers/Getty Images, 206; Tim Roney/Getty Images, 209; Dave Hogan/Getty Images, 210; Christina Radish/Redferns, 214; Jo Hale/Getty Images for MTV, 215; Robert Knight Archive/Redferns, 216; Pascal Le Segretain/Getty Images, 218; Jose Jordan/AFP/Getty Images, 220; Jo Hale/Getty Images, 221; Miguel Riopa/AFP/Getty Images, 224 unten; Simone Cecchetti/Corbis über Getty Images, 225; Stuart C. Wilson/Getty Images, 226; Dave M. Benett/Getty Images, 227; Tim Mosenfelder/Getty Images, 228; Don Arnold/WireImage, 229; Neilson Barnard/Getty Images, 230 oben; Simone Cecchetti/Corbis über Getty Images, 231 oben; Erika Goldring/FilmMagic, 231 unten; Theo Wargo/Getty Images, 232; Gaelle Beri/Redferns über Getty Images, 233; Tim Mosenfelder/Getty Images, 234 oben; Steve Jennings/WireImage, 235; Taylor Hill/WireImage, 237; Martyn Goodacre/Getty Images, 238; Jo Hale/Getty Images for MTV, 238 oben l; Robert Gauthier/Los Angeles Times über Getty Images, 238 oben r; Wendy Redfern/Redferns, 238 unten; Neilson Barnard/Getty Images, 239; Tim Mosenfelder/FilmMagic, 242-243; Scott Legato, 246, 247

**Mit freundlicher Genehmigung von Iconic Pix** PG Brunelli/IconicPix, 76; Chester Simpson/Dalle/IconicPix, 112; George Chin/IconicPix, 166

**Mit freundlicher Genehmigung von Rex** Bleddyn Butcher/REX/Shutterstock, 2; Andy Paradise/REX/Shutterstock, 9; Ray Stevenson/REX/Shutterstock, 45; Gabor Scott/REX/Shutterstock, 48; Ray Stevenson/REX/Shutterstock, 50; Gabor Scott/REX/Shutterstock, 72; Ray Stevenson/REX/Shutterstock, 75; Gabor Scott/REX/Shutterstock, 98; ITV/REX/Shutterstock, 107; REX/Shutterstock, 119; Richard Young/REX/Shutterstock, 134; Stills Press Agency/REX/Shutterstock, 138; Richard Young/REX/Shutterstock, 140; Patricia Steur/Sunshine/REX/Shutterstock, 168; Andre Csillag/REX/Shutterstock, 170 unten; Herbie Knott/REX/Shutterstock, 182

**Alben, Singles, EPs und Videos** © Universal Music Group; Strange Fruit, 38; Fiction Records Ltd, 42; Fiction Records Ltd, 43; Fiction Records Ltd, 44; Fiction Records Ltd, 52; Bill Smith & The Cure, 53; Bill Smith & The Cure, 56; Parched Art, 66; Parched Art, 67; Parched Art, 74; Fiction Records Ltd, 80; Fiction Records Ltd, 81; Parched Art, 92; Da Gama, 97; Parched Art, 99; Parched Art, 100; Parched Art, 102; Parched Art, 104; Parched Art, 105; Parched Art, 114; Parched Art, 120; Parched Art, 121; Parched Art, 123; Parched Art, 125; Parched Art, 126; Parched Art, 127; Parched Art, 132; Parched Art, 133; Parched Art, 135; Zomba Books, 145 Left; Parched Art, 152; Maya, 153; Parched Art, 155; Parched Art, 158; Parched Art, 164; Parched Art, 167; Parched Art, 170 oben; Parched Art, 172; Parched Art, 173; Parched Art, 175 oben; Parched Art, 178; Parched Art, 180; Andy Vella & The Cure. 186; Andy Vella & The Cure, 187; Andy Vella, 194; smART/Stylorogue, 200; Fiction Records Ltd, 201; Stylorogue, 204; Fiction Records Ltd, 211; smART/Stylorogue, 212; smART/Stylorogue, 213; Parched Art, 222; Parched Art, 223; Parched Art, 224 oben; Andy Vella/Lost Music Ltd, 230 unten; Parched Art, 236; Andy Vella/Polydor/Bagatelle, Skulptur von Janez Pirnat, 254, 255